Fachberichte Messen, Steuern, Regeln

Band 1: Automatisierungstechnik im Wandel durch Mikroprozessoren
INTERKAMA-Kongreß 1977
Herausgegeben von M. Syrbe, B. Will. X, 675 Seiten. 1977

Band 2: Entwurf digitaler Steuerungen.
Herausgegeben von K. H. Fasol. In Vorbereitung

Band 3: M. Cremer: Der Verkehrsfluß auf Schnellstraßen.
Modelle, Überwachung, Regelung.
XVI, 203 Seiten. 1979

Fachberichte Messen · Steuern · Regeln

Herausgegeben von M. Syrbe und M. Thoma

3

Michael Cremer

Der Verkehrsfluß auf Schnellstraßen

Modelle, Überwachung, Regelung

Springer-Verlag

Autor
Dr.-Ing. Michael Cremer
Professor der Universität Hamburg

Mit 61 Abbildungen

CIP-Kurztitelaufnahme der Deutschen Bibliothek
Cremer, Michael
Der Verkehrsfluß auf Schnellstraßen: Modelle, Überwachung, Regelung / Michael Cremer.-
Berlin, Heidelberg, New York: Springer 1979.
(Fachberichte Messen, Steuern, Regeln; 3)

ISBN-13: 978-3-540-09319-0 e-ISBN-13: 978-3-642-95346-0
DOI: 10.1007/978-3-642-95346-0

2061/3020/543210

Vorwort

Daß der Besitz eines Kraftfahrzeugs zwar eine Voraussetzung für eine große individuelle Beweglichkeit, nicht aber auch schon ein Garant dafür ist, gehört zu den alltäglichen Erfahrungen eines Autofahrers. Die hohen Wachstumsraten bei der Motorisierung haben dazu geführt, daß der Wunsch nach der eigenen Mobilität häufig mit demselben Wunsch einer großen Zahl von anderen Verkehrsteilnehmern kollidiert. Überläßt man den Verkehr sich selbst, dann führt dieser Konflikt in den meisten Fällen nicht zu einem sinnvoll ausgewogenen Kompromiß, sondern zu drastischen Formen der Selbstblockierung, wie sie sowohl vom innerstädtischen Verkehr wie auch vom Verkehrsgeschehen auf den Autobahnen hinlänglich bekannt sind.

In früheren Jahren hat man Abhilfe hierfür fast ausschließlich beim Ausbau der Verkehrswege gesucht. Als aber dieser Weg aus Mangel an Räumlichkeit, wegen der damit verbundenen steigenden Kosten und wegen anderer Nachteile für die betroffene Umwelt weniger gangbar wurde, bemühte man sich, mit Hilfe von Verkehrszeichen, Lichtsignalanlagen und anderen Mitteln den Betrieb der vorhandenen Straßen zu verbessern. Diese Situation wurde in den Städten schon relativ früh erreicht; seit einigen Jahren ist man aber auch dazu übergegangen, durch Lichtsignalanlagen, Wechselverkehrszeichen, Wechselwegweiser und andere steuerungstechnische Mittel den Verkehrsablauf auf Überlandstraßen in besonders belasteten und gefährdeten Bereichen effektiver und sicherer zu machen.

Hierbei wird deutlich, daß auch im Bereich der Straßenverkehrstechnik eine Verflechtung verschiedener wissenschaftlicher Disziplinen notwendig ist, um das Verkehrsaufkommen angesichts der erkennbaren Wachstumsgrenzen in Zukunft zu bewältigen. Insbesondere wird hier das Wissen des konstruktiven Ingenieurbaus, in dessen Händen die Verkehrstechnik bislang gut aufgehoben war, ergänzt werden müssen durch Gedankengut und Methodiken aus der Automatisierungstechnik und der Nachrichtentechnik, um die hierin liegenden Möglichkeiten für den Straßenverkehr nutzbar zu machen.

Die vorliegende Schrift versteht sich in diesem Sinne als ein Beitrag aus der Regelungstechnik zu dieser Zukunftsaufgabe. Sie hat sich vorgenommen, abstrahierendes und methodisches Vorgehen dieses Fachgebiets an die konkreten Probleme des Verkehrsflusses auf Schnellstraßen anzupassen und für sie anwendbar zu machen. Der Verfasser hat sich dabei bemüht, nicht nur den Regelungstechniker sondern auch Ingenieure anderer Fachrichtungen, insbesondere Verkehrstechniker aus dem Bereich des Bauingenieurwesens anzusprechen. Aus diesem Grunde wurden regelungstechnische Begriffe und Methoden zunächst in ihrer Bedeutung und in ihrem Wesen veranschaulicht, ehe sie verwendet wurden. Diese Erläuterungen können und sollen dabei nur den Zugang zu den hier erarbeiteten Resultaten eröffnen und nicht eine Einarbeitung in die Regelungstechnik ersetzen.

Bei einem Gebiet wie dem Verkehrswesen, bei dem sich der Bedarf und die technische Entwicklung in hohem Maße im Fluß befinden, muß allerdings jeder Untersuchung etwas Provisorisches anhaften. Alle auf konkretes Zahlenmaterial gestützten Aussagen und alle Vorstellungen auf eine technische Realisierung hin sind daher einem zeitlichen Wandel unterworfen. Etwas dauerhafter dürften aber die methodischen Ansätze und Vorgehensweisen sowie die qualitativen Erkenntnisse sein.

Die vorliegende Schrift ist in der folgenden Weise gegliedert. Das erste Kapitel versucht, einen allgemeinen Überblick über die Entwicklung des Straßenverkehrs zu geben, und leitet daraus eine Motivation ab, sich gerade der Mittel der Regelungstechnik bei der Suche nach Verbesserungen des Verkehrsgeschehens zu bedienen.

In dem sich anschließenden zweiten Kapitel werden dann zunächst die Gesetzmäßigkeiten und die örtlich-zeitliche Abhängigkeit des Verkehrsflusses auf kreuzungsfreien Schnellstraßen in einem mathematischen Modell ausgedrückt, das der Systemsimulation, der Verkehrsprädiktion und der Meßdatenaufbereitung dienen soll. Dabei werden verschiedene Möglichkeiten des Ansatzes diskutiert und Vereinfachungen wie auch Erweiterungen angesprochen.

Das erstellte Modell wird im Kapitel 3 systemtheoretisch analysiert, wobei die Stabilität, die Beobachtbarkeit des Verkehrsgeschehens aus lokalen Messungen sowie dessen Beeinflußbarkeit durch Stellsignale untersucht werden. Mit diesen Untersuchungen werden aus der Sicht der Theorie Fragestellungen angesprochen, die später bei der Meßdatenaufbereitung und der Verkehrsregelung im Mittelpunkt stehen. Dieses Kapitel soll darüber hinaus das Systemverständnis für den dynamischen Verkehrsablauf vertiefen.

Wenn man sich auf ein mathematisches Modell als Abbild eines dynamischen Prozesses verlassen will, dann muß man dieses Modell anhand von Messungen und Beobachtungen der Wirklichkeit auf seine Gültigkeit hin überprüfen. Dieser Vorgang der Modellvalidierung geschieht im Kapitel 4, wo einmal die freien Modellparameter zahlenmäßig festgelegt werden; darüber hinaus werden Aussagen zur Verläßlichkeit gemacht, mit der die Modellgleichungen Verkehrsabläufe unter verschiedenen Bedingungen nachzubilden erlauben.

Kapitel 5 behandelt Probleme der Verkehrsüberwachung. Hierbei werden gerätetechnische Gesichtspunkte der Sensortechnik und systemtechnische Fragen der Meßdatenaufbereitung durch Filterverfahren untersucht, mit denen sich der aktuelle Verkehrszustand entlang einer Schnellstraße ermitteln läßt.

Eine solche verläßliche Information über den Zustand auf der gesamten Länge einer Straße ist die Grundlage für eine schnell reagierende, örtlich verteilte Regelung des Verkehrs durch Zufahrts- und Geschwindigkeitsbeschränkungen, was im Kapitel 6 behandelt wird. Für beide Aufgaben, Verkehrsüberwachung und Verkehrsflußregelung, wird hier schließlich ein Vorschlag für eine gerätetechnische Realisierung gemacht.

Der Verfasser hat an erster Stelle zu danken Herrn Professor Dr. Günther Schmidt für den Anstoß zu dieser Arbeit und für zahlreiche wertvolle Ratschläge. Des weiteren ist er Herrn Professor Dr. Kurt Magnus und Herrn Dr. Hartmut Keller zu Dank verpflichtet für das Interesse, das sie dieser Schrift entgegengebracht haben, und für viele nützliche Hinweise.

Für den Zugang zu realem Datenmaterial, ohne das die hier vorgelegten Ergebnisse nicht ihren Wirklichkeitsbezug hätten, ist der Verfasser Herrn Professor Dr. Wolfgang Leutzbach sehr verbunden.

Ein Teil der Untersuchungen zur Modellvalidierung wurde durch ein Forschungsvorhaben des Bundesministers für Verkehr unterstützt, wofür an dieser Stelle auch gedankt sei.

Nicht zuletzt sei den Damen herzlich gedankt, die das Manuskript geschrieben und die Zeichnungen angefertigt haben.

Hamburg, 1. Dezember 1978 Michael Cremer

Inhaltsverzeichnis

Benennungen, Formelzeichen und Symbole

Aufgrund der hohen Zahl verwendeter Größen und Begriffe sowie auch aufgrund des fachübergreifenden Charakters dieser Arbeit konnte eine mehrfache Verwendung einzelner Symbole nicht vermieden werden. Es wurde aber darauf geachtet, daß die Verwendung von Symbolen im jeweiligen Zusammenhang klar und unmißverständlich ist.

Allgemeine Zeichen und Symbole

$(\dot{\ })$	zeitliche Ableitung einer Variablen
$\frac{\partial}{\partial z}$	partielle Ableitung nach der Variablen z
$\frac{\partial \underline{f}}{\partial \underline{x}}$	Jacobi-Matrix
$\exp(\cdot)$	Exponentialfunktion zur Basis e
$E\{\cdot\}$	Erwartungswert einer Größe oder eines Ereignisses
$\mathrm{int}\{\cdot\}$	nächst kleinere ganze Zahl bezüglich des Arguments
$p[\cdot]$	Wahrscheinlichkeitsverteilungsfunktion
$p[\cdot\vert\cdot]$	bedingte Wahrscheinlichkeitsverteilungsfunktion
$(\hat{\ })$	Schätzwert für eine Variable
$(\underline{\ })^T$	transponierter Vektor bzw. transponierte Matrix
$(\underline{\ })^{\#}$	Moore-Penrosesche Pseudoinverse einer Matrix
z	Verschiebeoperator

Lateinische Buchstaben

a	Konstante
$\underline{B}$, $\underline{B}_k$	Eingangsmatrix der linearisierten Systembeschreibung
b	Konstante
c	Verkehrsdichte (in Fhz/m oder Fhz/km)
$\overline{c}$	Verkehrsdichte im Arbeitspunkt
$c_j(k)$	Verkehrsdichte im j-ten Segment zur Zeit $k \cdot T$
$c(s,t)$	kontinuierlich verteilte Verkehrsdichtefunktion
c_o	Verkehrsdichtewert, bei dem die Geschwindigkeit auf den $(e)^{-1}$-ten bzw. $(e)^{-1/2}$-ten Wert gesunken ist
c_{max}	maximale Verkehrsdichte im Stau
c_{grenz}	Wert der Verkehrsdichte an der Stabilitätsgrenze
$\overline{c}^i(k)$	gewichteter Mittelwert der Verkehrsdichte im i-ten Abschnitt zum Zeitpunkt $k \cdot T$
$c^i_{eff}(k)$	effektive Verkehrsdichte im i-ten Abschnitt
$C_j(k)$	Verkehrsdichte der Lastkraftwagen im j-ten Segment
$\underline{D}(k)$	Korrekturmatrix des Kalman-Filters
$\overline{\underline{D}}$	konstante Korrekturmatrix eines Beobachtersystems
$\underline{D}^i$	Korrekturmatrix für einen Arbeitspunkt
$\underline{e}_i$	i-ter Einheitsvektor
$\underline{e}(k)$	Fehlervektor
$\underline{F}$, $\underline{F}_k$	Systemmatrix der linearisierten Systembeschreibung
$f_{i,j}$	i,j-tes Element der Matrix $\underline{F}$
$\underline{f}(\cdot)$	nichtlinearer Funktionsvektor
$\underline{g}(\cdot)$	nichtlinearer Funktionsvektor
$\underline{H}$, $\underline{H}_k$	Ausgangsmatrix der linearisierten Systembeschreibung

$h(\cdot)$	relative Häufigkeit
i	laufender Index zur Kennzeichnung einzelner Fahrzeuge, einzelner Zustandsvariablen sowie einzelner Straßenabschnitte
$i(t)$	Schleifenstrom
I	Güteindex für die Filterung (z.B. I_{w_o,q_5,w_5})
j	laufender (Orts-)Index zur Kennzeichnung einzelner Straßensegmente
J	fester Index eines Meßquerschnitts
J	auch: Gütefunktional (mit verschiedenen Indizes)
J^*	Optimalwert des Gütefunktionals
J_{MV}	Gütefunktional der Modellvalidierung
$\tilde{J}$	erweitertes Gütefunktional
$\tilde{J}_i$	Summand des erweiterten Gütefunktionals
k	laufender Zeitindex
K	feste Anzahl von Zeitschritten
K_u	Anzahl der Zeitschritte mit unveränderten Stellsignalen
k_o	Dichtekonstante
l	reell positiver Exponent
l	auch: Laufindex für eine Zeitschleife
L	Fahrzeuglänge (in m)
L_{ij}	wirksame Schleifenlänge (in m)
m	reell positiver Exponent
M	Anzahl von Fahrzeugen
$\underline{M}$, $\underline{M}(k)$	Kovarianzmatrix
n	Anzahl der Segmente in einem Abschnitt
n^i	Anzahl der Segmente im i-ten Abschnitt

N_i	Anzahl der Straßenabschnitte
p	ganzzahliger Index
$\underline{P}$	konstante Matrix einer quadratischen Form
$\underline{P}(k)$	Kovarianzmatrix des bedingten Schätzfehlers
$q_j(k)$	Verkehrsstärke in das j-te Segment eines Abschnitts im Zeitintervall $k \cdot T < t \leq (k+1) \cdot T$ (in Fhz/s oder Fhz/h)
$q(c)$	stationäre Verkehrsstärke-Verkehrsdichte-Charakteristik (Fundamentaldiagramm)
$q(c,u_2)$	stat. Verkehrsstärke-Verkehrsdichte-Charakteristik unter der Geschwindigkeitsbeschränkung u_2
$\underline{Q}$	Matrix, bildet den Anfangszustand auf den Meßinformationsvektor ab
$\underline{Q}$, $\underline{Q}(k)$	auch: Kovarianzmatrix
$q_{Jdet}(k)$	deterministischer Anteil im Meßwert $q_J(k)$
$q_{Jstoch}(k)$	stochastischer Anteil im Meßwert $q_J(k)$
$q_u(k)$	Verkehrsstärke eines hypothetischen Fahrstroms
$r_{j-1}(k)$	Verkehrsstärke auf einer Zufahrtsrampe in das j-te Segment (in Fhz/s oder Fhz/h)
r, $r(k)$ $r^i(k)$	Verkehrsstärke auf einer Zufahrtsrampe am Eingang eines (des i-ten) Abschnitts
r_o	maximale Verkehrsstärke auf einer Zufahrtsrampe
$\bar{r}^i$	stationäre Verkehrsstärke auf der i-ten Rampe
$\underline{R}$	verallgemeinerte inverse Matrix zur Matrix $\underline{S}$
$\underline{R}$, $\underline{R}(k)$	auch: Kovarianzmatrix der Meßstörungen (z.B. $\underline{R}'''$ bei drei verwendeten Meßgrößen)
R_i	Konstante
s	Ortskoordinate (kontinuierlich) (z.B. in m)
$s(t)$	Nutzsignal

$s_j(k)$ Verkehrsstärke auf einer Abfahrtsrampe im j-ten Segment im Intervall $k \cdot T < t \leq (k+1) \cdot T$ (in Fhz/s oder Fhz/h)

$\underline{S}$ Matrix, bildet den Aktionsvektor $\underline{U}$ auf den Zustandsvektor ab

$\underline{S}$ auch: konstante Matrix eines Regelgesetzes

$S(\cdot)$ Empfindlichkeitsfunktion

t laufende Zeit (in s)

T zeitliche Schrittweite (in s)

t_i Zeitpunkte

U Umgebung eines Raumpunktes

$u(t)$ Eingangsgröße, allgemein

$\underline{u}$, $\underline{u}(k)$ Vektor der Eingangsgrößen

$\bar{\underline{u}}$ fester Eingangsvektor im Arbeitspunkt

u_1, $u_1(k)$ 1. Stellsignal: Kontingentierung der Verkehrsstärke auf einer Rampe zur Zeit $k \cdot T$

u_2, $u_2(k)$ 2. Stellsignal: Beschränkung der Geschwindigkeit

u_1^i 1. Stellsignal im i-ten Abschnitt

u_2^i 2. Stellsignal im i-ten Abschnitt

$\tilde{u}^i$ Stellsignal, noch nicht werte-diskretisiert

u^{i*} optimaler Stellsignalwert

$U_1(\cdot)$ stationäre Stellsignal-Charakteristik (Rampenzufahrt)

$U_2(\cdot)$ stationäre Stellsignal-Charakteristik (Geschwindigkeitsbeschränkung)

U Aktionsvektor

$\underline{U}_i$ Aktionsvektor, der den Endzustand $\underline{e}_i$ ergibt

$\underline{U}_i^*$ Aktionsvektor, der $\underline{U}_i$ am ähnlichsten ist

v, $v(k)$ mittlere Geschwindigkeit zum Zeitpunkt $k \cdot T$ (in m/s oder km/h)

v_j, $v_j(k)$	mittlere Geschwindigkeit der Fahrzeuge im j-ten Segment (zum Zeitpunkt $k \cdot T$)
v^+	mittlere Geschwindigkeit in einem fahrenden Fahrzeugkollektiv
$\overline{v}$	mittlere Geschwindigkeit in einem Arbeitspunkt
$v(s,t)$	kontinuierlich verteilte mittlere Geschwindigkeitsfunktion
$V(c)$	stationäre Geschwindigkeits-Dichte-Charakteristik
V_c	$dV(c)/dc$
V_u	$dV(c,u_2)/du_2$
V_f	freie mittlere Geschwindigkeit (in m/s oder km/h)
$V(\underline{\cdot})$	auch: skalare Ortsfunktion, Ljapunov-Funktion
w_J, $w_J(k)$	harmonisches Mittel der am Meßquerschnitt J innerhalb $k \cdot T < t \leq (k+1) \cdot T$ gemessenen Einzelgeschwindigkeiten (in m/s oder km/h)
w_{Jdet}	deterministischer Anteil im Meßwert w_J
w_{Jstoch}	stochastischer Anteil im Meßwert w_J
$x_i(t)$	Position eines einzelnen Fahrzeugs bezogen auf einen festen Ortspunkt (in m)
$\underline{x}$, $\underline{x}(k)$	Zustandsvektor zum Zeitpunkt $k \cdot T$
x_i	auch: i-te Komponente des Zustandsvektors
$\underline{x}_0$	Anfangszustand
$\overline{\underline{x}}$	fester Zustandsvektor in einem Arbeitspunkt
$x(t)$	allgemeines Signal
$\underline{y}$, $\underline{y}(k)$	Vektor der Ausgangsgrößen zum Zeitpunkt $k \cdot T$
$\tilde{y}$	verrauschte Meßgröße
$\underline{Y}$	Meßinformationsvektor
$\underline{Y}_i$	Meßinformationsvektor für den Anfangszustand $\underline{e}_i$
$\underline{Y}_i^*$	Meßinformationsvektor, der $\underline{Y}_i$ am ähnlichsten ist

Y_t	Gesamtheit der zum Zeitpunkt t bekannten Meßwerte
$z^i(k)$	Kopplungsvariable zum Zeitpunkt $k \cdot T$
z^{i*}	optimaler Wert der Kopplungsvariablen

Griechische Buchstaben

α	Gewichtsfaktor
α_j, $\alpha_{i,l}$	Koeffizienten
$\underline{\alpha}$	Koeffizientenvektor
$\underline{\beta}$	Parametervektor
β_i	i-te Komponente des Parametervektors $\underline{\beta}$
$\underline{\beta}_k$	Schätzwert für den Parametervektor im k-ten Schritt
γ, γ_c, γ_j, γ_u, γ_v	Gewichtsfaktoren
$\underline{\Gamma}$, $\underline{\Gamma}_k$	Matrix des Störzugriffs in den Zustandsdiffgln.
δ	Konstante
δ_i	Gewichtsfaktor
δ_{ik}	Kronecker-Symbol $\delta_{ik} = 1$ für $i = k$ und $\delta_{ik} = 0$ für $i \neq k$
Δ_j	Länge des j-ten Straßensegmentes (in m oder km)
$\Delta\underline{x}(k)$	Vektor von Abweichungen $\Delta x_i(k)$ der Zustandsvariablen vom Arbeitspunkt zum Zeitpunkt $k \cdot T$
$\Delta x_i(k)$	Abweichung der i-ten Zustandsvariablen vom Arbeitspunkt
$\Delta x_i(t)$	auch: relativer Abstand eines einzelnen Fahrzeugs zum vorausfahrenden Fahrzeug z.Zt. t (in m)
$\Delta V(\underline{\cdot})$	zeitliche Änderung der Ljapunov-Funktion $V(\underline{\cdot})$
ε	Extrapolationsfaktor
ε	auch: feste positive Konstante

$\zeta_{qJ}(k)$ stochastischer Störterm bei der Messung von $q_J(k)$

$\zeta_{wJ}(k)$ stochastischer Störterm bei der Messung von $w_J(k)$

$\eta_j(k)$ stochastischer Störterm in der Geschwindigkeitsdifferenzengleichung

θ Reaktionszeit eines Fahrers (in s)

κ Dichte-Konstante (in Fhz/m oder Fhz/km)

$\kappa^i(k)$ Lagrangesche Faktorfolge

$\kappa^{i*}(k)$ optimale Werte für $\kappa^i(k)$

λ Anteil an Lastkraftwagen im Fahrstrom (z.B. in %)

ν Empfindlichkeitsfaktor (in m^2/s oder km^2/h)

$\xi_j(k)$ stochastischer Störterm in der Verkehrsstärkebeziehung

$\xi_u(k)$ stochastischer Störterm im hypothetischen Fahrstrom

ρ Maßzahl für den Güteverlust

σ_q^2 Reststreuung der Verkehrsstärkewerte q

σ_w^2 Reststreuung der Geschwindigkeitswerte w

σ_η^2 Streuung der stochastischen Variablen η

σ_ξ^2 Streuung der stochastischen Variablen ξ

$\sigma(\cdot)$ Beeinflußbarkeitsmaßfunktion

$\sigma(\cdot)$ auch: Einheitssprungfunktion

τ Zeitkonstante (in s)

$\phi(k)$ stochastischer Störterm

$\phi_i(\cdot)$ spezielle Sprungfunktionen

$\underline{\chi}(k)$ Vektor stochastischer Störgrößen

$\underline{\psi}(k)$ Vektor stochastischer Störgrößen

1. Einführung

1.1 Die Entwicklung des Verkehrs

Die stürmische Entwicklung der Technik im zurückliegenden Jahrhundert hat das Leben des Menschen grundlegend verändert. So hat er heute die Möglichkeit, an beliebigen Orten auf Energie aus weitverzweigten Netzen zur eigenen Verfügung zuzugreifen, Nachrichten und Informationen in Bruchteilen von Sekunden über den Erdball auszutauschen sowie Güter und Personen in hoher Geschwindigkeit über große Distanzen zu befördern, was in früheren Jahren als utopischer, unerreichbarer Traum galt.

Neben der Erschließung des Luftraumes und der Meere als leistungsfähige Verkehrswege war es gerade der bodengebundene Verkehr, der die Lebensgewohnheiten und den Lebensraum der Menschen tiefgreifend verändert hat. Hier hat die eindrucksvolle Verbesserung der Verkehrsmittel und der expansive Ausbau der Verkehrswege das Gesicht der Siedlungsräume des Menschen geprägt und ihm ein hohes Maß an Beweglichkeit versprochen [1,2]. Diese Entwicklung wurde zunächst euphorisch begrüßt und vorangetrieben. Angesichts ihrer in jüngerer Zeit hervorgetretenen Nachteile für den Einzelnen, für Siedlungen und Erholungsgebiete und schließlich auch für die Volkswirtschaft wurden aber neuerdings die Erwartungen zurückgestellt und sind einer nüchterneren Betrachtung und Planung gewichen. Heute scheint die erreichte verkehrstechnische Erschließung unseres Lebensraumes zwar allgemein als unverzichtbar zu gelten, hinsichtlich der Errichtung neuer und der baulichen Expansion vorhandener Verkehrssysteme hat sich aber im Hinblick auf die Sekundärfolgen eine vorsichtige und kritische Einstellung ausgebreitet.

Insbesondere im Bereich des Fernstraßenverkehrs, der hier Gegenstand der Betrachtungen sein soll, hat die jüngste Entwicklung gezeigt, daß der forcierte Ausbau unseres Straßennetzes mit dem - möglicherweise hierdurch erst provozierten - stark gewachsenen Verkehrsaufkommen nicht Schritt halten konnte. Wie man dem Bild 1.1 entnehmen kann, konnten beim Straßenbau in den letzten fünfzehn Jahren nicht annähernd die Zuwachsraten des Kraftfahrzeugbestandes und der Verkehrsleistung erreicht werden [3].

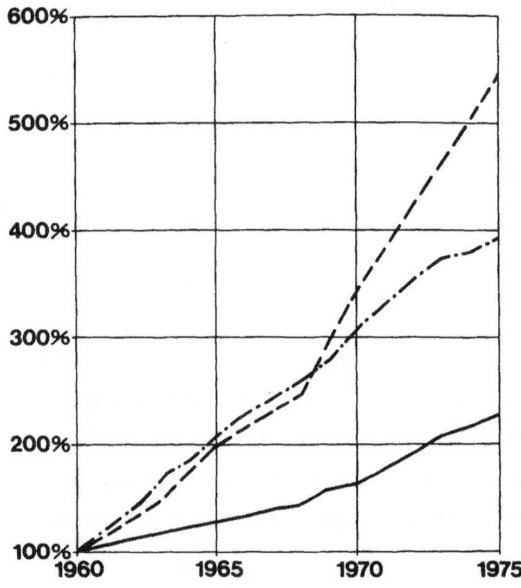

Bild 1.1 Entwicklung des Autobahnnetzes, des Kraftfahrzeugbestandes und der erbrachten Verkehrsleistung in der Bundesrepublik

Als Folge davon ist die Zahl der Überlastungen der Schnellstraßen und Autobahnen und der darin begründeten Verkehrszusammenbrüche stetig angewachsen [4], wobei auch deren Auswirkungen immer drastischere Formen angenommen haben. So sind Staulängen von 30 km und mehr heute keine Seltenheit mehr. Offenbar ist sowohl das Mobilitätsbedürfnis der Menschen als auch die gewerbliche Nutzung unseres Straßensystems durch den industriellen Güteraustausch stark gestiegen und wird nur gezügelt durch die abschreckende Wirkung vermehrter Verkehrszusammenbrüche und der damit einhergehenden Nachteile.

Sieht man sich die Folgen eines solchen Gleichgewichtszustands zwischen dem Verkehrsbedürfnis der Benutzer und der durch Zusammenbrüche gestörten Leistungsfähigkeit des Straßensystems an, so muß man feststellen, daß er mit einem großen, wenn auch nicht leicht quantifizierbaren volkswirtschaftlichen Schaden bezahlt wird. Da ist einmal die große Zahl der verunglückten Personen und der Sachschäden, die der Straßenverkehr jährlich von uns fordert [3,5]. Daneben ist die Verlängerung der Reise- und Transportzeiten zu nennen, die entstehen, wenn Teile des Straßennetzes infolge eines Verkehrsstaus ihre Leistungsfähigkeit und Verfügbarkeit temporär verloren haben. Des weiteren sind auch die öffentlichen Ausgaben für den Neubau und den Unterhalt von Straßen drastisch gestiegen von knapp drei Milliarden Mark im Jahre 1955 auf 17,6 Milliarden Mark im Jahr 1975 (nach [3]). Schließlich sind hier auch die Lasten zu nennen, die der Umwelt durch den extensiven Energieverbrauch, durch Verschmutzung, durch Schädigung von Landschafts- und Erholungsgebieten wie auch von Städten und Siedlungen von Seiten der Verkehrssysteme, insbesondere aber durch den Individualverkehr erwachsen.

Als Konsequenz aus dieser Entwicklung wird deutlich erkennbar, daß dieser Weg in Zukunft nicht in gleicher Richtung fortgesetzt werden kann. Statt dessen gilt es, den Verkehr von morgen unter Ausnutzung der systemtechnischen Methoden und technologischen Möglichkeiten, die sich uns hierfür bieten, sicherer, billiger und leistungsfähiger zu machen und dabei die Nachteile für die Umwelt zu reduzieren. Auf der Seite der Politiker, der Ökologen, der Ingenieure verschiedener Fachrichtungen und anderer, die mit diesen Problemen befaßt sind, fehlt es nicht an Vorschlägen, wie dieser Weg zu beschreiten sei.

Wenn auch in der grundsätzlichen Frage nach der Zweckmäßigkeit des Individualverkehrs kein Zweifel darüber besteht, daß öffentliche Verkehrsmittel sicherer und effektiver betrieben werden können, wo sich ihre Einrichtung lohnt [6], so kann doch außerhalb der Städte der Individualverkehr auf absehbare Zeit wegen der vorliegenden Siedlungsstrukturen und der größeren Mobilität des Einzelnen nicht ersetzt werden. Bild 1.2 verdeutlicht diese Sachlage durch die großen Steigerungsraten, die der Individualverkehr in den letzten Jahren gegenüber dem öffentlichen Verkehr erfahren hat (nach [3]). Auch eine Befragung der Verkehrsteilnehmer, die vom INFAS-Institut 1968 durchgeführt wurde (siehe [7]), zeigt, daß Reisezeit, Bequemlichkeit und Unabhängigkeit bei der Wahl des Reiseantritts und Reiseziels an oberster Stelle stehen, Kriterien also, bei denen der Individualverkehr ohne Alternative ist.

Unter den Ideen für die Verkehrssysteme der Zukunft ist da einmal die Konzeption einer vollautomatischen Führung der Einzelfahrzeuge entlang von Leitkabeln in der Fahrbahndecke von Verkehrsadern [8], wodurch

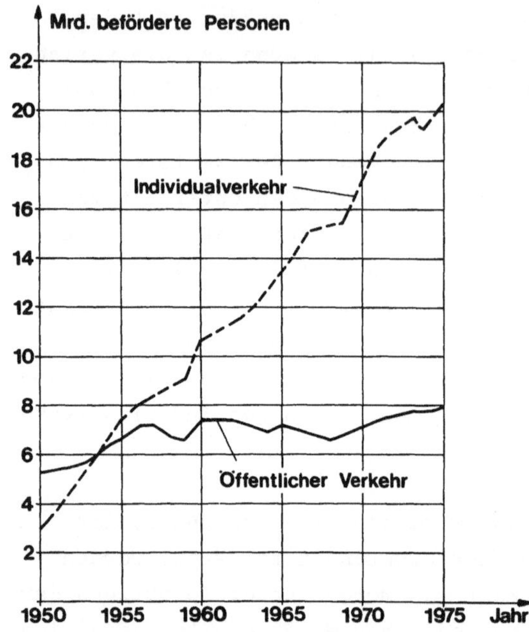

Bild 1.2 Wachstum des Individualverkehrs und des öffentlichen Verkehrs in der Bundesrepublik

eine höhere Verkehrssicherheit bei größerer Verkehrsleistung angestrebt wird. Da hierzu neben einer leistungsfähigen Leitzentrale und einer entsprechenden Ausrüstung der Straße auch umfangreiche Zusatzeinrichtungen im Fahrzeug erforderlich sind, dürften diese Vorstellungen sicher erst in weiterer Zukunft realisierbar sein.

Eine Reihe von anderen Arbeiten zielt darauf ab, dem einzelnen Fahrer auf sein individuelles Fahrziel bezogen Geschwindigkeits- und Umleitungshinweise während der Fahrt zu geben, um ihm so aus der Gesamtschau der Verkehrslage von einer zentralen Warte aus eine spezifische Information zukommen zu lassen, die seine eigene Reisezeit verkürzen und Stauungen schneller abbauen, wenn nicht ganz vermeiden soll [9,10, 11]. Diese Untersuchungen haben bereits ein konkretes Erprobungsstadium erreicht und dürften in absehbarer Zeit zur Verbesserung des Fernverkehrs beitragen. Da hierzu aber nicht nur eine entsprechende Ausrüstung des Straßennetzes mit einem Kommunikationssystem sondern auch die Ausstattung der einzelnen Fahrzeuge mit einem Nachrichtenempfänger und einem Display im Armaturenbrett notwendig sind, kann das Konzept erst in vollem Umfang Früchte tragen, wenn eine große Mehrheit der Fahrzeuge diese Voraussetzungen erfüllt.

Keine Zusätze am einzelnen Fahrzeug erfordern Pläne, die nur durch Signale im Straßennetz den Verkehrsstrom zu beeinflussen suchen. Hier sind einige Systeme bereits an neuralgischen Punkten verschiedener Verkehrsnetze mit Erfolg im Einsatz. So wird im Lincoln-Tunnel in New York ein Rechner dazu eingesetzt, daß nur jeweils so vielen Fahrzeugen die Zufahrt erlaubt wird, wie es ein flüssiger Ablauf des Verkehrs im Tunnel zuläßt [12]. Im Rhein-Main-Dreieck ist es ebenfalls die Aufgabe eines Verkehrsrechners, durch variable Wechselwegweiser den Verkehr gleichmäßig auf das dortige Netz paralleler Autobahnen zu verteilen und so die Überlastung einer einzelnen Fahrbahn weniger häufig eintreten zu lassen [13].

Alle diese Ansätze, von denen nur einige stellvertretend genannt wurden, haben gemeinsam, daß sie Methoden und Möglichkeiten der Automatisierungstechnik, der Datenverarbeitung und der Nachrichtentechnik im Verkehr nutzbar zu machen suchen.

1.2 Der Verkehrsfluß auf Schnellstraßen und Autobahnen

Wir wollen uns jetzt einem Bereich des Straßenverkehrs zuwenden, der durch eine besondere Bedeutung für die zu erbringende Verkehrsleistung ausgezeichnet ist, der aber auch besonders verwundbar ist durch eine Überlastung: dem Verkehr auf den Schnellstraßen und Autobahnen.

Anders als in einem großflächigen Land wie den Vereinigten Staaten von Amerika, wo der Fernverkehr eine untergeordnete Rolle spielt und durch ein gut ausgebautes Straßennetz im allgemeinen ohne Schwierigkeiten bewältigt wird, hat der Straßenverkehr außerhalb der Städte in Europa eine große Bedeutung, so daß es hier oft zu Engpässen und Verkehrszusammenbrüchen kommt [4]. So liegt nach einer Untersuchung des Bundesministeriums für Verkehr [3] für über 60 % der bundesdeutschen Autobahnen die durchschnittliche tägliche Verkehrsstärke über 20 000 Fahrzeugen pro Tag; für etwa 5 % der Autobahnstrecken gilt sogar ein durchschnittlicher Wert zwischen 50 000 und 70 000 Fahrzeugen pro Tag. Der Grund für diese Sachlage ist in der hohen Bevölkerungsdichte in Europa, in der großen Zahl von kleinen und mittleren Städten und in der auf einen Güteraustausch hin gewachsenen örtlichen Verteilung gewerblicher Unternehmen zu suchen.

Allerdings sind die hier aufgeführten täglichen Fahrzeugquoten auf den Autobahnen bei weitem noch keine absolute Obergrenze für die Kapazität der vorhandenen Straßen, wenn man bedenkt, daß eine zweispurige Autobahn eine Verkehrsstärke von 3500 Fahrzeugen pro Stunde, eine dreispurige Autobahn sogar eine Verkehrsstärke von bis zu 5000 Fahrzeugen pro Stunde aufnehmen kann. Daß es dennoch relativ häufig zu Überlastungen kommt, liegt nicht an dem mittleren Verkehrsaufkommen sondern an den kurzfristigen Überlastungsspitzen, die innerhalb weniger Stunden auftreten und zu einer nachhaltigen Verkehrsstörung führen. Einmal zusammengebrochen braucht der Verkehrsfluß zur Normalisierung eine Erholungsphase, während der die Zahl der zufahrenden Fahrzeuge nur sehr gering sein darf, was meistens nicht zutrifft.

Man kann sich diese Verhältnisse an der als "Fundamentaldiagramm" benannten Kennlinie plausibel machen, die den stationären Zusammenhang zwischen der Verkehrsstärke (das ist die Zahl der Fahrzeuge, die an einem Straßenquerschnitt in der Zeiteinheit vorbeifahren) und der Verkehrsdichte (das ist die Zahl der Fahrzeuge, die pro Längeneinheit auf einer Fahrbahn anzutreffen sind) wiedergibt. Auch wenn dieses Diagramm, auf dessen Zustandekommen im nachfolgenden Kapitel noch ausführlich eingegangen wird, zu den dynamischen Vorgängen des Verkehrsgeschehens keine Aussagen machen kann, vermag die nachfolgende Betrachtung die Ausbreitung eines Überlastungsstaus qualitativ gut einsehbar zu erklären.

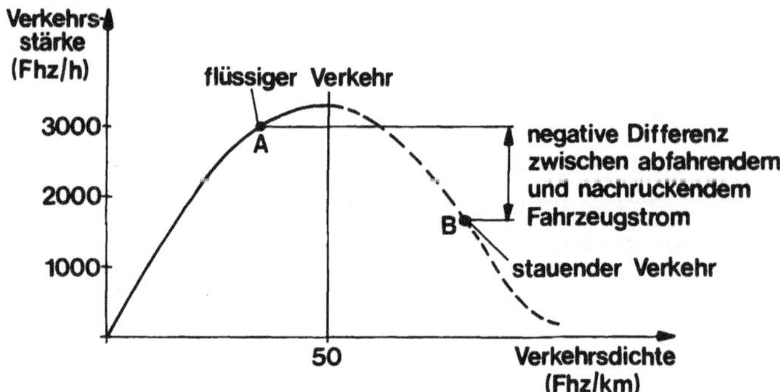

Bild 1.3 Fundamentaldiagramm einer zweispurigen Richtungsfahrbahn (qualitativ)

Es befinde sich der Verkehr an dem einen Querschnitt einer Fahrbahn noch in einem flüssigen Zustand (Punkt A im Bild 1.3), während an einem anderen Querschnitt stromabwärts der Verkehr zähflüssig bis stauend abläuft (Punkt B im Bild 1.3). Gemäß den Verkehrsstärkewerten in den beiden Punkten verlassen am zweiten Querschnitt weniger Fahrzeuge den Straßenabschnitt, der zwischen beiden Querschnitten liegt, als über den ersten Querschnitt zufahren. Als Folge steigt die Verkehrsdichte in dem Straßenabschnitt weiter an, so daß nach kurzer Zeit auch am ersten Querschnitt der Verkehr stauend wird: der Punkt A gleitet in den Bereich des rechten Astes der Charakteristik im Bild 1.3 ab.

Der Verkehrsablauf enthält in diesem Stadium eine Neigung zur Selbsthemmung, die solange anhält, wie die Zahl der auf den Staubereich aufrückenden Fahrzeuge größer ist als die Zahl der Fahrzeuge, die diesen Bereich verlassen. Es ist dies ein entscheidendes Charakteristikum, das den Verkehrsfluß von anderen Verteilprozessen mit beschränkter Transportkapazität unterscheidet: wenn einmal ein gewisser Grenzwert der Verkehrsdichte überschritten wird, kommt es zum Zusammenbruch des Prozesses, wobei die dann sich einstellende Verkehrsstärke weit unter der maximal möglichen zu liegen kommt. Eine Wiederherstellung der vollen Leistungsfähigkeit der Straße erfordert dann eine längere Erholungsphase.

Aus dieser Betrachtung wird deutlich, daß es bei einer gezielten Beeinflussung des Verkehrs einmal grundsätzlich darum geht,

- die Verkehrslast zeitlich und örtlich so zu verteilen, daß das vorhandene Straßennetz nicht überlastet und gleichmäßiger ausgenutzt wird, damit die Leistungsfähigkeit der Straße steigt.

Darüberhinaus sollten Maßnahmen zur Verbesserung des Verkehrsflusses auch einer Reihe von weiteren Zielsetzungen dienen:

- die Sicherheit der Verkehrsteilnehmer soll vergrößert werden;
- die Mobilität der Verkehrsteilnehmer soll insgesamt steigen, wobei die Entscheidungen des Einzelnen über Fahrtantritt, Reiseziel und Reiseweg nicht mehr als notwendig eingeschränkt werden;
- der Reisekomfort soll steigen; die Reisezeiten und die Ermüdung der Fahrer sollen - zumindest bei längeren Fahrten über Land - verringert werden;
- Landschaften und Siedlungsstrukturen sind so wenig wie möglich in Mitliedenschaft zu ziehen;
- die geplanten Maßnahmen haben kosten- und raumsparend zu sein;

eine Energieeinsparung ist durch eine gleichmäßige Fahrgeschwindigkeit anzustreben.

Möglichkeiten zur Lastverteilung sind beispielsweise bereits die gleitende Arbeitszeit in den Betrieben, aber auch die zeitliche Staffelung der Schulferien in den einzelnen Bundesländern. Solche vorab festgelegten Maßnahmen, zu denen auch Schaltpläne für Lichtsignalanlagen im Stadtverkehr gehören, werden in der Automatisierungstechnik als Steuerungen bezeichnet. Da sie nach einem festen Schema zeitlich ablaufen, erlauben sie keine flexible Anpassung an eine spezielle Situation. Verkehrsaufkommen und Verkehrsablauf sind aber einer Reihe von Unwägbarkeiten und kurzfristigen Einflüssen ausgesetzt, zu denen die Entscheidungen und das Verhalten des individuellen Verkehrsteilnehmers, aber auch Witterungsänderungen, Massenveranstaltungen und andere Dinge gehören. Diese entscheiden dann häufig, ob es zu Spitzenbelastungen kommt oder ob ein erwartetes Verkehrschaos ausbleibt.

Eine wirksame Verkehrsbeeinflussung muß daher ergänzt werden durch Maßnahmen, die sich an der augenblicklichen Situation orientieren. Dies setzt voraus, daß die aktuelle Verkehrslage fortlaufend meßtechnisch erfaßt wird, ein Problem, mit dem sich das Kapitel 5 dieser Schrift befaßt. Die Information über die jeweilige Verkehrssituation ist dann einem entscheidungsfindenden Organ zuzuleiten, das wiederum seine der Lage angepaßten Stelleingriffe in Form von Ampelsignalen, veränderbaren Geschwindigkeitsbeschränkungen, Wechselwegweisern und anderem an der Straße wirksam werden läßt, worauf wir im Kapitel 6 ausführlich eingehen. Ein solcher geschlossener Wirkungskreislauf wird als Regelung bezeichnet. Steuerung und Regelung des Prozesses "Verkehr" sind in schematischen Blockschaltbildern im Bild 1.4 dargestellt (vgl. auch [14].

Darüberhinaus dürfte es sinnvoll sein, wenn eine derartige Regelung unterstützt wird durch ein Informationssystem, das dem Verkehrsteilnehmer vor Fahrtantritt - unter Umständen auf Anfrage - zu seinem spezifischen Reisewunsch eine aktuelle Empfehlung für den zweckmäßigen Startzeitpunkt, die günstigste Reiseroute und bei Erholungsausflügen für sinnvolle Alternativziele gibt. Auf diese Weise kann eine zusätzliche Verteilungswirkung erzielt werden. Der einzelne Fahrer wird nicht mehr in Unkenntnis der Verkehrslage in einen zeitraubenden Stau verwickelt, zu dessen Entstehung und Fortentwicklung er auch noch selbst beiträgt.

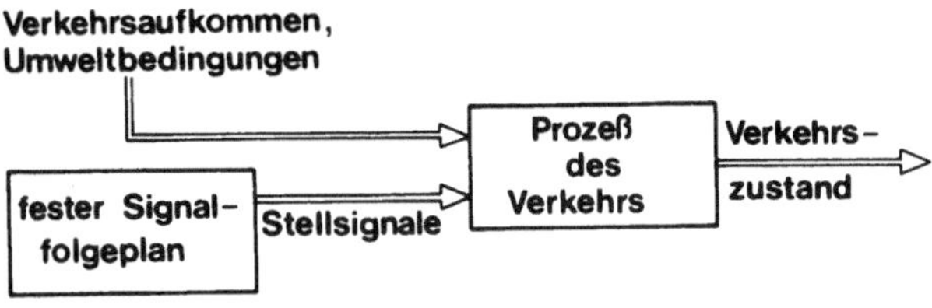

a) Steuerung des Verkehrsablaufs

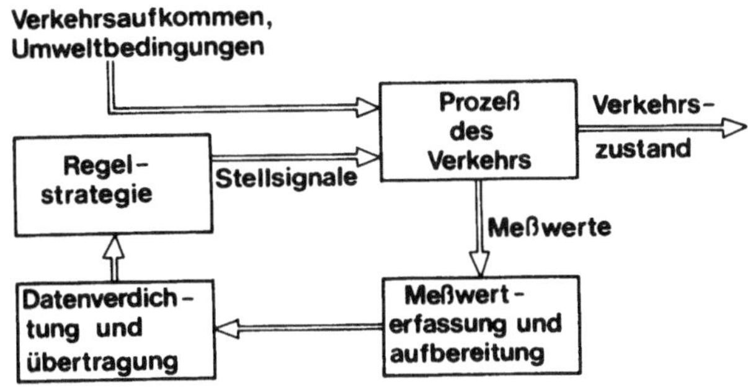

b) Regelung des Verkehrsablaufs

Bild 1.4 Blockschaltbilder für die Steuerung und die Regelung des Verkehrsablaufes auf Schnellstraßen

In der Literatur der letzten Jahre ist eine beachtliche Zahl von Vorschlägen, Studien und Untersuchungen zu finden, die sich mit den Möglichkeiten einer situationsgerechten Verbesserung des Verkehrsablaufes durch Steuerungs- und Regelungsmaßnahmen auseinandersetzen (siehe u.a. [15,16,17,18,19,20]). Ohne den detaillierten Untersuchungen der Eigenschaften des Prozesses "Verkehrsfluß" in den Kapiteln 2, 3 und 4 vorzugreifen, kann hier bereits grundsätzlich festgestellt werden, daß es sich hierbei um einen stark nichtlinearen Prozeß hoher Ordnung mit stochastischem Charakter handelt. Allerdings trägt nur der kleinere Teil der in der Literatur zu findenden Arbeiten allen drei genannten Aspekten des Problems Rechnung.

Angesichts der kausalen Verflechtung des Verkehrsgeschehens auf mehreren miteinander verbundenen Straßenzügen ist es einleuchtend, daß jede steuerungs- und regelungstechnische Maßnahme im Hinblick auf ihre Auswirkungen auf das Gesamtsystem zu sehen ist. Dabei gibt es sicher

Situationen, die durch die örtlich begrenzten Eingriffe zu beherrschen sind, aber auch Konstellationen, die eine weiträumige Strategie der Verkehrsflußführung und -beeinflussung notwendig machen. In diesen Überlegungen zeichnet sich bereits ab, daß die Aufgabe der Verkehrsüberwachung und der Verkehrsflußregelung in ihrem Charakter mehrschichtig und nach verschiedenen Prioritäten hierarchisch strukturiert ist. Dies gilt gleichermaßen für die Instrumentation wie für die in Datenverarbeitungssystemen abgespeicherten Prozeduren der Überwachung und Regelung, für Hardware und Software eines solchen Gesamtkonzeptes also.

2. Modellbildung für den Verkehrsfluß

In diesem Kapitel wollen wir uns der Aufgabe zuwenden, die Gesetzmäßigkeiten und Phänomene des Verkehrsflusses auf Schnellstraßen zu erfassen und zu einem mathematischen Modell zu verdichten, wobei wir uns bewußt sind, daß sich diesen Gesetzmäßigkeiten im Verkehrsgeschehen statistische Unregelmäßigkeiten überlagern. Dieses Modell wird dann als Grundlage für die Fragestellungen dienen, die in den weiteren Kapiteln bearbeitet werden. Von einer solchen mathematischen Beschreibung haben wir zu fordern, daß sie die Merkmale des Verkehrsablaufes hinreichend genau wiedergibt, soweit sie für die Ziele der Regelung und Überwachung von Bedeutung sind. Auf der anderen Seite werden wir die mathematische Beschreibung im Hinblick auf den rechnerischen wie auch den gerätetechnischen Aufwand, der bei der Weiterbehandlung erwächst, so einfach wie möglich halten wollen. Beide Forderungen sind zunächst einander entgegengerichtet: je aufwendiger eine Modellbeschreibung ist, desto besser läßt sie sich dem Verhalten des nachzubildenden Prozesses anpassen. Allerdings werden wir beim Straßenverkehr, der sich aus dem Einzelverhalten von Individuen zusammensetzt, relativ früh an eine Grenze stoßen, jenseits deren eine weitere Verfeinerung wegen der statistischen Unregelmäßigkeiten, die dem Geschehen anhaften, keine nennenswerte Verbesserung in der Modellanpassung mehr ergibt. Wir werden hierauf noch bei der Auswahl der Modellparameter im Kapitel 4 zu sprechen kommen.

Grundsätzlich lassen sich zwei Wege bei der Beschreibung des Verkehrsgeschehens beschreiten: die <u>mikroskopische</u> Betrachtungsweise, bei der über Lage und Bewegung jedes einzelnen Fahrzeuges eine Aussage gemacht wird, und die <u>makroskopische</u> Betrachtungsweise, bei der Fahrzeuggruppen gekennzeichnet und in ihrem Verhalten beschrieben werden.

Bei den mikroskopischen Modellen ist der Ausgangspunkt eine Beschleunigungsgleichung für das einzelne Fahrzeug in der allgemeinen Form

$$\ddot{x}_i(t+\theta) = f\left(\dot{x}_i(t), \Delta\dot{x}_i(t), \Delta x_i(t), u(t)\right) \qquad (2.1)$$

hierin sind $\dot{x}_i$, x_i und x_i die Position, die Geschwindigkeit und die Beschleunigung des i-ten Fahrzeugs in dem betrachteten Fahrzeugkollektiv bezogen auf einen festen Punkt der Fahrbahn;

Δx_i und $\Delta \dot{x}_i$ bezeichnen den relativen Abstand und die Geschwindigkeitsdifferenz zum vorausfahrenden Fahrzeug;

die Größe $u(t)$ repräsentiert eine äußere Eingriffsgröße, die entweder in Form von zusätzlicher Information für den Fahrer oder in Form eines Stelleingriffs bei automatischer Fahrzeugführung auf das einzelne Fahrzeug einwirkt.

θ ist eine Verzugszeit, die sich im wesentlichen aus der Reaktionszeit des Fahrers aber auch aus Totzeiten im Fahrzeugantrieb zusammensetzt.

Gleichung (2.1) besagt, daß die Geschwindigkeitsänderung des i-ten Fahrzeugs durch einen im allgemeinen nichtlinearen Zusammenhang zwischen der eigenen Geschwindigkeit, dem Abstand und der Relativgeschwindigkeit zum vorausfahrenden Fahrzeug sowie gegebenenfalls einer weiteren Einflußgröße u gegeben ist. (Spezielle Formen der Gleichung (2.1) werden im nächsten Abschnitt vorgestellt; unter anderem sei auf [21,22, 23,24] hingewiesen).

Mikroskopische Modelle haben eine große Bedeutung bei der Analyse des Verhaltens von Einzelfahrzeugen im Fahrzeugstrom, bei der Klärung von Unfallursachen und bei Untersuchungen zur technischen Verbesserung von Fahrzeugen. Will man sie jedoch zur Beschreibung des Verkehrsgeschehens auf einem größeren Straßenabschnitt heranziehen, so erfordert dies entsprechend der großen Zahl der Verkehrsteilnehmer einen hohen Aufwand, ohne daß sich aus dem Verhalten eines Einzelfahrzeugs eine zuverlässige Aussage über den Verkehrszustand auf der Straße ableiten läßt. (Dieser Weg wurde z.B. von Wiedemann [25] beschritten.)

Als Grundlage zur Verkehrslenkung haben mikroskopische Modelle da einen Sinn, wo die individuelle Steuerung von Einzelfahrzeugen zur Diskussion steht. Derartige Konzepte, die mit dem Schlagwort "automatisierte Straße" angesprochen sind (siehe für eine Übersicht [8]), setzen eine umfangreiche Zusatzausrüstung und einen sehr leistungsfähigen Nachrichtenkanal für den Informationsfluß zwischen Verkehrsrechner und Straße voraus. Ihre Verwirklichung dürfte daher erst in fernerer Zukunft spruchreif sein.

Wesentlich mehr Aussicht auf eine Verwirklichung in absehbarer Zukunft haben Konzepte, die bei der Beurteilung des Verkehrsgeschehens nicht von der Detailinformation über die Bewegung jedes Einzelfahrzeugs, sondern von pauschalen Aussagen über ein Fahrzeug-Ensemble ausgehen und sich auf die kollektive Beeinflussung des Fahrzeugstroms beschränken. Diese makroskopische Betrachtungsweise erfordert für die Verkehrsüberwachung größerer Straßenabschnitte einen wesentlich geringeren Aufwand an Datenaufbereitung und -übertragung. Ein weiterer Vorteil besteht darin, daß zum Eingriff in den Verkehrsablauf nur eine entsprechende Ausrüstung der jeweiligen Straße - zum Beispiel mit Wechselverkehrszeichen und Signalanlagen - aber zunächst keine Ergänzungen am Fahrzeug erforderlich sind. Aus diesen Gründen wollen wir uns im Folgenden nur noch der Betrachtung makroskopischer Verkehrsmodelle zuwenden. Hierzu wird im nächsten Abschnitt ein mathematisches Modell entworfen, das geeignet ist, den Verkehrsablauf auf einem kreuzungsfreien Straßenabschnitt mit seinen verschiedenen Phänomenen aus makroskopischer Sicht dynamisch nachzubilden.

2.1 Die Variablen des Verkehrsflußmodells

Ausgangspunkt für unsere Betrachtungen ist eine mehrspurige Richtungsfahrbahn eines Schnellstraßen- oder Autobahnabschnitts, der eine Länge von wenigen Kilometern haben möge. Die Annahme von mehreren - d.h. in der Regel zwei oder drei - Fahrspuren je Fahrtrichtung ist erforderlich, um reibungslose Überholvorgänge und damit eine gewisse Kontinuität des Verkehrsflusses voraussetzen zu können. Auf Straßen mit nur einer Fahrspur je Fahrtrichtung liegt erfahrungsgemäß eine große Neigung zur Pulkbildung vor, wobei die Bewegung des einzelnen Pulks von der individuellen Fahrweise des jeweils langsamsten Fahrzeugs an der Spitze bestimmt wird [26].

Den betrachteten Straßenabschnitt denken wir uns gemäß Bild 2.1 in n Segmente unterteilt, deren Länge Δ_j so gewählt sein soll, daß wir die Verhältnisse innerhalb eines solchen Segmentes in erster Näherung als gleichförmig ansehen können - und zwar zumindest im Rahmen der Genauigkeit, mit der unsere Beschreibung reale Verkehrsabläufe wiederzugeben vermag.

Im Hinblick auf die vorgenommene Unterteilung des betrachteten Straßen-

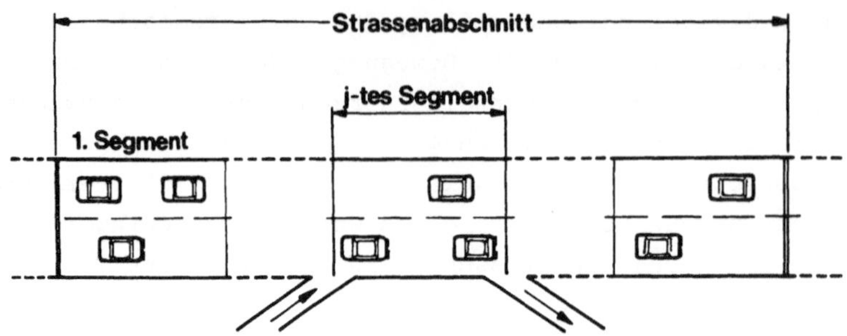

Bild 2.1 Schematische Darstellung eines Straßenabschnitts (eine Fahrtrichtung)

abschnitts führen wir jetzt die folgenden Variablen ein, mit deren Hilfe wir das Verkehrsgeschehen charakterisieren wollen:

- die Verkehrsdichte $c_j(k)$ bezieht die Anzahl der Fahrzeuge, die sich zum Zeitpunkt $k \cdot T$ im j-ten Segment befinden, auf die Segmentlänge Δ_j
  (Einheit: Fahrzeuge/Längeneinheit),
- die mittlere Geschwindigkeit $v_j(k)$ gibt den Mittelwert der Geschwindigkeiten aller Fahrzeuge an, die sich zum Zeitpunkt $k \cdot T$ im j-ten Segment befinden
  (Einheit: Längeneinheit/Zeiteinheit),
- die Verkehrsstärke $q_j(k)$ beinhaltet die Zahl der Fahrzeuge, die zwischen den Zeitpunkten $k \cdot T$ und $(k+1)T$ den Fahrbahnquerschnitt zwischen dem j-ten und dem j+1-ten Segment passieren, bezogen auf die Intervalldauer T
  (Einheit: Fahrzeuge/Zeiteinheit),
- die Verkehrsstärken $r_j(k)$ und $s_j(k)$ erfassen diejenigen Fahrzeuge, die über etwa vorhandene Zu- und Abfahrten am Ende des j-ten Segments den Straßenabschnitt zwischen den Zeitpunkten $k \cdot T$ und $(k+1)T$ befahren bzw. verlassen, und beziehen sie auf die Intervalldauer T
  (Einheit: Fahrzeuge/Zeiteinheit).

Wir haben bei der Einführung dieser Variablen stillschweigend eine zeitdiskrete Betrachtungsweise zugrunde gelegt: die so definierten Größen sind nur zu den Zeitpunkten $k \cdot T$ erklärt, wobei T die zeitliche Schrittweite und k der laufende Zeitindex, eine natürliche Zahl ist. Dieses Vorgehen ist einmal dem Verkehrsgeschehen adäquater, da der Verkehr keinen kontinuierlichen Massenstrom darstellt wie z.B. Flüssigkeits- und Gasströme - wir werden auf diesen Punkt später noch eingehen. Zum anderen kommt eine zeitdiskrete Betrachtung der Behandlung von Überwachungs- und Steuerungsaufgaben durch digitale Geräteeinheiten entgegen und ist von daher einer zeitkontinuierlichen Betrachtung vorzuziehen.

Die Wahl der zeitlichen Schrittweite T wird durch zwei Bedingungen nach unten wie nach oben begrenzt. Auf der einen Seite hat die Abtastung merklich schneller zu sein als die dynamischen Vorgänge, die das Modell beschreibt; diese Forderung ergibt sich aus einer praktischen Auslegung des Abtasttheorems [27,28,S.16]. Andererseits stellt der oben eingeführte Begriff der Verkehrsstärke eine zeitliche Mittelung über Einzelereignisse dar. Mit der Verkleinerung von T werden auch die am Beobachtungsquerschnitt registrierten Fahrzeuge immer weniger und es wächst die Streuung gemessener Verkehrsstärkewerte; für sehr kleine Beobachtungsintervalle T nehmen schließlich diese Meßwerte nur noch die Werte 0 und $1/T$ an (das Ereignis, daß zwei oder mehr Fahrzeuge exakt zur selben Zeit einen Querschnitt überfahren, hat die Wahrscheinlichkeit Null). In gleichem Maße verlieren Einzelwerte an Aussagekraft. In der Praxis wird man für T einen Wert zwischen fünf und zwanzig Sekunden wählen.

Auch die Wahl der Länge Δ eines Segmentes wird zweckmäßigerweise nach oben wie nach unten zu begrenzen sein. Um längs der Straße ein Profil der eingeführten Variablen wie zum Beispiel eine Dichtewelle oder einen örtlichen Übergang vom flüssigen Verkehr in eine Stauzone wirklichkeitsnah wiedergeben zu können, sollte die Segmentlänge einen Kilometer nicht überschreiten.

Nach unten wird sie begrenzt durch die Tatsache, daß wir Aussagen über das mittlere Verhalten eines Fahrzeugkollektivs machen wollen. Nun ist aus der Statistik bekannt, daß der Mittelwert einer Stichprobe vom tatsächlichen Mittelwert einer Gesamtheit, der die Probe entnommen ist, umso mehr abweichen kann (im Sinne einer statistischen Erwartung), je kleiner der Umfang der Stichprobe ist, und umgekehrt desto zuverlässiger ist, je mehr Einzelelemente die Stichprobe umfaßt. Auf unser Problem übertragen bedeutet das, daß wir zumindest bei lebhaftem bis dichtem Verkehr hinreichend viele Fahrzeuge in einem Segment zu einem Kollektiv zusammenfassen müssen, damit die über dieses Ensemble gemittelten Kenndaten repräsentativ für das Verkehrsgeschehen sind. Damit sich zum Beispiel bei einem Dichtewert von 30 Fahrzeugen pro Kilometer ein Kollektiv von etwa 10 Fahrzeugen in einem Segment befindet, darf die Segmentlänge 300 Meter nicht unterschreiten.

Die Forderung nach Gleichförmigkeit der Verhältnisse innerhalb eines Segmentes sei außerdem auch so verstanden, daß etwaige Zu- und Abfahrten nur an den Segmentgrenzen liegen. Auch auf andere bauliche Gegebenheiten wie z.B. den Beginn einer Steigungsstrecke oder einen Wechsel in der Anzahl der Fahrspuren hat man in einem konkreten Fall bei der Festlegung der Segmentgrenzen zu achten.

Wir wollen an dieser Stelle bereits darauf hinweisen, daß die eingeführten Variablen zwei verschiedenen Kategorien angehören. Die Verkehrsdichte c und die mittlere Geschwindigkeit v beziehen sich auf einen festen Zeitpunkt und fassen Einzelfahrzeuge in einem Ortsintervall Δ_j zu einem Kollektiv zusammen; sie werden daher auch als <u>momentane</u> Größen bezeichnet. Im Gegensatz dazu sind die Verkehrsstärken für einen festen Ort erklärt, und es bilden Fahrzeuge ein Kollektiv, die in einem Zeitintervall der Dauer T beobachtet wurden. Die Verkehrsstärken stellen somit <u>lokale</u> Größen dar. Dieser Unterschied ist deshalb bemerkenswert, da der Verkehrszustand und die Verkehrsleistung auf einer Straße durch die momentanen Variablen c und v charakterisiert werden, während sowohl alle Meßdaten, die sich an einem Straßenquerschnitt aufnehmen lassen, als auch Eingriffe, die die Verkehrsströme auf Zufahrten kontingentieren, lokale Größen sind. Sowohl bei der Verkehrsüberwachung wie bei der Verkehrsregelung werden wir es bei der systemtheoretischen Behandlung mit einem Wechselspiel zwischen lokalen und momentanen Variablen zu tun haben.

Bei einem realen Verkehrsablauf verlieren die momentanen Variablen bei zu kleinem Ortsintervall Δ_j an Aussagekraft in eben der Weise, wie die lokalen Verkehrsstärken bei zu kleinem Beobachtungsintervall T keine sinnvollen Kenngrößen mehr darstellen, wie oben bereits erläutert wurde.

In Bild 2.2 sind die hiermit eingeführten Variablen in die schematische Darstellung des betrachteten Straßenabschnitts eingetragen.

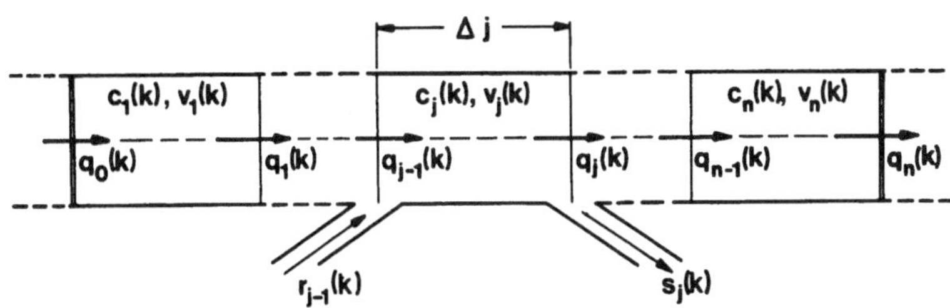

Bild 2.2 Schematische Darstellung eines Straßenabschnitts mit den eingeführten Variablen

2.2 Deterministisches Verkehrsflußmodell

Aufgabe dieses Abschnitts soll es sein, ein mathematisches Modell zu entwerfen, das in der Lage ist, den Übergang des Verkehrszustands zu einem Zeitpunkt $k \cdot T$ in den Zustand zum nachfolgenden Zeitpunkt $(k+1)T$ zu beschreiben. Den Verkehrszustand werden wir dabei durch die momentanen Variablen c_j und v_j, oder genauer durch ihren Erwartungswert kennzeichnen. Wenn wir eine derartige Rechenvorschrift gefunden haben, dann können wir durch sukzessive Anwendung derselben den Verkehrsablauf über einen beliebig großen Zeitraum simulieren, vorausgesetzt der Anfangszustand sowie die Zu- und Abflüsse sind bekannt.

Wie schon bei der Definition der beschreibenden Variablen müssen wir auch bei der Erstellung dieses mathematischen Modells gewisse vereinfachende Annahmen treffen, die nicht für jeden Verkehrsablauf im Einzelnen, sondern nur im Mittel zuzutreffen brauchen. Auf die Frage, in welchem Maße das so erhaltene Verkehrsflußmodell einen wirklichen Verkehrsablauf auf einer mehrspurigen Richtungsfahrbahn nachzubilden vermag, werden wir noch im Kapitel 4 bei der Validierung des Modells ausführlich eingehen.

Wir gehen von der schematischen Darstellung des Straßenabschnitts nach Bild 2.2 aus und stellen für das j-te Segment eine Bilanzgleichung auf, die besagt, daß die Zahl der Fahrzeuge im betrachteten Segment während des Zeitintervalls $k \cdot T \leq t < (k+1)T$ sich um die Differenz zwischen zu- und abgefahrenen Fahrzeugen ändert:

$$c_j(k+1) \cdot \Delta_j - c_j(k) \cdot \Delta_j = [q_{j-1}(k) - q_j(k) + r_{j-1}(k) - s_j(k)] \cdot T \tag{2.2}$$

Es handelt sich hierbei um die diskrete Version der Kontinuitätsgleichung, wie sie allgemein für einen Materietransport gilt. Sie besagt, daß in einem abgeschlossenen Bereich das transportierte Medium bei Quellenfreiheit (hier zum Beispiel wenn keine Parkplätze angeschlossen sind) weder neu entstehen noch verschwinden kann, sondern nur über die Bereichsgrenzen zu- und abgeführt wird.

Unter der Voraussetzung, daß für die Verkehrsstärken auf der rechten Seite dieser Gleichung die richtigen Werte eingesetzt werden, macht (2.2) eine <u>exakte</u> Aussage über die Verkehrsdichte c_j zum Zeitpunkt $(k+1)T$. Wir wollen diese Beziehung noch in eine Form umschreiben, die eine unmittelbare Anweisung ist, wie wir $c_j(k+1)$ zu berechnen haben:

$$c_j(k+1) = c_j(k) + \frac{T}{\Delta_j}[\, q_{j-1} - q_j + r_{j-1} - s_j \,]_{(k)} \tag{2.2a}$$

Für den Fall, daß sich keine Zu- und Abfahrten an den Segmentgrenzen befinden, sind r_{j-1} und s_j gleich Null zu setzen.

Als nächstes wollen wir eine Aussage über das zeitliche Verhalten der mittleren Geschwindigkeit v_j machen. Hierzu gehen wir zunächst von dem idealen Sonderfall eines örtlich wie zeitlich gleichförmigen Verkehrs aus. Wir nehmen dazu an, daß die Dichte in allen Segmenten gleich groß ist (örtliche Gleichförmigkeit) und alle Verkehrsstärken $q_o(k)$ bis $q_n(k)$ für jeden Wert von k einen festen, konstanten Wert haben (zeitliche Gleichförmigkeit), so daß die Dichte $c_j(k+1)$ in allen Segmenten nach (2.2a) sich zeitlich nicht ändert (Zu- und Abfahrten seien nicht vorhanden, d.h. $r_{j-1} \equiv 0$ und $s_j \equiv 0$). Unter diesen Voraussetzungen dürfen wir davon ausgehen, daß sich jeder Fahrer auf dem Straßenabschnitt auf die gleichförmigen Verkehrsverhältnisse einstellt und eine Geschwindigkeit annimmt, die den Straßenverhältnissen (Sichtweite, Bahnkrümmung, Witterungsbedingungen u.a.m.) und der gleichmäßig wahrgenommenen Verkehrsdichte angepaßt ist.

Sieht man einmal von den Straßenverhältnissen ab, die im allgemeinen über größere Zeiträume unverändert gegeben sind, dann werden alle Fahrzeuge schließlich mit einer Geschwindigkeit fahren, die nur von der vorliegenden Dichte c abhängt, wobei diese Geschwindigkeit für jedes Fahrzeug individuell verschieden sein kann. Wir werden dann über das jeweilige Fahrzeugkollektiv in einem Segment mittelnd auch erwarten dürfen, daß die mittlere Geschwindigkeit v (streng genommen ihr Erwartungswert) in eindeutiger Weise von der Dichte c abhängt:

$$v = V(c) \tag{2.3}$$

Diese Annahme wurde auch in vielen Untersuchungen durch die Praxis bestätigt (siehe u.a. [23,Kap.2 und auch 29]). Der prinzipielle Verlauf dieses stationären Zusammenhangs zwischen Geschwindigkeit und Dichte läßt sich sehr anschaulich aus der mikroskopischen Fahrzeugfolgetheorie herleiten [21]. Wir setzen hierzu für den dynamischen Vorgang, mit dem ein Fahrer seinen Abstand und seine Geschwindigkeit auf ein vorausfahrendes Fahrzeug abzustimmen versucht, folgende Differentialgleichung an, die eine Konkretisierung der Beziehung (2.1) darstellt:

$$\ddot{x}(t+\theta) = a \frac{[\,\dot{x}(t+\theta)\,]^m}{[\,\Delta x(t)\,]^l} \Delta\dot{x}(t)$$

mit

$x(t)$	Position des betrachteten Fahrzeugs zur Zeit t ,
$\Delta x(t)$	Abstand zum vorausfahrenden Fahrzeug zur Zeit t ,
a	Empfindlichkeitsfaktor ,
m,l	allgemeine Exponenten, positiv reell ,
θ	Reaktionszeit des Fahrers (einschließlich Fahrzeug).

Diese Gleichung besagt, daß die Beschleunigung des Folgefahrzeugs proportional ist der Differenzgeschwindigkeit beider Fahrzeuge, mit der m-ten Potenz der eigenen Geschwindigkeit zunimmt und sich umgekehrt proportional zur l-ten Potenz des Abstands zum vorausfahrenden Fahrzeug verhält.

Zunächst integrieren wir diese Differentialgleichung, wobei folgende Fälle von praktischer Bedeutung sind:

1. Fall $m = 0$, $l = 2$

$$\dot{x}(t+\theta) = -a[\Delta x(t)]^{-1} + b \; ,$$

2. Fall $m = 1,\ l > 1$

$$\ln(\dot{x}(t+\theta)) = -\frac{a}{l-1}[\Delta x(t)]^{-l+1} + b\ ,$$

3. Fall $0 < m < 1,\ l > 1$

$$[\dot{x}(t+\theta)]^{1-m} = -a\frac{1-m}{l-1}[\Delta x(t)]^{-l+1} + b\ .$$

Im Hinblick auf das Ziel, einen stationären Zusammenhang zwischen mittlerer Geschwindigkeit und Fahrzeugdichte herzuleiten, stelle man sich vor, daß alle Fahrzeuge eine konstante Geschwindigkeit v und einen konstanten Abstand Δx zueinander erreicht haben. Die oben erhaltenen Beziehungen stellen dann verschiedene Versionen einer Zuordnung zwischen Abstand und gefahrener Geschwindigkeit dar, die man als Abstandsgesetz bezeichnet. Der Fahrzeugabstand ist dabei umgekehrt proportional der Fahrzeugdichte

$$\Delta x \sim 1/c\ .$$

Unter dieser Annahme gleicher Abstände Δx und gleicher Geschwindigkeiten v ergeben die obigen Beziehungen jeweils einen Zusammenhang zwischen der Geschwindigkeit v und der Dichte c, den wir auch für die makroskopische Betrachtungsweise übernehmen können. Die beiden Konstanten a und b lassen sich dabei so bestimmen, daß folgende Grenzzustände erfüllt werden:

- für $\Delta x \to \infty$, d.h. $c \to 0$ geht v in die freie mittlere Geschwindigkeit V_f über,
- für $c = c_{max}$ ist die Fahrbahn blockiert, d.h. $v \to 0$ (diese Grenzbedingung ist im Fall $m = 1$ wegen des natürlichen Logarithmus nicht auswertbar).

Nach kurzer Zwischenrechnung erhalten wir dann folgende funktionale Zusammenhänge für die mittlere Geschwindigkeit und die Verkehrsdichte unter stationären Verhältnissen:

$m = 0$, $l = 2$	$v = V_f\,[1 - c/c_{max}] = V(c)$	(2.4a)
$m = 1$, $l = 2$	$v = V_f \exp[-c/c_o] = V(c)$	(2.4b)
$m = 1$, $l = 3$	$v = V_f \exp[-0{,}5(c/c_o)^2] = V(c)$	(2.4c)
$0 < m < 1$, $l > 1$	$v = V_f\,[1 - (c/c_{max})^{l-1}]^{\frac{1}{1-m}} = V(c)$	(2.4d)

Eine ausführliche Wertung dieser Beziehungen und ihrer Aussagekraft im Zusammenhang mit realen Meßdaten ist in [30] zu finden. Unter anderem wurde dort anhand von Beobachtungen auf amerikanischen Straßen die Exponentenkombination $m = 0{,}8$ und $l = 2{,}8$ als besonders günstig befunden.

Die vier Beziehungen (2.4a) bis (2.4d) sind in Bild 2.3 zusammen mit Meßpunkten dargestellt, denen sie durch geeignete Wahl der Parameter V_f, c_{max} bzw. c_o, sowie l und m angepaßt wurden. Das Bild läßt gut erkennen, daß die Funktionen $V(c)$ nach (2.4a) und (2.4b) weniger geeignet sind, die realen Verhältnisse nachzubilden, während die Funktionen nach (2.4c) und (2.4d) sich der Meßpunkteverteilung besser einbeschreiben lassen. Wie sich die Parameter einer solchen stationären Charakteristik anhand von Meßdaten aus dem vorwiegend instationären Verkehrsablauf korrekt bestimmen lassen, wird im Kapitel 4 ausführlich behandelt. Ferner sei an dieser Stelle bereits darauf hingewiesen, daß die Kennlinie oberhalb einer Dichte von etwa 50 Fahrzeugen pro Kilometer keine stabilen Betriebspunkte mehr enthält, wie im Kapitel 3 nachgewiesen wird, so daß sich für diesen Teil der Kennlinien stationäre Verhältnisse auch gar nicht einstellen würden.

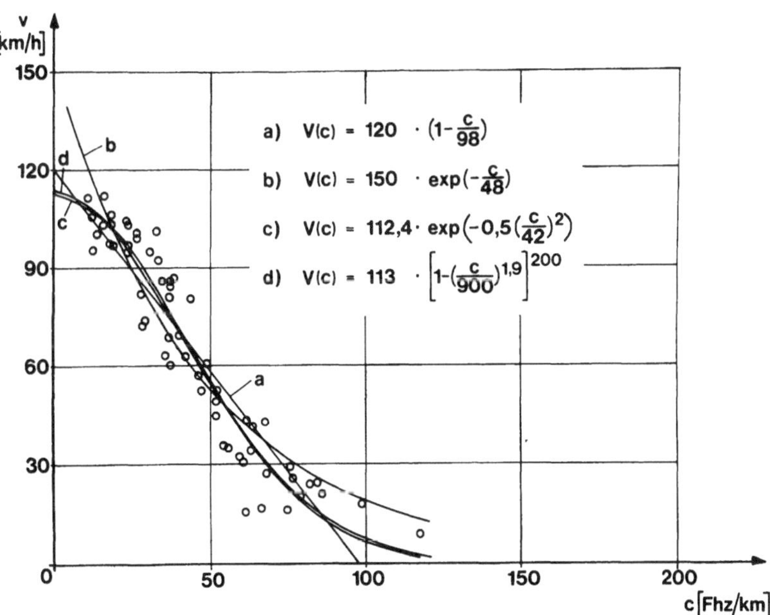

Bild 2.3 Anpassung der stationären Zusammenhänge $V(c)$ nach (2.4) an gemessene Verkehrsdaten

Wir lassen nun die Voraussetzung gleichmäßiger Verkehrsdichte fallen und stellen uns vor, daß ein Fahrzeugkollektiv in einen Straßenabschnitt größerer Verkehrsdichte einfährt. Betrachten wir die mittlere Geschwindigkeit dieses fahrenden Kollektivs mit fortschreitender Zeit, dann dürfen wir nach dem Vorangegangenen annehmen, daß jedes Einzelfahrzeug und damit auch das Fahrzeugensemble seine Geschwindigkeit drosselt, um sie nach einer gewissen Zeit dem durch die neue Dichte vorgegebenen Wert anzupassen. Wie bei vielen Vorgängen in der Natur ist die Annahme sinnvoll, daß die Änderungsgeschwindigkeit bei diesem Vorgang der Abweichung zwischen aktueller Geschwindigkeit und dem stationären Geschwindigkeitswert proportional ist, wobei der Proportionalitätsfaktor der Reziprokwert einer Zeitkonstanten τ ist. Für die Geschwindigkeit v^+ in einem fahrenden Ensemble können wir also folgendes Zeitverhalten erwarten*

$$\frac{1}{T}[\, v^+(k+1) - v^+(k)\,] = \frac{1}{\tau}[\, V(c) - v^+(k)\,] \tag{2.5a}$$

bzw.

$$v^+(k+1) = v^+(k) + \frac{T}{\tau}[\, V(c) - v^+(k)\,] \tag{2.5b}$$

Den zweiten Term auf der rechten Seite von Gl. (2.5b) wollen wir in der Folge den Anpassungsterm nennen, da er die Anpassung einer Auslenkung an die stationären Verhältnisse beschreibt.

Während (2.5) die mittlere Geschwindigkeit v^+ betrifft, die ein Beobachter wahrnimmt, der sich mit dem Fahrzeugkollektiv fortbewegt, sind wir im Hinblick auf die im vorigen Abschnitt eingeführte Variable v daran interessiert, eine Aussage über die mittlere Geschwindigkeit in einem ortsfesten Segment zu machen. Wir gelangen zu einer entsprechenden Differenzengleichung, wenn wir ausgehend von der Beziehung (2.5) berücksichtigen, daß $q_{j-1} \cdot T$ Fahrzeuge mit der mittleren Geschwindigkeit $v_{j-1}(k)$ aus dem vorangegangenen Segment in das j-te Segment eingefahren sind, während $q_j \cdot T$ Fahrzeuge mit der mittleren Geschwindigkeit $v_j(k)$ das Segment verlassen haben. Bei der Bestimmung der neuen mittleren Geschwindigkeit $v_j(k+1)$ haben wir diesen Fahrzeugaustausch auf die Gesamtzahl der Fahrzeuge im Segment zu beziehen. Wir gelangen

---

*Da das Fahrverhalten der einzelnen Verkehrsteilnehmer statistisch schwankt, kann eine solche deterministische Beziehung nur im Sinne einer statistischen Erwartung, also eigentlich nur für den Erwartungswert der Geschwindigkeit v^+ gelten. Wir wollen uns dieser Tatsache bei der Verwendung von deterministischen Modellgleichungen im Folgenden bewußt bleiben.

dann für die ortsfeste mittlere Geschwindigkeit v_j zu folgender Beziehung, die ebenfalls nicht exakt sondern im Sinne einer statistischen Erwartung gilt:

$$v_j(k+1) = v_j(k) + \frac{T}{\tau}[V(c_j) - v_j]_{(k)}$$

$$+ [\frac{1}{\Delta_j c_j - q_j T + q_{j-1} T} \cdot (q_{j-1} \cdot T \cdot v_{j-1} - q_j \cdot T \cdot v_j)]_{(k)}$$

Da diese Gleichung ohnehin nicht exakt gilt, wollen wir sie mit der Annahme, daß Zustrom $q_{j-1}(k)$ und Abfluß $q_j(k)$ annähernd gleich groß sind, vereinfachen:

$$v_j(k+1) = v_j(k) + \frac{T}{\tau}[V(c_j) - v_j]_{(k)} + \frac{T}{\Delta_j}[\frac{q_j}{c_j}(v_{j-1} - v_j)]_{(k)} \qquad (2.6)$$

Den letzten Term auf der rechten Seite dieser Gleichung, der gegenüber (2.5b) neu hinzugetreten ist, werden wir auch als den Verschiebungs- oder Konvektionsterm bezeichnen, da hiermit berücksichtigt wird, daß sich ein örtliches Geschwindigkeitsprofil mit fortschreitender Zeit in Bewegungsrichtung verschiebt.

Hiermit haben wir bereits eine brauchbare Beziehung für das dynamische Verhalten der mittleren Geschwindigkeit v_j in einem Segment erhalten. Nun haben Verkehrsbeobachtungen gezeigt, daß Verkehrsteilnehmer ihre Geschwindigkeit nicht nur mit einer Verzögerungszeit τ der sie umgebenden Dichte anpassen, sondern auch einer in Fahrtrichtung vorausgesehenen relativen Dichteänderung Rechnung tragen, indem sie im allgemeinen bei einer Verdichtung abbremsen oder bei einer Verdünnung beschleunigen. Payne [31] hat diesen Effekt mit einem Empfindlichkeitsfaktor ν gewichtet in die Differenzengleichung für die mittlere Geschwindigkeit aufgenommen, wobei wir gegenüber seinem Ansatz noch einen konstanten Dichtewert κ im Nenner addieren, der verhindert, daß dieser Ausdruck für geringe Dichtewerte ein ungerechtfertigtes Gewicht erhält.

$$v_j(k+1) = v_j(k) + \frac{T}{\tau}[V(c_j) - v_j]_{(k)} + \frac{T}{\Delta_J} \cdot \frac{q_j}{c_j}[V_{j-1} - v_j]_{(k)}$$

$$+ \frac{\nu}{\Delta_j} \cdot \frac{T}{\tau}[\frac{c_j - c_{j+1}}{c_j + \kappa}]_{(k)} \qquad (2.7)$$

Den neu hinzugetretenen Term auf der rechten Seite dieser Beziehung wollen wir als den Dichtegefälleterm benennen.

Wir sind uns bereits im vorangegangenen Abschnitt darüber klar geworden, daß die Segmentlänge Δ_j und die zeitliche Schrittweite T gewisse Werte nicht unterschreiten soll, da andernfalls die eingeführten Variablen, die ja Mittelungen über Fahrzeugensembles beinhalten, ihren eigentlichen Sinn verlieren. In einem gedanklichen Exkurs wollen wir jetzt dennoch den Verkehrsstrom als ein kontinuierlich verteiltes Medium betrachten und in (2.2) und (2.7) den Grenzwert $\Delta_j \to 0$, $T \to 0$ vollziehen. Wir erhalten dann die beiden folgenden partiellen Differentialgleichungen

$$\frac{\partial c(s,t)}{\partial t} = - \frac{\partial q(s,t)}{\partial s} \tag{2.8}$$

und

$$\frac{\partial v(s,t)}{\partial t} = \frac{1}{\tau'}[V(c) - v] - \frac{q}{c} \cdot \frac{\partial v}{\partial s} - \nu \frac{\partial c}{\partial s} \tag{2.9}$$

(hierin ist s die Ortskoordinate).

Die Betrachtung des Verkehrs als eines kontinuierlichen Flusses hat der Beschreibung durch (2.8) und (2.9) den Namen <u>Kontinuums-Modell</u> verliehen. Es mag angesichts der Unzulänglichkeit dieses Modells und seiner schwierigen simulationstechnischen Behandlung verwundern, daß es als erstes vor den zeitlich und örtlich diskretisierten Gleichungen (2.2) und (2.7) zur Beschreibung des Verkehrs herangezogen wurde. Die Kontinuitätsgleichung (2.8) wurde bereits 1955 von Lighthill und Witham [32] und unabhängig 1956 auch von Richards [33] eingeführt, wobei zunächst die Geschwindigkeit $v(s,t)$ trägheitslos durch die Dichte $c(s,t)$ über einen statischen Zusammenhang (2.3) bestimmt war. Payne [31] hat dann 1971 der Kontinuitätsgleichung (2.8) die Beziehung (2.9) hinzugefügt, die er aus der Fahrzeugfolgegleichung (2.1) abgeleitet hat.

Neben den genannten Nachteilen besitzt das Kontinuumsmodell auch einen Vorteil. In Anlehnung an die Hydromechanik läßt sich für die Verkehrsstärke q eine einfache Beziehung angeben:

$$q(s,t) = c(s,t) \cdot v(s,t) \tag{2.10}$$

Setzt man diese Beziehung in (2.8) und (2.9) ein, dann enthält das Kontinuumsmodell nur noch zwei örtlich verteilte, zeitabhängige Variablen $c(s,t)$ und $v(s,t)$. Will man das System von partiellen Differentialgleichungen (2.8) und (2.9) lösen, so hat man die Anfangsverteilungen $c(s,0)$ und $v(s,0)$ sowie die Zeitverläufe von $c(s,t)$

und $v(s,t)$ an jeweils einem der beiden Ränder des betrachteten Ortsintervalls zu kennen.

Bei dem Versuch, eine ähnlich einfache Beziehung für die Verkehrsstärke $q_j(k)$ in unserem realitätsnäheren diskreten Modell zu finden, entstehen einige Schwierigkeiten. Zunächst weiß man aus Verkehrsbeobachtungen, daß die Verkehrsstärke bei Beobachtungsintervallen von einigen Sekunden starken Schwankungen unterliegt, auch wenn Verkehrsdichte und mittlere Geschwindigkeit eine große zeitliche wie örtliche Konstanz aufweisen. Eine weitere Schwierigkeit entsteht dadurch, daß die Verkehrsstärke an einem Querschnitt definiert ist, der zwei benachbarte Segmente trennt, so daß die Frage entsteht, in welcher Weise Dichte und mittlere Geschwindigkeit in jedem der beiden Nachbarsegmente den Wert der Verkehrsstärke am betrachteten Querschnitt beeinflussen. Ein einfacher, aber auch wenig differenzierter Ansatz wäre in Anlehnung an (2.10) der folgende

$$q_j(k) = c_j(k) \cdot v_j(k) \tag{2.11}$$

Dieser Ansatz geht davon aus, daß die beobachteten Fahrzeuge das j-te Segment verlassen und daß sich somit die Verkehrsstärke näherungsweise aus den Verhältnissen in diesem Segment zu Beginn des Beobachtungsintervalls bestimmt.

Eine differenziertere Betrachtungsweise wird demgegenüber davon auszugehen haben, daß die Verkehrsstärke am Segmentübergang sich aus den Verhältnissen in <u>beiden</u> Nachbarsegmenten ableitet. Berücksichtigt man außerdem bei zeitlichen Änderungen, daß der Verkehrsstärkewert $q_j(k)$ sich auf das Zeitintervall $kT \leq t < (k+1)T$ bezieht, während die Dichte $c_j(k)$ und die mittlere Geschwindigkeit $v_j(k)$ nur momentan, das heißt zum Anfangs- und Endzeitpunkt dieses Intervalls festgelegt sind, dann erscheint der folgende Ansatz sinnvoll, der in Anlehnung an (2.10) eine örtliche und zeitliche Mittelwertbildung für die zu erwartende Verkehrsstärke vornimmt

$$\begin{aligned} q_j(k) = {} & 1/4 \, [\, c_j \cdot v_j + c_{j+1} \cdot v_{j+1} \,]_{(k)} \; + \\ & + 1/4 \, [\, c_j \cdot v_j + c_{j+1} \cdot v_{j+1} \,]_{(k+1)} \end{aligned} \tag{2.12}$$

Leider ist dieser Ausdruck wenig geeignet, um mit (2.2a) den zeitlichen Verlauf der Verkehrsdichte c_j in einem Segment iterativ zu berechnen, da der Wert $c_j(k+1)$, der nach (2.2a) erst über $q_j(k)$ bestimmt werden kann, nach (2.12) bereits zur Bestimmung von $q_j(k)$ bekannt sein muß. Die Gleichungen (2.12) und (2.2) als implizites Gleichungssystem für die Dichten $c_j(k+1)$ aufzufassen, bedeutet auf der anderen Seite einen größeren Aufwand bei der numerischen Verarbeitung des Modells, der angesichts der durch den stochastischen Charakter des Verkehrs bedingten Unschärfe der Modellaussagen nicht gerechtfertigt erscheint. Wir wollen daher einen anderen Weg einschlagen, indem wir für die Verkehrsstärke $q_j(k)$ einen gewichteten, örtlichen Mittelwert über die Produkte $c \cdot v$ in den Nachbarsegmenten ansetzen

$$q_j(k) = \alpha c_j(k) \cdot v_j(k) + (1-\alpha) c_{j+1}(k) \cdot v_{j+1}(k) \tag{2.13}$$

Hierin ist α ein konstanter Gewichtsfaktor zwischen 0,5 und 1,0. Er verleiht dem stomaufwärts liegenden Segment ein größeres Gewicht, da die beobachteten Fahrzeuge während des Beobachtungsintervalls aus diesem Segment herausfahren. Sollte sich dieser Ansatz bei einer Überprüfung des Modells anhand wirklicher Verkehrsabläufe, wie sie im Kapitel 4 vorgenommen wird, als unzureichend erweisen, wäre eine weitere Differenzierung möglich, indem man den Faktor α vom Verkehrszustand abhängig macht (vgl. [14]), wobei dem (j+1)-ten Segment bei dichterem Verkehr ein größeres Gewicht verliehen wird.

Wenn man die Beziehung (2.13) in (2.2) sowie die einfachere Beziehung (2.11) in (2.7) einsetzt (dies erscheint gerechtfertigt, da (2.7) bereits aus einer Gleichsetzung von q_j und q_{j-1} hervorgegangen ist), so erhält man für die Verkehrsdichte c_j und für die mittlere Geschwindigkeit v_j ein Paar gekoppelter Differenzengleichungen:

$$\begin{aligned} c_j(k+1) &= c_j(k) + \frac{T}{\Delta_j}\left[\alpha c_{j-1} \cdot v_{j-1} + (1-2\alpha) c_j \cdot v_j \right. \\ &\qquad \left. - (1-\alpha) c_{j+1} \cdot v_{j+1} + r_{j-1} - s_j \right]_{(k)} , \\ v_j(k+1) &= v_j(k) + \frac{T}{\tau}\left[V(c_j) - v_j \right]_{(k)} + \frac{T}{\Delta_j}\left[v_j \cdot (v_{j-1} - v_j) \right]_{(k)} \\ &\qquad + \frac{\nu}{\Delta_j}\frac{T}{\tau}\left[\frac{c_j - c_{j+1}}{c_j + \kappa} \right]_{(k)} . \end{aligned} \tag{2.14}$$

Hierin ist $V(c)$ durch eine der Funktionen (2.4) gegeben.

In Bild 2.4 ist das Signalflußbild für ein Straßensegment dargestellt. Hierbei wurde zur Darstellung der Differenzengleichungen der Verschiebe-Operator z verwendet, der auf eine zeitdiskrete Variable angewendet eine zeitliche Verschiebung um eine Schrittweite bewirkt gemäß folgender Definitionsgleichung

$$u(k+1) = z \cdot u(k) ,$$

bzw. (2.15)

$$u(k) = z^{-1} \cdot u(k+1) .$$

Das Signalflußbild veranschaulicht, wie die Variablen c und v innerhalb eines Segmentes miteinander dynamisch verkopptelt sind und in welcher Weise der Zustand der Nachbarsegmente auf die Verhältnisse im betrachteten Segment einwirkt.

In Bild 2.5 ist die Dynamik eines Segmentes zu einem Übertragungsblock zusammengefaßt, und es ist dargestellt, wie der Signalfluß in einem Straßenabschnitt strukturiert ist. In dieser Darstellung gleicht der Straßenabschnitt strukturell einem Kettenleiter. (Etwaige Zu- und Abfahrtsrampen wurden hierbei nicht berücksichtigt.)

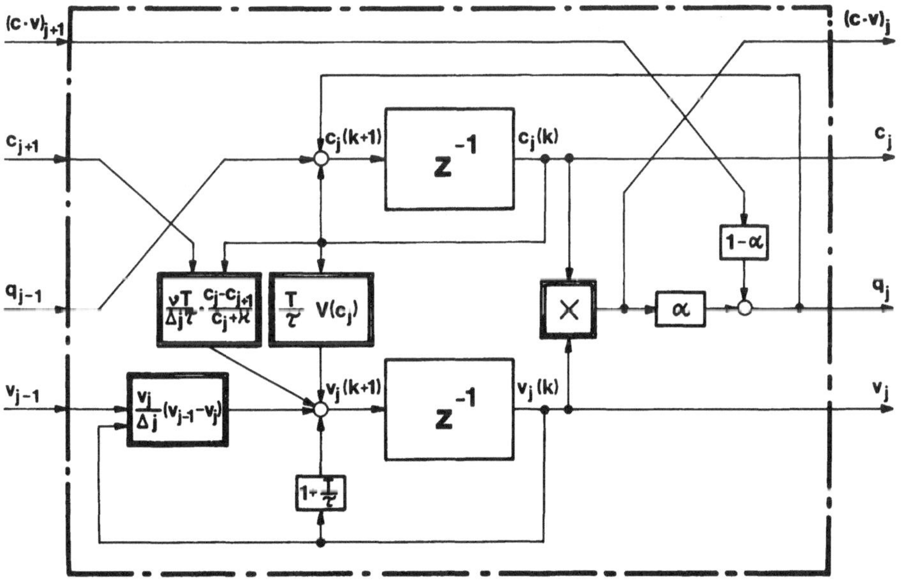

Bild 2.4 Signalflußbild für ein Straßensegment

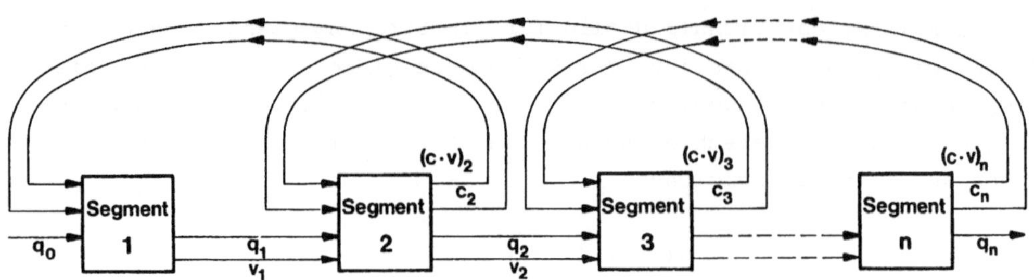

Bild 2.5 Strukturbild für einen Straßenabschnitt mit n Segmenten

Will man den Verkehrsablauf auf einem Straßenabschnitt mit n Segmenten nachbilden oder vorhersagen, so hat man für jedes Segment ein Gleichungspaar der Form (2.14) vorzusehen. Bei Vorgabe von Anfangswerten für den Zeitpunkt $k = 0$ sowie von Randwerten an den Abschnittsenden, wie z.B. den Zu- und Abflüssen $q_o(k)$ und $q_n(k)$ sowie den Wertefolgen $v_o(k)$ und $c_{n+1}(k)$, können durch rekursive Bearbeitung aller Gleichungspaare schrittweise die Werte $c_j(k)$ und $v_j(k)$ für alle Segmente und für beliebige Zeitpunkte kT ermittelt werden (siehe Abschnitt 2.4).

Dabei bestimmen die Zeitfolgen dieser Randwerte das Verkehrsgeschehen im Abschnittsinnern im Sinne eines Ursache - Wirkungs - Zusammenhangs. Ob man dabei alle Variablen $q_o(k)$, $q_n(k)$, $v_o(k)$ und $c_{n+1}(k)$ (sowie $r_{j-1}(k)$ und $s_j(k)$ sofern vorhanden) vorgibt oder einige von ihnen aus dem Gleichungssystem dadurch eliminiert, daß man sie durch eine Extrapolation der Verhältnisse im Innern des Abschnitts ersetzt, sei hier noch dahingestellt; wir werden auf dieses Problem noch im Abschnitt 2.4 sowie im Kapitel 4 zurückkommen. Diejenigen Variablen, die man als von außen einwirkend und von den Variablen im Abschnittsinnern unabhängig ansieht, bilden die Eingangsgrößen des Prozesses Verkehrsfluß auf dem betrachteten Straßenabschnitt.

Neben diesen Größen, die durch den Verkehrszustand vor und hinter dem betrachteten Abschnitt bedingt sind, interessieren uns als weitere Eingangsgrößen Signalgebungen, mit denen von außen auf den Verkehrsfluß eingegriffen werden kann. Wir wollen an dieser Stelle die Modellgleichungen dahingehend vervollständigen, daß sie die Wirkungen von zwei Eingriffsmöglichkeiten auf den Verkehrsfluß nachzubilden vermögen.

Die erste dieser Maßnahmen ist die Beschränkung der Verkehrsstärke r_j

auf den Zufahrtsrampen durch Ampeln (diese Maßnahme wurde unter anderem in [15,34 und 35] vorgeschlagen). Die Verkehrsstärken können dabei zwischen den Werten $r_j = 0$ (Ampel im ganzen Zeitintervall "rot") und $r_j = r_o$, der maximalen Verkehrsstärke einer Zufahrt (Ampel im ganzen Zeitintervall "grün") variiert werden. Somit läßt sich die Verkehrsstärke auf der Zufahrtsrampe durch die Stellgröße u_1 beeinflussen gemäß

$$r_j(k) = r_o \cdot u_1(k) \quad \text{mit} \quad 0 \leq u_1 \leq 1 \tag{2.16}$$

Eine zweite Eingriffsmöglichkeit besteht darin, die maximal zulässige Geschwindigkeit auf der Strecke abschnittsweise vorzugeben, um einmal die stationäre Geschwindigkeits-Dichte-Charakteristik zu beeinflussen und zum anderen zu schnell auf eine verdichtete Zone aufrückende Fahrzeugpulks zu retardieren. Untersuchungen auf der Autobahn München - Salzburg haben die im Bild 2.6 wiedergegebene Verformung des stationären Zusammenhangs $V(c)$ ergeben. Die hier festgestellten Verhältnisse lassen sich unter der Voraussetzung gleichförmiger, stationärer Verkehrsbedingungen mit der einfachen Beziehung $q = c \cdot v$ in das Fundamentaldiagramm übertragen (Bild 2.7), das den stationären Zusammenhang zwischen der Verkehrsstärke q und der Verkehrsdichte c wiedergibt.

Dabei liegt die stationäre $q(c)$-Charakteristik (das "Fundamentaldiagramm") wie auch die $V(c)$-Charakteristik bei einer Geschwindigkeitsbegrenzung für niedrige Dichtewerte zunächst unter dem jeweiligen Kennlinienverlauf des unbeschränkten Verkehrs. Bei höheren Dichtewerten wird dieser aber geschnitten, so daß darüber das Fundamentaldiagramm höhere Verkehrsstärken, die $V(c)$-Charakteristik höhere Geschwindigkeiten aufweist als im unbeschränkten Fall. Für hohe Verkehrsdichten ergibt sich demnach - was zunächst als paradox erscheint - bei einer Geschwindigkeitsbeschränkung eine <u>höhere</u> mittlere Geschwindigkeit. Die Begründung für dieses Phänomen ist darin zu suchen, daß eine Geschwindigkeitsbeschränkung die Fluktuation der Einzelgeschwindigkeiten reduziert und damit einen gleichmäßigeren, insgesamt schnelleren Fluß des Verkehrs herbeiführt.

Dieses auf europäischen Straßen festgestellte Phänomen ließ sich in den USA nicht in gleicher Weise nachweisen [34]. Der Grund hierfür dürfte in der generellen Geschwindigkeitsbeschränkung auf etwa 90 km/h (55 Meilen/h) liegen, die von vorneherein keine großen Unterschiede in den Einzelgeschwindigkeiten zuläßt, die hierzulande die Kapazität der Straße bei unbeschränkter Geschwindigkeit herabsetzen.

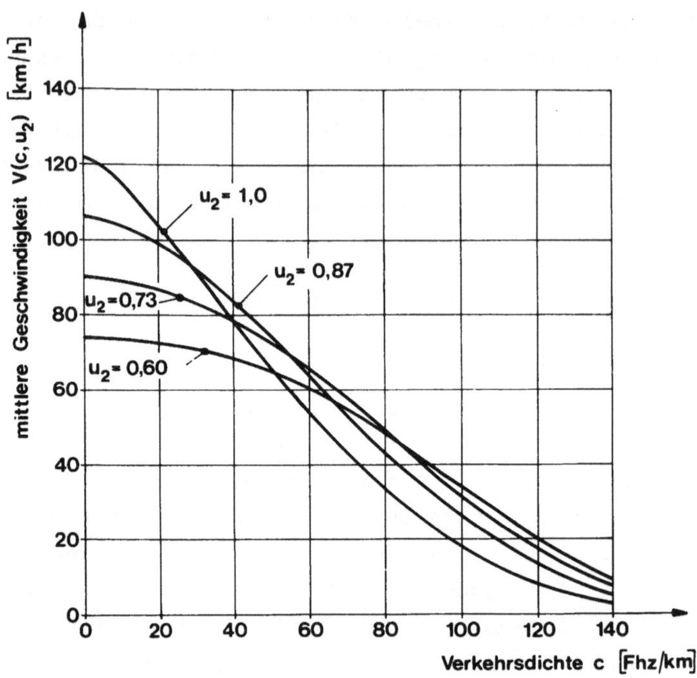

Bild 2.6 Stationäre Geschwindigkeits-Dichte-Verläufe $(V(c,u_2)$ für verschiedene Geschwindigkeitsbeschränkungen u_2*

$u_2 = 1$: ohne Beschränkung

$u_2 = 0{,}87$: Beschränkung auf ca. 105 km/h

$u_2 = 0{,}73$: Beschränkung auf ca. 90 km/h

$u_2 = 0{,}60$: Beschränkung auf ca. 75 km/h

Eine empirisch gefundene Modifikation der stationären V(c)-Charakteristik, die sich an die Ergebnisse in [36] anlehnt, ist durch die folgenden Gleichungen gegeben, die im unbeeinflußten Fall (d.h. $u_2 = 1$) in die beiden Funktionen (2.4c) und (2.4d) übergehen

---

*Die Stufung wurde hier so gewählt, daß sich eine äquidistante Einteilung des entscheidenden Geschwindigkeitsbereichs ergibt. Sie hat außerdem den Vorteil, daß sie die in den USA festgelegte Höchstgeschwindigkeit von 90 km/h als Geschwindigkeitsniveau enthält. Eine Übertragung der Verhältnisse auf die Stufung der Straßenverkehrsordnung (100 km/h, 80 km/h, 60 km/h) ließe sich sinngemäß ohne Schwierigkeit vornehmen.

$$V(c,u_2) = V_f \cdot u_2 \cdot \exp\left(-\frac{(1+u_2)}{4} \cdot \left(\frac{c}{c_0}\right)^2\right), \qquad (2.17a)$$

bzw.

$$V(c,u_2) = V_f \cdot u_2 \cdot \left(1 - \left(\frac{c}{c_{max}}\right)^{(l-1)(3-2u_2)}\right)^{\frac{1}{1-m}}, \qquad (2.17b)$$

wobei auch diese Stellgröße beschränkt ist gemäß

$$0{,}6 \leq u_2 \leq 1 \; .$$

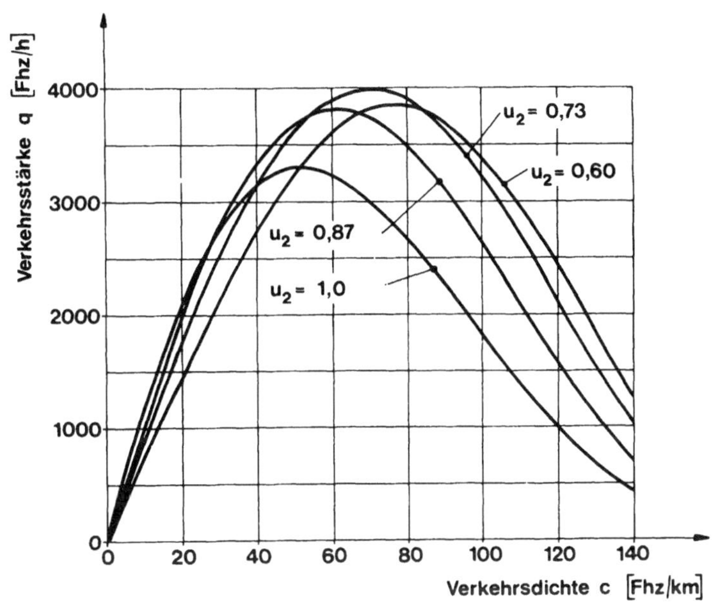

Bild 2.7 Fundamentaldiagramm $q(c,u_2)$ für verschiedene Geschwindigkeitsbeschränkungen u_2

Setzt man für die Rampenzuflüsse die Beziehung (2.16) und für die stationäre Geschwindigkeits-Dichte-Charakteristik eine der Funktionen (2.17) in die Systemgleichungen ein, dann ist die durch die Modellgleichungen nachgebildete Systemdynamik nunmehr auch von den frei wählbaren Eingangsgrößen $u_1(k)$ und $u_2(k)$ abhängig.

Oftmals ist man nicht an der zeitlichen Entwicklung aller Werte $c_j(k)$ und $v_j(k)$ interessiert, sondern möchte nur eine Aussage machen über den Verlauf gewisser ausgewählter Variablen, die sich zum Beispiel auch messen lassen, um so u.a. auch eine Möglichkeit des Vergleichs zu haben zwischen dem vom Modell vorhergesagten Verlauf und den gemessenen tatsächlichen Werten. Diese Referenzgrößen, die i.a. nicht mit der Dichte c_j oder der Geschwindigkeit v_j in einem Segment identisch sind, werden wir im Folgenden <u>Ausgangsgrößen</u> nennen.

Wir wollen nun die mathematische Modellbeschreibung noch dadurch abrunden, daß wir diese Ausgangsgrößen in Beziehung bringen zu den Variablen c_j und v_j. Zwar lassen sich momentane Variablen wie Dichte und mittlere Geschwindigkeit prinzipiell auch meßtechnisch aufnehmen, allerdings nur durch Erfassungssysteme, die der örtlichen Verteilung dieser Variablen Rechnung tragen, was einen sehr großen meßtechnischen Aufwand für fest installierte Systeme bedeuten würde. Mit vertretbarem Aufwand können wir daher nur lokale Verkehrsmessungen mit Hilfe von Detektoren durchführen, die an festen Beobachtungsquerschnitten installiert sind (s.a. Kapitel 5).

Derartige Detektoren können im allgemeinen mit geringer Fehlerrate die Zahl der in der Zeiteinheit vorbeifahrenden Fahrzeuge registrieren, wobei jedes Fahrzeug einen Impuls liefert, der aufsummiert wird. Darüberhinaus lassen sich - allerdings mit einem größeren Fehler behaftet - zum Beispiel aus der zeitlichen Versetzung der Impulse zweier nebeneinander liegender Detektoren auch die Einzelgeschwindigkeiten der vorbeifahrenden Fahrzeuge messen.

Wir wollen im Folgenden nur von diesen beiden Meßinformationen ausgehen und außerdem annehmen, daß sich Meßstellen nur jeweils an der Grenze zwischen zwei Segmenten befinden (die fiktive Aufteilung in Segmente ist entsprechend vorzunehmen).

Sieht man einmal von Meßfehlern ab, dann steht uns in der Zahl der vorbeigefahrenen Fahrzeuge der tatsächliche Wert $q_J(k)$ der Verkehrsstärke am Beobachtungsquerschnitt J zur Verfügung. Für diese Ausgangsgröße gilt nach (2.13):

$$q_J(k) = \alpha \cdot c_J(k) \cdot v_J(k) + (1-\alpha) c_{J+1}(k) \cdot v_{J+1}(k) \tag{2.18}$$

Wenn wir am Beobachtungsquerschnitt neben den Fahrzeugzahlen auch die Einzelgeschwindigkeiten $\dot{x}_i$ erfassen, dann erhalten wir eine zweite Meßinformation, die ebenfalls Auskunft über die momentanen Zustände in den angrenzenden Segmenten gibt. Es läßt sich zeigen [37], daß wir das <u>harmonische</u> Mittel über die Einzelwerte $\dot{x}_i$ zu nehmen haben, um einen Richtwert für die momentane mittlere Geschwindigkeit in der Umgebung des Meßquerschnitts zu erhalten.* Außerdem haben wir - wie bei der Verkehrsstärke - zu berücksichtigen, daß die Meßinformation örtlich zwischen zwei Segmenten erfaßt wird und auch zeitlich das Intervall zwischen zwei Zeitpunkten $k \cdot T$ und $(k+1)T$ betrifft. Für diese Ausgangsgröße $w_J(k)$ erscheint gemäß der Betrachtung, die bei der Ableitung von (2.13) für die Verkehrsstärke durchgeführt wurde, die folgende Zuordnung sinnvoll

$$w_J(k) = \left(\frac{1}{M} \sum_{i}^{M} \frac{1}{\dot{x}_i} \right)^{-1} = \alpha\, v_J + (1-\alpha) v_{J+1} \qquad (2.19)$$

Die Größe $w_J(k)$ wird im Folgenden auch als gemittelte Geschwindigkeit bezeichnet.

Eine gewisse Schwierigkeit entsteht nun, wenn wir nur an den Abschnittsgrenzen Meßwerte erfassen und diese in Beziehung setzen wollen zu den Variablen im Innern des Abschnitts. Diese Situation hat eine besondere praktische Bedeutung und wird auch im Kapitel 5 bei der Behandlung der Meßdatenverarbeitung zugrunde gelegt. In diesem Falle sind die Beziehungen (2.18) und (2.19) nicht unmittelbar anwendbar, weil für die angrenzenden Segmente außerhalb des Abschnitts (Segmentnummern $j=0$ und $j=n+1$) die Variablen c_j und v_j nicht bekannt sind oder nicht interessieren.

Man kann sich nun dadurch behelfen, daß man durch Exprapolation vom Zustand innerhalb des Abschnitts auf die Verhältnisse unmittelbar jenseits der Abschnittsgrenzen schließt, indem man beispielsweise für die mittlere Geschwindigkeit v_{n+1} im Segment hinter dem Abschnitt schreibt

$$v_{n+1}(k) = v_n(k) + \varepsilon\,(v_n(k) - v_{n-1}(k)) \qquad (2.20)$$

Hierin ist ε ein noch festzulegender Extrapolationsfaktor mit $0 \leq \varepsilon \leq 1$ (vgl. auch Ausführungen im Anschluß an (2.41)).

---

*Das arithmetische Mittel würde Fahrzeuge mit hoher Geschwindigkeit zu stark bewerten, wie man sich durch folgende Überlegung klarmachen kann. In einem größeren Zeitabschnitt hat ein schnelles Fahrzeug mehr Meßquerschnitte passiert als ein langsames; es wird daher mit seiner höheren Geschwindigkeit öfter zur Mittelwertbildung herangezogen, obwohl ihm bei jeder momentanen Betrachtung das gleiche Gewicht zukommt wie dem langsamen Fahrzeug.

Wenn man die gemittelten Geschwindigkeiten und die Verkehrsstärken an Anfang und Ende eines Abschnitts als Ausgangsgrößen betrachten will, gelangt man so zu den folgenden Beziehungen (inwieweit eine solche Deutung gerechtfertigt ist, wird in den Kapiteln 4 und 5 noch ausführlich erörtert):

$$q_o(k) = [\, c_1\, v_1 - \alpha \cdot \varepsilon(c_2\, v_2 - c_1\, v_1)\,]_{(k)} \,, \tag{2.21}$$

$$w_o(k) = [\, v_1 - \alpha \cdot \varepsilon(v_2 - v_1)\,]_{(k)} \,, \tag{2.22}$$

$$q_n(k) = [\, c_n\, v_n + (1-\alpha)\, \varepsilon\, (c_n\, v_n - c_{n-1}\, v_{n-1})\,]_{(k)} \,, \tag{2.23}$$

$$w_n(k) = [\, v_n + (1-\alpha)\, \varepsilon\, (v_n - v_{n-1})\,]_{(k)} \,. \tag{2.24}$$

Zusammenfassend seien hier noch einmal die Gleichungen zusammengestellt, die in diesem Abschnitt zur makroskopischen Beschreibung des dynamischen Ablaufs des Verkehrsflusses hergeleitet wurden (Gleichungssystem (2.25).

Betrachten wir dieses Gleichungssystem (2.25), so erkennen wir, daß bei bekanntem Wert des Zuflusses $q_o(k)$ und bei einer Festlegung der Modellparameter die Werte c_j und v_j zum Zeitpunkt $(k+1)T$ in eindeutiger Weise über die Modellgleichungen aus den Werten der Verkehrsdichte c und der mittleren Geschwindigkeit v zum Zeitpunkt $k \cdot T$ hervorgehen. Die Menge der Werte $c_j(k)$ und $v_j(k)$ für $j = 1,\ldots,n$ repräsentiert somit die vollständige Information über den Zustand des Systems, wie er aufgrund der äußeren Einwirkungen in den vorausgegangenen Zeitpunkten entstanden ist. Die in diesen Variablen gespeicherte Information berücksichtigt also voll die Einflüsse der Vergangenheit auf die zukünftige Entwicklung. Man nennt daher die Gesamtheit dieser Variablen in der Systemtheorie den <u>Zustand</u> des vorliegenden Systems zum Zeitpunkt $k \cdot T$ (siehe u.a. [38,S.8 und 39,S.30]) und bildet aus den einzelnen Werten $c_j(k)$, $v_j(k)$, $j = 1,\ldots,n$ den <u>Zustandsvektor</u>

$$\underline{x}^T(k) = [\, c_1,\, v_1,\, c_2,\, v_2.\, \ldots,\, c_n,\, v_n\,]_{(k)} \,, \tag{2.26}$$

der hier 2n Komponenten, d.h. die Dimension 2n hat. (Das hochgestellte T bedeutet Transponierung und kennzeichnet, daß $\underline{x}$ eigentlich ein Spaltenvektor ist.)

Ebenso faßt man alle Größen, die als unabhängig von außen auf das System einwirkend betrachtet werden, zum <u>Eingangsgrößenvektor</u> $\underline{u}(k)$ zusammen. Hierzu gehören zunächst die als mögliche Eingriffe vorgesehenen

Deterministisches Verkehrsflußmodell

Verkehrsdichte im j-ten Segment

$$c_j(k+1) = c_j(k) + \frac{T}{\Delta_j}\Big[\alpha\, c_{j-1}\, v_{j-1} + (1-2\alpha)c_j v_j - (1-\alpha)c_{j+1}\, v_{j+1} + r_{j-1}(u_1) - s_j\Big]_{(k)}$$

mittlere Geschwindigkeit im j-ten Segment

$$v_j(k+1) = v_j(k) + \frac{T}{\tau}\Big[V(c_j, u_2) - v_j\Big]_{(k)} + \frac{T}{\Delta_j}\Big[v_j(v_{j-1} - v_j)\Big]_{(k)} + \frac{\nu}{\Delta_j}\frac{T}{\tau}\Big[\frac{c_j - c_{j+1}}{c_j + \kappa}\Big]_{(k)}$$

lokale Referenzgrößen am Querschnitt J (Ausgangsgrößen):

Verkehrsstärke: $q_J(k) = \alpha\, c_J(k)\, v_J(k) + (1-\alpha)c_{J+1}(k)\, v_{J+1}(k)$

gemittelte Geschwindigkeit: $w_J(k) = \alpha\, v_J(k) + (1-\alpha)v_{J+1}(k)$

(2.25)

Stellgrößen $u_1(k)$ und $u_2(k)$. Bei den Verkehrsstärkewerten $q_0(k)$ und $q_n(k)$ an den Abschnittsgrenzen sowie bei den dort erfaßbaren gemittelten Geschwindigkeiten $w_0(k)$ und $w_n(k)$ ist eine eindeutige Zuordnung nicht vorzunehmen, da diese lokalen Größen von den Zustandsgrößen der Randsegmente sowohl im Abschnittsinnern wie auch außerhalb des Abschnitts entsprechend den Beziehungen (2.18) und (2.19) abhängen. Es wird daher für verschiedene Anwendungsfälle eine verschiedene Deutung dieser Größen stattfinden, wobei sie zum Beispiel bei der Meßdatenaufbereitung eher die Rolle von Ausgangsgrößen, bei der Modellvalidierung aber die Rolle von Eingangsgrößen übernehmen. Wir werden hierauf in den Kapiteln 3 bis 5 noch näher eingehen.

Der Eingangsgrößenvektor $\underline{u}(k)$ kann dann z.B. folgendes Aussehen haben

$$\underline{u}^T(k) = [\, u_1,\ u_2,\ q_0,\ w_0,\ q_n,\ w_n \,]_{(k)} \ . \tag{2.27}$$

Schließlich werden auch die "Ausgangsgrößen", das sind die von den Zustandsgrößen abhängigen Referenz- und Zielgrößen, zu einem Vektor, dem <u>Ausgangsgrößenvektor</u> vereinigt:

$$\underline{y}^T(k) = [\, q_J(k),\ w_J(k),\ \ldots \,] \ . \tag{2.28}$$

Auch die Komponenten dieses Vektors hängen von der spezifischen Aufgabenstellung ab, unter der die Modellgleichungen eingesetzt werden.

Die Rekursionsgleichungen des Modells faßt man nun in komprimierter Schreibweise zu einer Vektordifferenzengleichung zusammen

$$\underline{x}(k+1) = \underline{f}\Big(\, \underline{x}(k),\ \underline{u}(k) \Big) \tag{2.29}$$

und fügt den Zusammenhang mit den Ausgangsgrößen in vektorieller Form hinzu

$$\underline{y}(k) = \underline{g}\Big(\, \underline{x}(k) \Big) \ . \tag{2.30}$$

Die Symbole $\underline{f}(\cdot)$ und $\underline{g}(\cdot)$ auf den rechten Seiten von (2.29) und (2.30) stellen vektorwertige Funktionen dar, deren Elemente die nichtlinearen Funktionen sind, die in den Modellgleichungen (2.25) auf der rechten Seite stehen.

2.3 Stochastisches Verkehrsflußmodell

Bei der Verwendung eines Verkehrsflußmodells haben wir zwischen zwei Anwendungsgruppen zu unterscheiden. Einmal können wir daran interessiert sein, den Verkehrsablauf pauschal nachzubilden, z.B. zum Zwecke einer Prognose. In diesem Fall, wo man eine Aussage über den zu erwartenden Verkehrsablauf erhalten will, kann man sich der oben abgeleiteten deterministischen Modellgleichungen (2.25) bedienen, die ja den Verlauf der Erwartungswerte der einzelnen Variablen wiedergeben. In anderen Fällen ist uns daran gelegen, exemplarisch einen Verkehrsablauf möglichst wirklichkeitsgetreu wiederzugeben, z.B. um Methoden der Meßwertaufbereitung (siehe Kapitel 5) oder Strategien der Verkehrsbeeinflussung (siehe Kapitel 6) realitätsnah zu testen. In diesen Fällen kann gerade der stochastische Charakter des Verkehrsablaufs und etwa anfallender Meßdaten von Bedeutung sein. Einen einzelnen, in Meßdaten festgehaltenen, wirklichen Verkehrsablauf vermag dieses stochastische Modell nicht besser wiederzugeben als das deterministische Modell. Wohl aber ist zu erwarten, daß das stochastische Modell da zu fundierteren Schlußfolgerungen führt, wo die statistischen Eigenschaften des Verkehrsgeschehens eine nennenswerte Rolle spielen.

Um in der Differenzengleichung für die mittlere Geschwindigkeit (2.7) und in der Beziehung für die Verkehrsstärke (2.13) die regellosen Abweichungen der tatsächlichen Werte von den errechneten nachzubilden, ergänzen wir beide Gleichungen durch stochastische Korrekturterme $\xi_j(k)$ und $\eta_j(k)$:

$$v_j(k+1) = v_j(k) + \frac{T}{\tau}\left[V(c_j) - v_j \right]_{(k)} + \frac{T}{\Delta_j}\left[v_j(v_{j-1} - v_j) \right]_{(k)}$$

$$+ \frac{\nu}{\tau}\frac{T}{\Delta_j}\left[\frac{c_j - c_{j+1}}{c_j + \kappa} \right]_{(k)} + \eta_j(k) \,, \tag{2.31}$$

$$q_j(k) = \alpha\left[c_j \cdot v_j \right]_{(k)} + (1-\alpha)\left[c_{j+1} \cdot v_{j+1} \right]_{(k)} + \xi_j(k) \,. \tag{2.32}$$

In Ermangelung genauerer Kenntnis der statistischen Eigenschaften der stochastischen Variablen ξ und η ist es zunächst eine brauchbare Annahme, unter stationären Verhältnissen $\eta(k)$ und $\xi(k)$ als Abtastwerte eines weißen Rauschprozesses mit Gaußscher Amplitudenverteilung anzusetzen. Dies ist sicher zu vertreten bei der Variablen $\eta_j(k)$, da die tatsächliche Geschwindigkeit jeden beliebigen reellen Wert in der Nachbarschaft des errechneten Wertes von v_j haben kann. Bei der Verkehrsstärke q_j liegen die Verhältnisse anders, da diese als Ergebnis eines Zählprozesses nur ein Vielfaches des Wertes 1/T annehmen kann. Die Annahme kontinuierlich verteilter q-Werte, d.h. auch kontinuierlich verteilter $\xi(k)$-Werte, mag im Rahmen einer pauschalierenden makroskopischen Betrachtung zulässig sein; sie kann aber auch durch die Beziehung

$$q(k) = \frac{1}{T}\,\mathrm{int}\left\{ \left[\alpha(c_j \cdot v_j)_{(k)} + (1-\alpha)(c_{j+1} \cdot v_{j+1})_{(k)} \right] \cdot T + 0{,}5 \right\} \tag{2.33}$$

ersetzt werden, die eine Diskretisierung der q-Werte mit der Schrittweite 1/T bewirkt, wie man sich leicht überzeugt. Das Symbol $\mathrm{int}\{\cdot\}$ bezeichnet hierbei die nächst kleinere ganze Zahl bezüglich des Arguments.

Was die statistischen Eigenschaften der stochastischen Variablen ξ und η betrifft, so sind noch einige Bemerkungen angebracht. Die mittlere Geschwindigkeit v war als arithmetischer Mittelwert einer gewissen, nicht allzu großen Zahl von Fahrzeugen definiert worden. Bei der Herleitung der Beziehung (2.7) haben wir - ohne dies ausdrücklich zu nennen - beabsichtigt, eine Aussage für das mittlere Verhalten einer großen Gesamtheit zu machen, wobei wir dann berechtigt sind anzunehmen, daß die momentanen Einzelgeschwindigkeiten näherungsweise in einer Gauß-Verteilung mit der Varianz σ^2 um diesen Erwartungswert verteilt sind. Jede Gruppe von Fahrzeugen, die sich zu einem Zeitpunkt $k \cdot T$ in einem Segment befindet, ist als eine Stichprobe des Umfangs N aus dieser großen Gesamtheit zu betrachten, wobei N die Anzahl von Fahrzeugen in der betrachteten Gruppe ist.

Nun ist der arithmetische Mittelwert von N aus einem gaußverteilten Zufallsprozeß entnommenen Einzelwerten seinerseits ebenfalls gaußverteilt mit dem gleichen Mittelwert wie die Originalverteilung und der Varianz σ^2/N (siehe hierzu z.B. [40,S.23]). Für die stochastische Variable η , die ja die Abweichung der tatsächlichen mittleren Geschwindigkeit einer Fahrzeuggruppe von dem aus der Rekursionsgleichung (2.7) errechneten Erwartungswert beinhaltet, bedeutet dies, daß die Varianz σ_η^2 mit der Anzahl der Fahrzeuge im Segment und damit mit der Dichte c abnimmt, was durch folgende Beziehung ausgedrückt werden kann

$$\sigma_{\eta}^{2} = \sigma_{\eta o}^{2} \cdot \frac{1}{c + k_{o}} \tag{2.34}$$

(Allerdings lehrt die Erfahrung, daß die mittlere Geschwindigkeit im Stau beim sogenannten "stop-and-go"-Verkehr wieder stärker schwankt, was in dieser Beziehung nicht zum Ausdruck kommt.)

Diese Annahme wird unter anderem durch die Angaben von Pampel [41] bestätigt, dessen Untersuchungen zu den qualitativen Aussagen von Bild 2.8 führten.

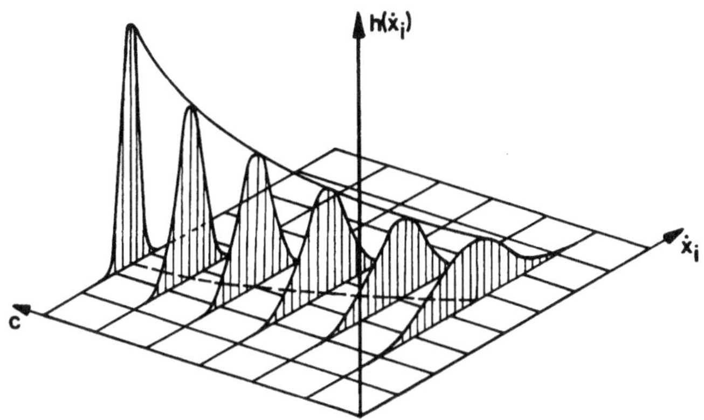

Bild 2.8 Verteilung der relativen Häufigkeit gemessener Einzelgeschwindigkeiten $\dot{x}_i$ in Abhängigkeit von der Verkehrsdichte c nach Pampel (qualitativ)

Im Rahmen unserer Betrachtungen werden wir allerdings von einer konstanten Verteilung der η-Werte ausgehen, was sich als ausreichende Annahme erwiesen hat.

Auch bei der stochastischen Variablen ξ, die die Abweichungen der Verkehrsstärkewerte von den Erwartungswerten nachbildet, die aus der Dichte und der mittleren Geschwindigkeit resultiert, können wir streng genommen nicht von einer konstanten Verteilung ausgehen. Bei sehr geringem Verkehrsaufkommen wird die Zahl an Fahrzeugen, die z.B. in Zehn-Sekunden-Intervallen beobachtet werden, zwischen 0 und 1 schwanken, selten einmal auch den Wert 2 annehmen. Wegen der geringen Dichte wird über die Modellgleichungen ebenfalls ein niedriger Wert errechnet werden, so daß die Streuung des Fehlers zwischen tatsächlichem Wert und berechnetem Erwartungswert verhältnismäßig klein ist. Es läßt sich zeigen [42, 43], daß die beobachteten Verkehrsstärkewerte im freien Verkehr, d.h. solange die gegenseitige Beeinflussung der Fahrzeuge vernachlässigt werden kann, einer Poisson-Verteilung folgen. Die Streuung einer solchen Verteilung nimmt bekanntlich mit wachsendem Mittelwert, d.h. mit wachsender Verkehrsdichte zu, wobei wir uns nicht explizit für den funktionellen Zusammenhang zwischen Streuung und Mittelwert interessieren, da der Wertebereich für wirklich freien Verkehr nicht allzu groß ist.

Bei wachsendem Verkehrsaufkommen wird daher die in den Zeitintervallen beobachtete Verkehrsstärke größere Schwankungen aufweisen, bis bei hoher Dichte infolge der eingeschränkten Bewegungsfreiheit zu erwarten ist, daß die Streuung der Verkehrsstärkewerte nicht mehr zunimmt, eventuell sogar wieder fällt. Ein Ansatz, der dieses Verhalten qualitativ wiederspiegelt, wäre der folgende:

$$\sigma_\xi^2 = \sigma_{\xi o}^2 \frac{c}{1 + (c/\rho)^2} \tag{2.35}$$

$\sigma_{\xi o}^2$ und δ sind hierin geeignet zu wählende Konstanten.

Auch in diesem Fall werden wir in den Betrachtungen der nachfolgenden Kapitel es vorziehen, von einer konstanten Verteilung der ξ-Werte auszugehen, um den Aufwand für die numerische Behandlung der betrachteten Probleme in vertretbaren Grenzen zu halten.

Wie im vorangegangenen Abschnitt wollen wir auch hier das Verkehrsflußmodell dadurch vervollständigen, daß wir zwischen etwaigen Meßgrößen am Querschnitt J, den "Ausgangsgrößen" des Modells, und den Variablen c_j und v_j Beziehungen angeben. Dabei gehen wir von den entsprechenden deterministischen Gleichungen für die Verkehrsstärke q_J (2.18) sowie für die gemittelte Geschwindigkeit w_J (2.19) aus und ergänzen diese durch stochastische Fehlerterme $\xi_J(k)$, $\zeta_{qJ}(k)$ und $\zeta_{wJ}(k)$. Hierbei steht $\xi_J(k)$ stellvertretend für Abweichungen der tatsächlichen Verkehrsstärkewerte von den Werten, die sich aus der rechten Seite von (2.18) ergeben, wenn man die Werte $c_j(k)$ und $v_j(k)$ einsetzt. $\zeta_{qJ}(k)$ repräsentiert Meßfehler der aufnehmenden Sensoren, eine Fehlerquelle, die von dem anderen Fehlerterm statistisch unabhängig ist. Die stochastische Variable $\zeta_{wJ}(k)$ beinhaltet sowohl die statistisch schwankenden Abweichungen der Größe w_J von dem nach (2.19) errechneten Wert wie auch Meßfehler; eine Trennung dieser beiden Einflüsse erübrigt sich, da w_J - anders als q_J - in die Aufstellung der Systemgleichungen

Stochastisches Verkehrsflußmodell

Verkehrsdichte im j-ten Segment

$$c_j(k+1) = c_j(k) + \frac{T}{\Delta_j}\Big[\alpha\, c_{j-1} \cdot v_{j-1} + (1-2\alpha)c_j \cdot v_j - (1-\alpha)c_{j+1} \cdot v_{j+1} + (\xi_{j-1} - \xi_j)\Big]_{(k)}$$

mittlere Geschwindigkeit im j-ten Segment

$$v_j(k+1) = v_j(k) + \frac{T}{\tau}\Big[V(c_j,u_2) - v_j\Big]_{(k)} + \frac{T}{\Delta_j}\Big[v_j(v_{j-1} - v_j)\Big]_{(k)} + \frac{\nu}{\Delta_j}\frac{T}{\tau}\Big[\frac{c_j - c_{j+1}}{c_j + \kappa}\Big]_{(k)} + \eta_j(k)$$

Lokale Referenzgrößen am Querschnitt J

Verkehrsstärke: $q_J(k) = \alpha(c_J \cdot v_J)_{(k)} + (1-\alpha)(c_{J+1} \cdot v_{J+1})_{(k)} + \xi_J(k) + \zeta_{qJ}(k)$

gemittelte Geschwindigkeit: $w_J(k) = \alpha\, v_J(k) + (1-\alpha)v_{J+1} + \zeta_{wJ}(k)$ (2.38)

(Etwaige Zu- und Abfahrten s_j und r_j wurden hier nicht berücksichtigt) nicht eingeht.

Wir erhalten somit die folgenden Darstellungen der Meßgrößen:

$$q_J(k) = \alpha(c_J\, v_J)_{(k)} + (1-\alpha)(c_{J+1}\, v_{J+1})_{(k)} + \xi_J(k) + \zeta_{qJ}(k) \quad (2.36)$$

$$w_J(k) = \left(\frac{1}{M}\sum_{i=1}^{M} \frac{1}{\dot{x}_i}\right)^{-1} = \alpha\, v_J(k) + (1-\alpha)v_{J+1}(k) + \zeta_{wJ}(k) \quad (2.37)$$

Damit ist das stochastische Verkehrsflußmodell vollständig; seine Beziehungen sind im Gleichungssystem (2.38) im Zusammenhang wiedergegeben.

Geht man wie im vorangegangenen Abschnitt zu einer vektoriellen Kurzschreibweise über, dann läßt sich das stochastische Verkehrsflußmodell in folgender Form darstellen:

$$\underline{x}(k+1) = \underline{f}\left(\underline{x}(k),\, \underline{u}(k)\right) + \underline{\chi}(k) \quad (2.39)$$

$$\underline{y}(k) = \underline{g}\left(\underline{x}(k)\right) + \underline{\Psi}(k) \quad (2.40)$$

Hierin sind die stochastischen Variablen $\xi_j(k)$, $\eta_j(k)$ sowie $\xi_J(k)$ $\zeta_{qJ}(k)$, $\zeta_{wJ}(k)$, die auf der rechten Seite des Gleichungssystems (2.38) stehen, in geeigneter Weise zu den Vektoren $\underline{\chi}(k)$ und $\underline{\Psi}(k)$ zusammengefaßt worden. Wir werden auf diese formale Kurznotierung später wiederholt zurückgreifen.

2.4 Simulation des Verkehrsflusses

Wenn man die Anfangswerte $c_j(0)$ für $j = 1,\ldots n$ und geeignete Zeitfolgen für diejenigen Randwerte vorgibt, die als Eingangsgrößen aufgefaßt werden sollen, dann lassen sich mit Hilfe der Modellgleichungen (2.25) Verkehrsabläufe in deterministischer Form simulieren.

Wir haben hinsichtlich der Bedingungen am Rande des Abschnitts, d.h. am Querschnitt 0 und am Querschnitt n noch einige Überlegungen durchzuführen. Sowohl die Gleichung für die Verkehrsdichte c_j wie auch die

Differenzengleichung für die mittlere Geschwindigkeit v_j verwenden Werte der Zustandsvariablen aus den Nachbarsegmenten sowohl in Fahrtrichtung als auch entgegen der Fahrtrichtung, nämlich c_{j-1}, c_{j+1}, v_{j-1}, v_{j+1}. Im ersten und im letzten Segment eines Abschnitts stehen aber nur jeweils die Werte von einem Nachbarsegment zur Verfügung, so daß wir die fehlenden Werte in den Anschlußsegmenten entweder durch ihre direkte Vorgabe als "Eingangsgrößen" bzw. Randwerte ($v_o(k)$ sowie $c_{n+1}(k)$) ergänzen oder sie durch Extrapolation ersetzen müssen, was auf die Schaffung von Randbedingungen der folgenden Form hinausläuft:

$$\begin{aligned} c_{n+1}(k) - c_n(k) &= \varepsilon\Big(c_n(k) - c_{n-1}(k)\Big) \\ v_o(k) - v_1(k) &= \varepsilon\Big(v_1(k) - v_2(k)\Big) \end{aligned} \tag{2.41}$$

mit $0 \leq \varepsilon \leq 1$

wobei $\varepsilon = 0$ auf örtliche Konstanz an den Enden hinausläuft, während $\varepsilon = 1$ konstante örtliche Steigung impliziert.

Die Frage, ob man Randwerte als Eingangsgrößen vorgeben oder Randbedingungen festlegen soll, muß von Fall zu Fall entschieden werden, wie die beiden nachfolgenden Fallstudien zeigen (auf dieses Problem wird im Kapitel 4 noch ausführlicher eingegangen). In den Modellgleichungen wurden hierbei die an reale Verkehrsabläufe angepaßten Parameterwerte nach Tabelle 4.1 aus Kapitel 4 verwendet. In beiden Fällen wurde ein Fahrbahnabschnitt von 5 km Länge betrachtet, der in zehn gleichlange Segmente unterteilt war.

Der erste Lastfall zeigt die Fortpflanzung von Zonen geringerer und größerer Verkehrsdichte in Fahrtrichtung bei schwankendem Fahrzeugzufluß und insgesamt mäßigem Verkehrsaufkommen. Als Anregung wurde hierbei ein reger Zustrom von $q_o(k) = 0{,}8$ Fahrzeugen/Sekunde zunächst auf $q_o(k) = 0{,}55$ Fhz/sec abgesenkt und später wieder auf den ersten Wert angehoben. Die zeitlich-örtlichen Verläufe der Verkehrsdichte c sowie der mittleren Geschwindigkeit v sind in den Bildern 2.9 und 2.10 in perspektivischer Darstellung wiedergegeben. Da die hierbei entstehenden Phänomene und damit auch ihre Ursachen sich offensichtlich in Fahrtrichtung ausbreiteten, war es gerechtfertigt, als Anregung nur die Werte $q_o(k)$ als "Randwerte" vorzugeben und ansonsten mit "Randbedingungen" der Form (2.41) zu arbeiten. Es sei ferner bemerkt, daß die Fortpflanzungsgeschwindigkeit der Dichtewellen geringer ist als die im Mittel gefahrene Geschwindigkeit, da sich an der Spitze einer Dichtewelle Fahrzeuge ablösen, während am Ende neue Fahrzeuge aufschließen, die Fahrzeuge in der Welle also laufend ersetzt werden.

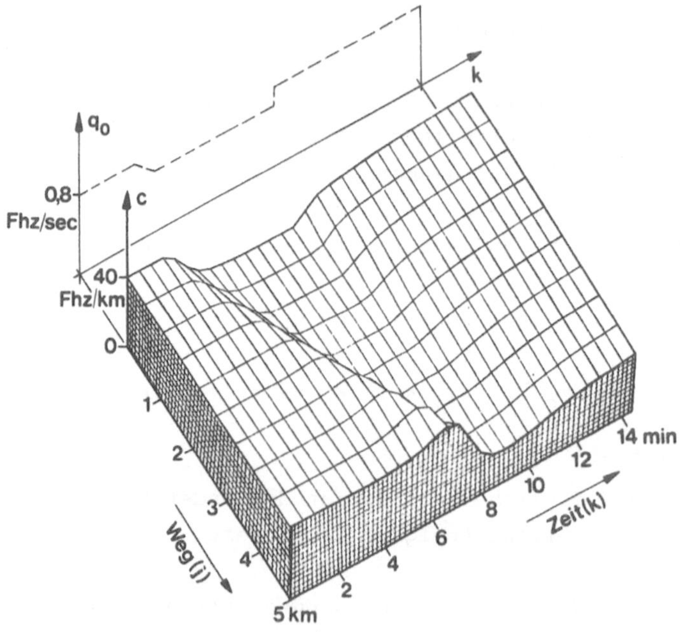

Bild 2.9 Verlauf der Verkehrsdichte c bei zeitweiliger Verringerung des Zustroms $q_0(k)$

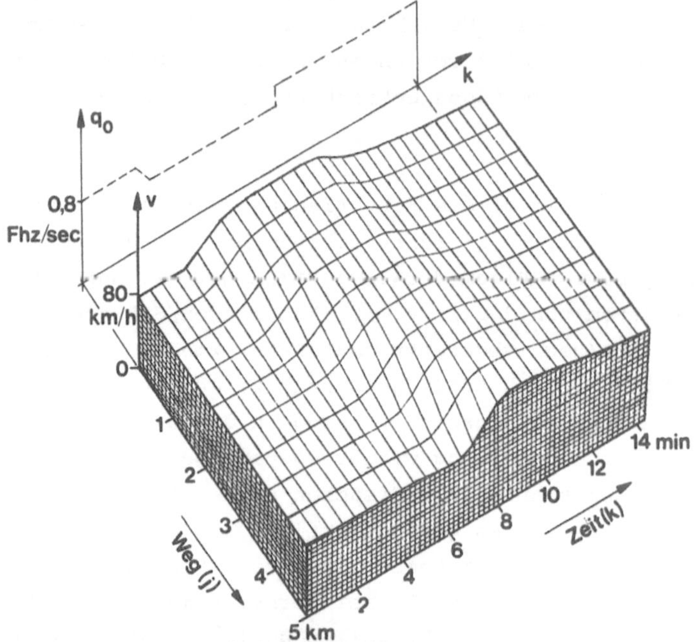

Bild 2.10 Verlauf der mittleren Geschwindigkeit v bei zeitweiliger Verringerung des Zustroms $q_0(k)$

Ganz anders gestaltet sich der Verkehrsablauf bei einer Überlastung der Straße. Durch eine geringfügige Inhomogenität des Verkehrsgeschehens, wie zum Beispiel ein unachtsames Abbremsen, ein ungeschickter Überholvorgang oder auch Zufahrten von Fahrzeugen über eine Rampe, kann eine Gruppe von Fahrzeugen gezwungen sein, die Geschwindigkeit stark zu drosseln, so daß an dem betroffenen Querschnitt die Verkehrsstärke q kurzfristig absinkt. Bei starkem Verkehrsaufkommen rücken in schneller Folge weitere Fahrzeuge auf, die ihrerseits abbremsen müssen. Während sich der Verkehrsablauf an der auslösenden Stelle wieder beschleunigt und normalisiert, hat sich bereits eine Welle der Verdichtung entgegen der Fahrtrichtung abgelöst: es kommt zum Stau, der sich desto schneller nach hinten ausbreitet, je mehr Fahrzeuge in der Zeiteinheit aufschließen. Wenn dabei die Zahl der sich ablösenden Fahrzeuge an der Spitze der Stauzone kleiner ist als die der auffahrenden Fahrzeuge, dann wächst gleichzeitig die Länge dieser Zone des zähflüssigen bis stehenden Verkehrs.

Ein solcher Fall wurde im zweiten Lastfall simuliert; als Ergebnisse sind (in doppeltem Zeitmaßstab) die Verläufe der Dichte c und der mittleren Geschwindigkeit v in den Bildern 2.11 und 2.12 perspektivisch dargestellt.

Da sich das Phänomen des Staus entgegen der Fahrtrichtung ausbreitet, läßt es sich im deterministischen Modell nicht über die Wertefolge $q_0(k)$ am Eingang anregen. Vielmehr müssen wir in diesem Fall geeignete "Randwerte" auch am Ende des betrachteten Abschnitts vorgeben, die kausal für die rücklaufende Verdichtungswelle verantwortlich sind. Dies kann einmal durch die Vorgabe der abfließenden Verkehrsstärkewerte $q_n(k)$ (mit $q_n(k) < q_0(k)$) oder durch die Vorgabe der Dichtewerte $c_{n+1}(k)$ im anschließenden Segment oder auch durch die Vorgabe beider Wertefolgen geschehen (der letzte Fall wurde bei der Simulation gewählt). In diesem Fall ist lediglich die Rückwärtsdifferenz $v_0(k) - v_1(k)$ bei der Berechnung der mittleren Geschwindigkeit $v_1(k+1)$ im ersten Segment durch eine Randbedingung der Form (2.41) zu ersetzen.

Mit den hier vorgelegten Simulationsergebnissen wurde zunächst gezeigt, daß es prinzipiell möglich ist, mit dem erarbeiteten Verkehrsflußmodell die bekannten Phänomene des Verkehrsablaufs auf mehrspurigen Schnellstraßen qualitativ nachzubilden. Wie weit diese Ergebnisse sich auch quantitativ mit der Wirklichkeit decken und welchen Stellenwert dabei die einzelnen Parameter der Modellgleichungen haben, wird Gegenstand des Kapitels 4 sein.

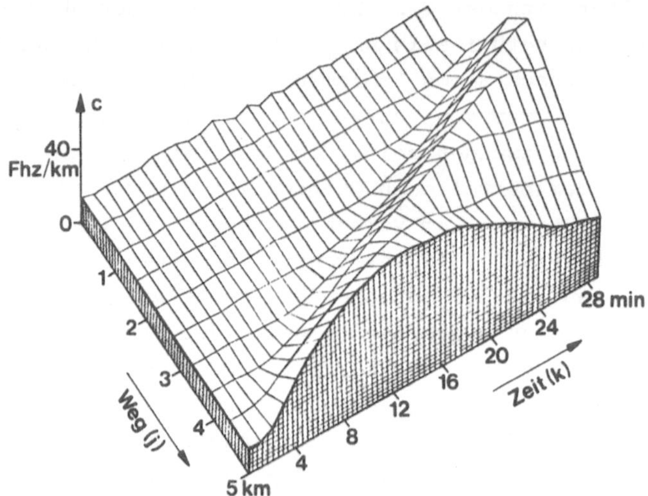

Bild 2.11 Verlauf der Dichte c bei Überlastung der Fahrbahn

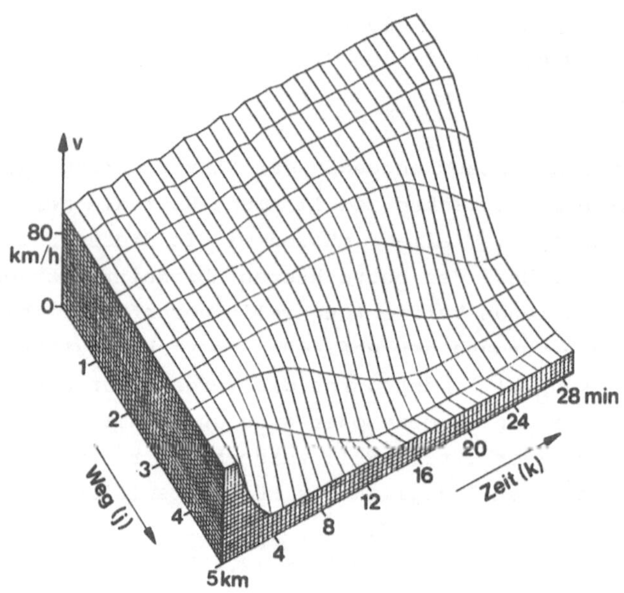

Bild 2.12 Verlauf der mittleren Geschwindigkeit v bei Überlastung der Fahrbahn

2.5 Erweiterung des Verkehrsflußmodells zur Berücksichtigung des Lkw-Anteils

In 2.2 wurde bei der Einführung der Verkehrsdichte c und bei der Verkehrsstärke q allein von der Anzahl der betrachteten Fahrzeuge ausgegangen, ohne diese näher nach Arten zu unterscheiden. Dabei wurde vereinfachend angenommen, daß das unterschiedliche Verhalten der Fahrer und die Verschiedenheit der Fahrzeuge zu Abweichungen in den Modellvariablen führen, die in etwa normalverteilt oder doch zumindest symmetrisch um den jeweiligen Mittelwert der Variablen verteilt sind. Die Annahme einer Normalverteilung setzt dabei voraus, daß auch die für die statistischen Eigenschaften des Verkehrsablaufes verantwortlichen Ursachen, das individuelle Fahrerverhalten sowie die technischen Daten der verschiedenen Fahrzeuge, ihrerseits "normalverteilt" sind, d.h. es gibt vorwiegend "Durchschnittsfahrer" und "normale" Fahrzeuge, während Fahrer und Fahrzeuge mit stark abweichenden Eigenschaften zu allen Zeiten nur eine kleine Minderheit darstellen.

Bei den Eigenschaften der Fahrer hat diese Annahme ihre Berechtigung. Bei den Fahrzeugen hingegen haben wir von ihrem dynamischen Verhalten her zwei Gruppen zu unterscheiden: die <u>Personenkraftwagen</u> (Pkw) und die <u>Lastkraftwagen</u> (Lkw). Die Lastkraftwagen unterliegen nämlich auch bei freiem Verkehr einer Begrenzung der Höchstgeschwindigkeit; sie benötigen darüber hinaus mehr Platz, was die maximale Dichte c_{max} im Stau herabsetzt, und schließlich haben sie vom Verhältnis der Motorleistung zur Masse her eine andere Fahrdynamik.

Aus diesen Gründen kann man nur bei nahezu reinem Pkw-Verkehr von einer Normalverteilung der durch die Fahrzeuge bedingten Unregelmäßigkeiten ausgehen. Wenn der Lkw-Anteil bereits 15 % übersteigt, haben wir zum Beispiel bei flüssigem Verkehr eine Verteilung der Einzelgeschwindigkeiten, die unsymmetrisch ist und zwei Maxima aufweist, wie es Bild 2.13 zeigt (nach [44]).

Nun ist es technisch möglich, mit den zur Verkehrsüberwachung üblicherweise eingesetzten Detektoren Lkw's und Pkw's zu unterscheiden, wobei eine gewisse Rate an Fehldeutungen in Rechnung zu ziehen ist. Es bietet sich somit die Möglichkeit, diese zusätzliche Information heranzuziehen, um mit Hilfe eines erweiterten Fahrstrommodells eine bessere Prognose zu erreichen.

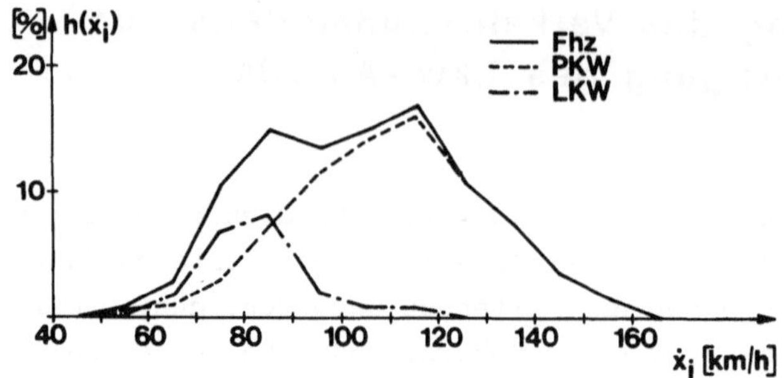

Bild 2.13 Verteilung der relativen Häufigkeit $h(\dot{x}_i)$ der Einzelgeschwindigkeiten bei signifikantem Lastwagenanteil

Wie oben bereits erläutert wurde, wirkt sich ein nennenswerter Lkw-Anteil zunächst auf den Mittelwert der freien Geschwindigkeit V_f und auf die Dichte c_{max} im Stau aus, beides Parameter, die die stationäre V(c)-Charakteristik bestimmen und über diese in den Anpassungsterm der Geschwindigkeits-Differenzengleichung eingehen. Eine schwerfälligere Dynamik der Lastkraftwagen dagegen schlägt sich in der Zeitkonstanten τ nieder, die die zeitliche Bewegung der mittleren Geschwindigkeit $v_j(k)$ beeinflußt.

Es bieten sich nun verschiedene Möglichkeiten, einem größeren Lkw-Anteil im Fahrstrom Rechnung zu tragen, wie er in der Bundesrepublik häufig anzutreffen ist, wobei zeit- und bereichsweise 40 % und mehr Lkw im Fahrstrom enthalten sind.

Die erste Möglichkeit besteht darin, die stationäre Geschwindigkeits-Dichte-Charakteristik vom Prozentsatz λ der Lkw im Fahrstrom abhängig zu machen. Diese Auswirkungen wurden von Lenz und Eichberg in [45] untersucht und quantitativ erfaßt. Ein Ansatz, der den beobachteten Verhältnissen angepaßt ist und sich an die Beziehung (2.4c) anlehnt, ist der folgende (nach [20]):

$$V(c,\lambda) = V_f \left[1 - \alpha\lambda \right] \cdot \exp\left[-0{,}5 \left(\frac{c + b\lambda}{c_0} \right)^2 \right] \tag{2.42}$$

Eine Anpassung dieser Beziehung an gemessene Verkehrsabläufe, wie sie im Kapitel 4 noch ausführlich beschrieben wird, hat für die Parameter folgende Werte ergeben

V_f = 123 km/h ; c_0 = 56 Fhz/km ; a = 0,25 ; b = 0,18 .

Im Bild 2.14 ist der Verlauf dieser Funktion für verschiedene Lkw-Anteile λ über der Dichte aller Fahrzeuge (Pkw und Lkw) aufgetragen.

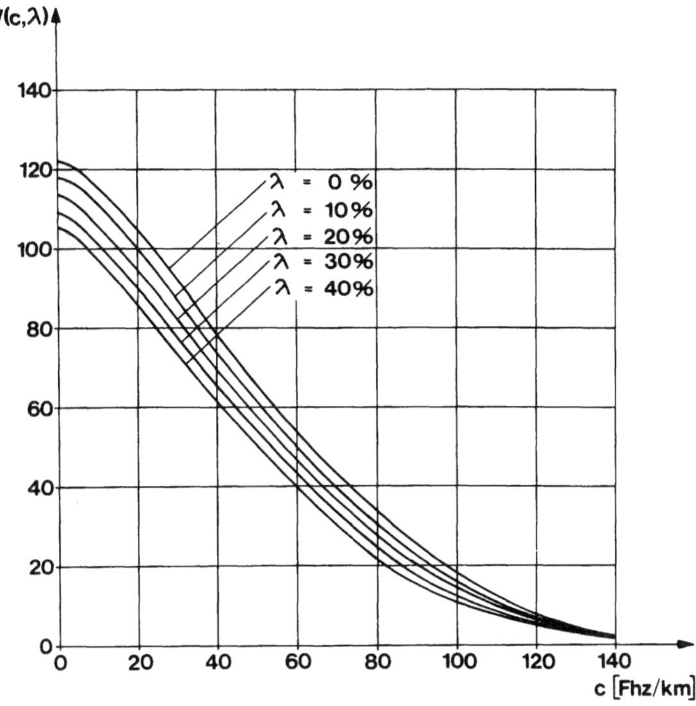

Bild 2.14 Stationäre Geschwindigkeits-Dichte-Charakteristik $V(c,\lambda)$ für verschiedene Lkw-Anteile λ

Einen Schritt weiter geht ein Vorschlag, der den Pkw- und den Lkw-Verkehr als getrennte, aber miteinander durch Wechselwirkungen verkoppelte Fahrströme modelliert [20]. Hierbei wird der Verkehrszustand in jedem Segment durch drei Variablen beschrieben: die Dichte der Pkw $c_j(k)$, die Dichte der Lkw $C_j(k)$ und eine gemeinsame mittlere Geschwindigkeit $v_j(k)$, die von beiden Dichten abhängt. Da für beide Dichten getrennte Differenzengleichungen der Form (2.2) auszuwerten sind, ist die Ordnung des Modells und damit auch der Aufwand bei seiner algorithmischen Behandlung höher geworden. In [20] wurde anhand von Meßdaten gezeigt, daß sich die Güte der Nachbildung des Verkehrs durch ein solches Modell bei einem nennenswerten Lkw-Anteil um ein beträchtliches Maß steigern läßt.

Schließlich besteht noch die Möglichkeit, für beide Fahrströme sowohl die Dichten c_j und C_j als auch die mittleren Geschwindigkeiten

v_j und V_j als getrennte Zustandsvariablen einzuführen und durch eigene, miteinander durch die stationäre Geschwindigkeits-Dichte-Charakteristik verkopptelte Differenzengleichungen in ihrer zeitlichen Bewegung zu beschreiben. Der algorithmische Aufwand hat sich hierfür gegenüber dem Modell (2.25) aber bereits verdoppelt, und es muß als fraglich betrachtet werden, ob dem ein adäquater Gewinn bei der Nachbildungsfähigkeit des Modells gegenübersteht.

In den folgenden Kapiteln werden wir uns allerdings nur mehr mit dem Einkomponenten-Modell in seiner deterministischen Form (2.25) und in seiner stochastischen Form (2.38) weiter befassen.

3. Theoretische Modellanalyse

3.1 Sinn und Zweck der Modellanalyse

Die im vorangegangenen Kapitel erstellten Verkehrsflußmodelle können bei der Lösung von verschiedenen Aufgaben und Fragestellungen nutzbringend eingesetzt werden, wie in den folgenden Kapiteln deutlich werden wird. Eine dieser Aufgaben ist die theoretische Modellanalyse, bei der es darum geht, aus der Modellbeschreibung gewisse Eigenschaften eines vorliegenden Systems herauszuschälen, die verschiedene Merkmale der Qualität des Systemverhaltens kennzeichnen, ohne spezielle dynamische Verläufe der Systemvariablen im Einzelnen zu untersuchen. Mit anderen Worten: es sollen hier in der Modellanalyse mit Mitteln der Systemtheorie und der theoretischen Regelungstechnik verschiedene grundsätzliche Eigenheiten des Verkehrsflusses diagnostiziert werden, die uns eine Reihe von allgemeingültigen Aussagen über dieses System vermitteln, wobei diese Aussagen nicht aus einigen oder vielen Simulationsläufen oder Einzelbeobachtungen abgeleitet werden.

Damit die hier gewonnenen Resultate nicht nur theoretische Bedeutung haben, sondern auch gerade für die Realität auf den Straßen Aufschlüsse und Hinweise geben, sollen alle Fragestellungen anhand der an reale Verkehrsverhältnisse angepaßten Systembeschreibung (siehe Kapitel 4) beantwortet werden. Es wird hier also bei allen Untersuchungen mit den deterministischen Modellgleichungen (2.25) gearbeitet werden, wobei den bislang noch unbekannten Modellparametern die in der Tabelle 4.1 aufgelisteten Werte zugewiesen werden.

Unter den anzusprechenden systemtheoretischen Fragestellungen interessiert uns zunächst eine grundlegende Aussage über die Stabilität des Systems. Da es sich hierbei um ein nichtlineares System handelt,ist diese Frage nicht so einfach zu beantworten wie bei linearen, zeitinvarianten Systemen, bei denen sich die Stabilität für alle denkbaren Zustände des Systems aus dessen Eigenwerten ablesen läßt. Auch ist der Begriff der Stabilität bei nichtlinearen Systemen vielschichtiger. Es wird daher im nächsten Abschnitt zunächst zu klären sein, was hier unter der Stabilität des betrachteten Systems verstanden werden soll. Hierzu werden einige Begriffe und Sätze der Stabilitätstheorie von Ljapunov herangezogen [46,47]. Sodann wird untersucht, welche Betriebszustände in diesem Sinne als stabil und welche als instabil anzusehen sind. Da die binäre Aussage "stabil oder instabil" für viele praktische Situationen zu undifferenziert ist, wird sie zusätzlich ergänzt durch eine Angabe der Qualität der vorliegenden Stabilität.

Eine andere Eigenschaft, die im Zusammenhang mit der Meßdatenaufnahme und -verarbeitung im Kapitel 5 von Bedeutung sein wird, ist der von Kalman [48] eingeführte Begriff der Beobachtbarkeit. Hiermit wird eine Eigenschaft des Zusammenspiels von Systemgleichungen und Meßabgriffen charakterisiert, und zwar geht es - vereinfachend dargestellt - um die Frage, inwieweit sich aus einer aufgenommenen Folge von Meßwerten in zuverlässiger Weise auf den Zustand rückschließen läßt, in dem sich das System befindet. Auch diese Fragestellung führt zunächst auf eine binäre ja/nein-Feststellung und wird hier wiederum im Hinblick auf ihre praktische Ausdeutung mit einem Qualitätsmaß verbunden, das heißt, wir werden versuchen auch die Frage zu beantworten, wie gut ein Straßenabschnitt bei einer vorgegebenen Meßstellenausstattung beobachtbar ist. Diese Fragen und die sich aus deren Beantwortung ergebenden Schlußfolgerungen für die Anzahl der erforderlichen Meßstellen und ihre Konfiguration werden im Abschnitt 3.3 eingehend behandelt.

Schließlich wird im Zusammenhang mit der gezielten Beeinflussung des Verkehrsablaufes ein weiterer Begriff, die Beeinflußbarkeit des Systems durch die zur Verfügung stehenden Stellsignale von Interesse sein, ein Begriff, der ebenfalls auf die Arbeiten von Kalman [48] zurückzuführen ist. Hierzu wird im Abschnitt 3.4 das deterministische Verkehrsflußmodell mit den als Eingangsgrößen vorgesehenen Stellsignalen u_1 (Beschränkung der Zufahrten) und u_2 (Beschränkung der Höchstgeschwindigkeit) zugrunde gelegt. Mit Hilfe eines Beeinflußbarkeitsmaßes wollen wir uns dabei ein Bild davon machen, ob und inwieweit die ins Auge gefaßten Regelmaßnahmen greifen. Diese Betrachtungen stehen im Zusammenhang mit den im Kapitel 6 behandelten Möglichkeiten von situationsgerechten Regeleingriffen.

3.2 Stabilitätsanalyse

In der Literatur ist dem Problem der Stabilität dynamischer Systeme seit Beginn der systemtheoretischen Forschung eine besondere Aufmerksamkeit gewidmet worden [46,49,50,51,52,53 und viele andere]. Da die Systemtheorie eine Zeitlang stark von der Nachrichtentechnik entwickelt wurde, hat zunächst der für Übertragungssysteme bedeutungsvolle Begriff der Eingangs-Ausgangs-Stabilität (BIBO-Stabilität = bounded input-bounded output-Stabilität) weite Verbreitung erlangt. Danach wird ein Übertragungssystem, bei dem auf eine Systemanregung als Ursache eine Systemantwort als Reaktion erfolgt, (eingangs-ausgangs-) stabil genannt, wenn es auf jede beschränkte Eingangsgröße mit einer beschränkten Systemantwort reagiert.

Vornehmlich bei der Behandlung nichtlinearer Systeme erwies sich dieser Stabilitätsbegriff als unzureichend, da es eine Vielzahl von Systemen gibt, bei denen natürliche Begrenzungen in jedem Falle zu beschränkten Ausgangsgrößen führen. Mitunter verläuft aber dabei die Systemantwort völlig unbefriedigend, ist also von der Aufgabenstellung her praktisch "instabil" zu nennen, da die entscheidenden Systemvariablen entweder in unerwünschter Weise periodisch schwanken oder einen Grenzwert annehmen und dort verharren. Von einem stabilen System würde man dagegen - lose gesprochen - erwarten, daß es einmal in einen vernünftigen Betriebszustand gebracht dort verharrt und gegebenenfalls durch Störungen gelegentlich ausgelenkt sich wieder in den alten Zustand begibt. Diese intuitive, aber etwas vage Vorstellung wird nun mathematisch präzise durch den Stabilitätsbegriff von Ljapunov abgedeckt. Ehe dieser hier definiert werden kann, müssen wir zunächst noch den oben als Betriebszustand angesprochenen Begriff der Ruhelage klar festlegen in der

Definition 3.1 : Verschwindet bei einer zeitdiskreten, dynamischen Systemdarstellung

$$\underline{x}(k+1) = \underline{f}(\underline{x}(k), \overline{\underline{u}}) \tag{3.1}$$

für einen bestimmten Zustandsvektor $\underline{x}(k) = \overline{\underline{x}}$ die Differenz

$$\underline{x}(k+1) - \underline{x}(k) = \underline{f}(\overline{\underline{x}}, \overline{\underline{u}}) - \overline{\underline{x}} = \underline{O} \quad \text{für alle } k \; ,$$

so heißt dieser Zustand eine Ruhelage des Systems.

$\underline{\bar{u}}$ ist hierin der zeitlich konstante Vektor der auf das System wirkenden Eingangsgrößen. (Für die entsprechenden Begriffe bei der Behandlung zeitkontinuierlicher Systemmodelle, die hier nicht betrachtet werden, sei z.B. auf [54,55,56] verwiesen.)

In seiner bereits 1893 in Russisch erschienenen Arbeit über die Stabilität von Bewegungen hat der russische Mathematiker Ljapunov die Fundamente gelegt für eine mathematisch präzise formulierte Stabilitätstheorie. Diese soll für die hier angesprochene Beurteilung der Stabilität des Prozesses 'Verkehrsfluß' zur Erarbeitung quantitativer Aussagen herangezogen werden.

Als erstes sei hier der von Ljapunov eingeführte Begriff der asymptotischen Stabilität einer Ruhelage definiert, der die oben zunächst pragmatisch erläuterte Vorstellung präzisiert:

> Definition 3.2 : Die Ruhelage $\underline{\bar{x}}$ eines zeitdiskreten Systems mit der Beschreibung (3.1) heißt asymptotisch stabil, wenn es in einer endlichen Umgebung von ihr zu jedem $\varepsilon > 0$ ein $\delta(\varepsilon) > 0$ gibt, so daß gilt
>
> $$|\underline{x}(k) - \underline{\bar{x}}| < \varepsilon \quad \text{für alle} \quad k > 0 \tag{3.2a}$$
>
> sofern nur für den Anfangszustand gilt
>
> $$|\underline{x}(0) - \underline{\bar{x}}| < \delta(\varepsilon) \tag{3.2b}$$
>
> und wenn außerdem
>
> $$\lim_{k \to \infty} |\underline{x}(k) - \underline{\bar{x}}| \to 0 \tag{3.3}$$

Wesentlich hierin ist, daß die Bedingung (3.2a) sich für beliebige Werte $\varepsilon > 0$ realisieren lassen muß, wenn nur die Anfangsauslenkung nach (3.2b) hinreichend klein war. Die Forderung (3.3) stellt dann zusätzlich sicher, daß jede dieser Anfangsbedingungen zu einer Bewegung führt, die mit wachsendem Zeitindex k in die alte Ruhelage zurückläuft. Die in dieser Definition geforderten Verhältnisse sind in Bild 3.1 für ein System mit zwei Zustandsvariablen $x_1(k)$ und $x_2(k)$ grafisch im Bewegungsraum veranschaulicht.

Trotz der präzisen Formulierung bleibt die Definition 3.2 insofern unbefriedigend, als die genannten Bedingungen nur in einer nicht näher

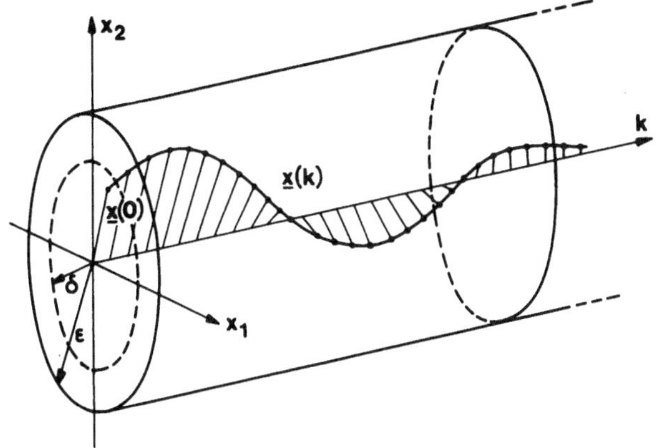

Bild 3.1 Veranschaulichung der asymptotischen Stabilität der Ruhelage $\underline{\overline{x}} = \underline{0}$ für ein System zweiter Ordnung im Bewegungsraum

festgelegten Umgebung der Ruhelage erfüllt sein müssen. Wenn für einen solchen stationären Betriebszustand eines Systems diese Umgebung sehr klein ist, so daß bereits geringe Störungen zu einem Zustand führen können, der außerhalb dieser Umgebung zu liegen kommt, dann sind zwar die Voraussetzungen der asymptotischen Stabilität erfüllt, diese Feststellung ist aber ohne praktische Relevanz. Man wird daher immer bemüht sein müssen, die asymptotische Stabilität für eine fest umrissene, möglichst große Umgebung der Ruhelage nachweisen zu können.

Ljapunov hat nun in seiner Arbeit gezeigt, daß sich die Stabilität einer Ruhelage $\underline{\overline{x}}$ eines nichtlinearen Systems durch eine einfache Eigenwertanalyse der um $\underline{\overline{x}}$ linearisierten Systemdarstellung feststellen läßt. Dieses Vorgehen wird daher auch die erste Methode von Ljapunov genannt. Voraussetzung hierzu ist allerdings, daß eine solche Linearisierung durchführbar ist, was gleichbedeutend damit ist, daß der Funktionsvektor $\underline{f}(\underline{x},\underline{u})$ auf der rechten Seite der Systemdarstellung (3.1) an der Stelle $\underline{\overline{x}},\underline{\overline{u}}$ nach allen Komponenten x_i des Zustandsvektors stetig differenzierbar ist. Führt man die von der gewählten Ruhelage $(\underline{\overline{x}},\underline{\overline{u}})$ abhängige Jacobi-Matrix $F(\underline{\overline{x}},\underline{\overline{u}})$ ein [57]

$$
\underline{F}(\overline{\underline{x}},\overline{\underline{u}}) = \begin{bmatrix} \frac{\delta f_1(\underline{x},\underline{u})}{\delta x_1} & \frac{\delta f_1(\underline{x},\underline{u})}{\delta x_2} & \cdots & \frac{\delta f_1(\underline{x},\underline{u})}{\delta x_{2n}} \\ \frac{\delta f_2(\underline{x},\underline{u})}{\delta x_1} & \cdots & & \frac{\delta f_2(\underline{x},\underline{u})}{\delta x_{2n}} \\ \vdots & & & \ddots \\ \frac{\delta f_{2n}(\underline{x},\underline{u})}{\delta x_1} & \cdots & & \frac{\delta f_{2n}(\underline{x},\underline{u})}{\delta x_{2n}} \end{bmatrix}_{\substack{\underline{x}=\overline{\underline{x}} \\ \underline{u}=\overline{\underline{u}}}} \tag{3.4}
$$

dann läßt sich das System (3.1) für hinreichend kleine Auslenkungen $\Delta\underline{x}(k) = \underline{x}(k) - \overline{\underline{x}}$ aus der Ruhelage $\overline{\underline{x}}$ auch durch die lineare Vektordifferenzengleichung

$$
\Delta\underline{x}(k+1) = \underline{F}(\overline{\underline{x}},\overline{\underline{u}})\,\Delta\underline{x}(k) \tag{3.5}
$$

beschreiben. Nach der ersten Methode von Ljapunov ist die Ruhelage $\overline{\underline{x}}$ genau dann stabil, wenn das lineare System (3.5) stabil ist, d.h. es gilt der [58]

> Satz 3.1: Die Ruhelage $\overline{\underline{x}}$ des Systems (3.1) ist genau dann asymptotisch stabil, wenn alle Eigenwerte der Matrix $\underline{F}(\overline{\underline{x}},\overline{\underline{u}})$ nach (3.4) innerhalb des Einheitskreises in der komplexen Ebene liegen.

Die Prüfung auf die asymptotische Stabilität ist damit auf eine Eigenwertanalyse der Matrix $\underline{F}(\overline{\underline{x}},\overline{\underline{u}})$ zurückgeführt, die für eine Systembeschreibung mit der gewählten Ruhelage als Betriebszustand festliegt. Da die im Satz 3.1 gestellte Bedingung sowohl hinreichend als auch notwendig ist, kann die Aussage auch umgekehrt werden: die Ruhelage $\overline{\underline{x}}$ ist instabil, wenn mindestens ein Eigenwert der Matrix $\underline{F}(\overline{\underline{x}},\overline{\underline{u}})$ außerhalb des Einheitskreises liegt, d.h. dem Betrage nach größer als eins ist. (Allerdings muß dabei der Grenzfall gesondert behandelt werden, bei dem einige Eigenwerte genau auf dem Einheitskreis und die übrigen innerhalb desselben liegen.)

Auch der oben ausgedrückte Wunsch, die Umgebung einer Ruhelage spezifizieren zu können, innerhalb deren jede Auslenkung in einer stabilen Bewegung zur Ruhelage zurückkehrt, kann mit der Theorie von Ljapunov befriedigt werden. Man führt dazu den Begriff des Einzugsbereichs ein:

> Definition 3.3 : Die Menge aller Punkte $\underline{x}(0)$ im Zustandsraum,

von denen aus die Bewegung des Systems (3.1) für $k \to \infty$ der Ruhelage $\bar{\underline{x}}$ zustrebt, heißt der (absolute) Einzugsbereich dieser Ruhelage. Eine irgendwie festgelegte Untermenge dieser Punkte heißt ein relativer Einzugsbereich.

In seiner zweiten oder auch direkten Methode hat Ljapunov ein Instrumentarium entwickelt, mit dem es möglich ist, einen relativen Einzugsbereich für eine gegebene Ruhelage zu ermitteln, ohne daß man einzelne Systembewegungen zu kennen braucht. Diese zunächst überraschende Möglichkeit beruht darauf, anhand eines verallgemeinerten Energiebegriffs nachzuweisen, daß die dem System innewohnende "Energie" in einem abgegrenzten Gebiet bei Stabilität nur abnehmen kann. Ohne auf diese Theorie im Einzelnen einzugehen, sei hier der entscheidende Stabilitätssatz formuliert und für die vorliegende Fragestellung interpretiert:

Satz 3.2: Wenn sich in einer geschlossenen Umgebung U einer Ruhelage $\bar{\underline{x}}$ eine skalare, reellwertige Funktion $V(\underline{x})$ mit den folgenden Eigenschaften finden läßt

$$
\begin{aligned}
&\text{(I)} && V(\underline{x}) \text{ ist stetig in allen Argumenten } x_i \\
&\text{(II)} && V(\underline{x}) > 0 \text{ für } \underline{x} \neq \bar{\underline{x}} \text{ in } U \text{ und } V(\bar{\underline{x}}) = 0 \\
&\text{(III)} && \Delta V(\underline{x}(k)) = V(\underline{x}(k+1)) - V(\underline{x}(k)) = \\
& && = V(\underline{f}(\underline{x}(k))) - V(\underline{x}(k)) < 0 \text{ in } U \\
& && \text{und } \Delta V(\bar{\underline{x}}) = 0
\end{aligned}
\tag{3.6}
$$

dann ist die Ruhelage $\bar{\underline{x}}$ des Systems (3.1) asymptotisch stabil.

Sind diese Forderungen erfüllt, dann läßt sich zeigen, daß die Hyperflächen $V(\underline{x}) = \text{const}$ (Linien im zweidimensionalen Fall) in sich geschlossen sind, wobei die Kontur $V(\underline{x}) = K_1$ die Kontur $V(\underline{x}) = K_2$ ganz umschließt, wenn $K_1 > K_2$ ist. Eine solche Verteilung von "Äquiniveaulinien" $V(\underline{x}) = \text{const}$ ist für den zweidimensionalen Fall im Bild 3.2 dargestellt. Die Forderung (III) aus Satz 3.2 läßt sich anschaulich so interpretieren, daß längs der Bewegung des Systems der nachfolgende Zustand $\underline{x}(k+1)$ immer auf einer Kontur niedrigeren Niveaus zu liegen kommt, sich also der Ruhelage beständig in diesem Sinne nähert (was nicht unbedingt eine Verkürzung des Abstands $|\underline{x}(k) - \bar{\underline{x}}|$ in jedem Schritt zu bedeuten braucht!).

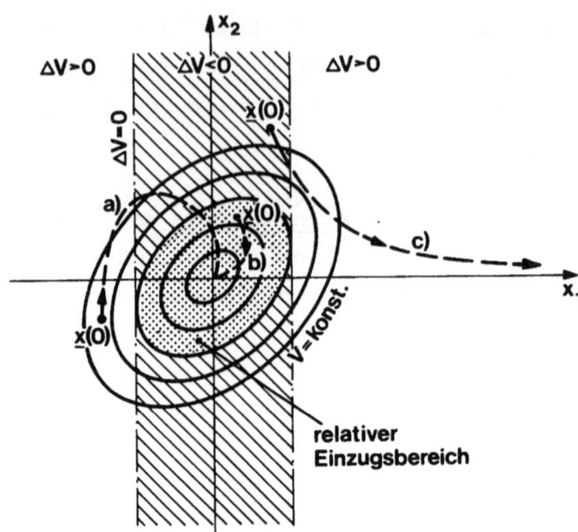

Bild 3.2 Beispiel für eine Verteilung der Konturen $V(\underline{x}) = const$ mit relativem Einzugsbereich (gepunktet) im zweidimensionalen Fall für die Ruhelage $\overline{\underline{x}} = \underline{0}$.
a) asymptotisch stabile Lösung, die nicht im relativen Einzugsbereich beginnt
b) asymptotisch stabile Lösung
c) instabile Lösung

Wir kommen jetzt auf den oben angesprochenen Wunsch zurück, für eine als Arbeitspunkt gewählte Ruhelage den Einzugsbereich, oder zumindest einen Teilbereich davon auszumachen und anzugeben. Aus der Betrachtung des Fortschreitens der Trajektorie (d.h. der Bewegung des Systems) in Richtung niedrigerer Niveaulinien läßt sich folgern, daß mit Sicherheit derjenige Bereich zum Einzugsbereich gehört, der von der größten Kontur $V(\underline{x}) = const$ umschrieben wird, die ganz im Innern des Bereichs $V > 0$, $\Delta V < 0$ liegt (im Bild 3.2 gepunktet). Eine Trajektorie, die außerhalb dieser Kontur startet, kann sowohl in die Ruhelage einlaufen oder aber auch nicht; eine definitive Aussage ist nicht möglich.

Nun hängt die Form der Äquiniveau-Konturen von der speziellen Wahl der Funktion $V(\underline{x})$ ab. Eine geschickte Wahl der Ljapunov-Funktion $V(\underline{x})$ wird für einen größeren Bereich garantieren, daß er zum absoluten Einzugsbereich der Ruhelage gehört, als eine ungünstig gewählte Ljapunov-Funktion. Man nennt den mit einer speziellen Funktion $V(\underline{x})$ ausgewiesenen Teilbereich des absoluten Einzugsbereichs einer Ruhelage daher auch einen relativen Einzugsbereich (vgl. Definition 3.3).

Hiermit sind die theoretischen Hilfsmittel bereitgestellt, mit denen in den nachfolgenden Abschnitten eine detaillierte Aussage zu den Stabilitätseigenschaften des Verkehrsflusses erarbeitet werden soll.

3.2.1 Eigenwertanalyse der linearisierten Systembeschreibung für verschiedene Arbeitspunkte

Die oben erläuterte Methode, anhand der linearisierten Systemdarstellung die Stabilität eines Arbeitspunktes durch eine Eigenwertanalyse zu überprüfen (1. Methode von Ljapunov), soll nun auf das im Kapitel 2 erstellte und an reale Verhältnisse angepaßte (siehe Kapitel 4) Verkehrsflußmodell (2.25) angewendet werden. Hierzu werden die Modellgleichungen um eine allgemeine Ruhelage $c_j = \bar{c}$ und $v_j = V_o(\bar{c})$ linearisiert, und die Bewegung des Systems wird durch kleine Auslenkungen $\Delta c_j(k) = c_j(k) - \bar{c}$ und $\Delta v_j(k) = v_j(k) - \bar{v}$ um diesen Betriebszustand beschrieben:

$$\begin{aligned}\Delta c_j(k+1) = & \left[\alpha\frac{T}{\Delta_j}\bar{v}\right]\Delta c_{j-1}(k) + \left[\alpha\frac{T}{\Delta_j}\bar{c}\right]\Delta v_{j-1}(k) + \\ & + \left[1 + \frac{T}{\Delta_j}(1-2\alpha)\bar{v}\right]\Delta c_j(k) + \left[\frac{T}{\Delta_j}(1-2\alpha)\bar{c}\right]\Delta v_j(k) \\ & - \left[\frac{T}{\Delta_j}(1-\alpha)\bar{v}\right]\Delta c_{j+1}(k) - \left[\frac{T}{\Delta_j}(1-\alpha)\bar{c}\right]\Delta v_{j+1}(k)\end{aligned} \tag{3.7}$$

$$\begin{aligned}\Delta v_j(k+1) = & \left[\frac{T}{\Delta_j}\bar{v}\right]\Delta v_{j-1}(k) + \left[\frac{T}{\tau}\left(V_c(\bar{c}) + \frac{\nu}{\Delta_j}\frac{1}{\bar{c}+\kappa}\right)\right]\Delta c_j(k) \\ & + \left[1 + \frac{T}{\tau} - 2\frac{T}{\Delta_j}\bar{v}\right]\Delta v_j(k) - \left[\frac{\nu}{\Delta_j}\frac{T}{\tau}\frac{1}{c+\kappa}\right]\Delta c_{j+1}(k)\end{aligned} \tag{3.8}$$

mit $$V_c(\bar{c}) = \frac{d}{dc}(V(c))\Big|_{c=\bar{c}}$$

Wenn man nun die Variablen $\Delta c_j(k)$ und $\Delta v_j(k)$ für $j = 1,\ldots n$ zum Zustandsvektor $\Delta \underline{x}(k)$ zusammenfaßt, dann kann das Gleichungssystem (3.7), (3.8) zu einer linearen Vektordifferenzengleichung der Form (3.5) zusammengefaßt werden:

$$\Delta\underline{x}(k+1) = \underline{F}(\bar{c}) \cdot \Delta\underline{x}(k) \tag{3.9}$$

Die Jacobi-Matrix $\underline{F}(\bar{c})$ ist im Anhang zu diesem Kapitel zu finden; ihre Elemente können ohne Schwierigkeit den Gleichungen (3.7) und (3.8) entnommen werden.

Nach den oben gemachten Ausführungen ist die Stabilität für eine mit dem Dichtewert $\bar{c}$ festgelegte Ruhelage durch eine Eigenwertanalyse der Matrix $\underline{F}(\bar{c})$ zu bestimmen. Diese wurde hier für verschiedene Werte der Dichte $\bar{c}$ und für Abschnitte mit unterschiedlicher Zahl von Segmenten durchgeführt (die Segmentlänge war dabei einheitlich auf 500 m festgelegt). Es zeigte sich, daß die Eigenwerte für niedrige Werte der Dichte $\bar{c}$ zunächst alle im Innern des Einheitskreises in der komplexen Ebene liegen; das System ist in diesen Fällen stabil, weshalb kleine Störungen im Verkehrsablauf abklingen und keine nachhaltigen Wirkungen auf den Verkehrsfluß haben.

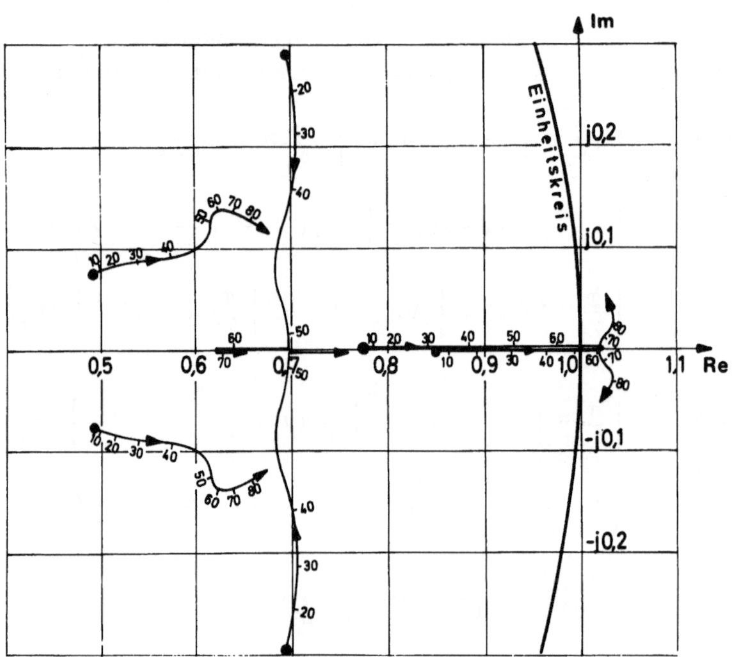

Bild 3.3 Geometrischer Ort der Eigenwerte des linearisierten Verkehrsflußmodells in der komplexen Ebene; Parameter an den Kurvenästen: Dichte $\bar{c}$ am Arbeitspunkt in Fhz/km; Darstellung für einen Straßenabschnitt mit drei Segmenten entsprechend sechs Eigenwerten.

Bei einer wachsenden Dichte am Arbeitspunkt wandern die Eigenwerte auf einer stetigen Bahn, wobei einige dem Rand des Einheitskreises zustreben, wie im Bild 3.3 für einen Abschnitt mit drei Segmenten zu sehen ist. Für den kritischen Wert $\bar{c} = 56$ Fhz/km , bei dem im Fundamentaldiagramm der Punkt der höchsten Verkehrsstärke erreicht ist (vgl. Bild 2.7, Charakteristik mit $u_2 = 1$, d.h. ohne Geschwindigkeitsbeschränkung), überschreitet der erste Eigenwert die Stabilitätsgrenze, den Einheitskreis. Für höhere Dichtewerte ist das System ohne äußere Maßnahmen instabil: bereits kleine Störungen führen dann dazu, daß der Verkehrsablauf aus dem Arbeitspunkt herausfällt, was im allgemeinen zur Ausbildung eines Staus führt. Diese Erkenntnis erklärt auch, warum der abfallende Ast des Fundamentaldiagramms so schlecht durch Meßwerte festzulegen ist, da dieser Bereich keine stabilen Betriebszustände enthält. Dennoch existiert dieser Ast der Kennlinie und kann auch in einem Identifizierungs- oder Validierungsvorgang meßtechnisch bestimmt werden, wie im nächsten Kapitel gezeigt wird.

3.2.2 Einzugsbereiche stabiler Arbeitspunkte

Die soeben erarbeitete Kenntnis der stabilen Arbeitspunkte des Verkehrsflusses soll nun ergänzt werden durch die Bestimmung von relativen Einzugsbereichen um den jeweiligen Betriebszustand. Mit anderen Worten: es soll jetzt die Qualität der nachgewiesenen Stabilität überprüft werden in dem Sinne, daß ein Bereich um jeden stabilen Arbeitspunkt festgelegt wird, innerhalb dessen eine Störung des Systems mit Sicherheit abklingt, so daß sich nach einer gewissen Zeit der stationäre Zustand wieder herstellt.

Eine solche Aussage läßt sich mit Hilfe der oben erläuterten direkten Methode von Ljapunov gewinnen. Hierzu wird die Systembeschreibung auf die gewählte Ruhelage $c_j = \bar{c}$ und $v_j = V(\bar{c})$ bezogen, indem man für $j = 1,...n$ schreibt

$$c_j(k) = \bar{c} + \Delta c_j(k) \quad \text{und} \quad v_j(k) = \bar{v} + \Delta v_j(k)$$

wobei aber im Gegensatz zum vorangegangenen Abschnitt die Abweichungen Δc_j und Δv_j beträchtliche Werte annehmen dürfen, da unverändert von den nichtlinearen Systemgleichungen ausgegangen wird. Als Ljapunov-Funktion wird eine sogenannte quadratische Form angesetzt

$$V\left(\Delta\underline{x}(k)\right) = \left(\Delta\underline{x}(k)\right)^T \cdot \underline{P} \cdot \Delta\underline{x}(k) \qquad (3.10)$$

die die Bedingungen (I) und (II) im Satz 3.2 erfüllt, wenn die Matrix $\underline{P}$ positiv definit ist (siehe hierzu [59]), d.h. wenn ihre Hauptabschnittsdeterminanten alle positiv sind. Daß auch die Bedingung (III) des Satzes 3.2 in einem möglichst großen Bereich um den jeweiligen Arbeitspunkt erfüllt ist, hängt einmal von den Modellgleichungen aber auch von der geeigneten Wahl der Elemente von $\underline{P}$ ab. Es sind in der Literatur eine Reihe von Vorgehensweisen zur gezielten Wahl von $\underline{P}$ zu finden [56,60], die zu beschreiben den Rahmen dieser Abhandlung sprengen würde.

Um für einen gegebenen Arbeitspunkt einen relativen Einzugsbereich festzulegen, muß nach den Ausführungen im vorangegangenen Abschnitt der Bereich gefunden werden, in dem

$$\Delta V(\Delta\underline{x}) = \underline{f}^T(\Delta\underline{x})\cdot\underline{P}\cdot\underline{f}(\Delta\underline{x}) - \Delta\underline{x}^T\cdot\underline{P}\cdot\Delta\underline{x} < 0$$

also negativ ist. Sodann ist die größte Kontur $V(\Delta\underline{x}) = \text{const}$ aufzusuchen, die sich diesem Bereich einbeschreiben läßt. Bei Systemen niedriger Ordnung mit einfachen Systemgleichungen ergeben sich für die Grenzflächen $\Delta V = 0$ gelegentlich einfache geometrische Konturen. Hier ist das leider nicht der Fall, so daß diese Grenzflächen durch systematische Suche im Zustandsraum von einem Rechner ausfindig zu machen sind. Jedesmal wenn ein Vorzeichenwechsel der Funktion $\Delta V(\Delta\underline{x})$ festgestellt wird, ist der zugehörige Wert der $V(\Delta\underline{x})$-Funktion zu ermitteln als dasjenige "Niveau", bei dem der Bereich $\Delta V < 0$ an der jeweiligen Stelle verlassen wird. Aus der Gesamtheit dieser Daten ist dann der niedrigste $V(\Delta\underline{x})$-Wert aufzusuchen, da er diejenige Niveau-Fläche angibt, die mit Sicherheit ganz im Bereich $\Delta V < 0$ liegt. Diese Fläche umhüllt dann den mit dieser Wahl der Ljapunov-Funktion $V(\Delta\underline{x})$ abgesteckten relativen Einzugsbereich (vgl. hierzu Bild 3.2).

Es ist leicht zu erkennen, daß der Rechenaufwand bei einem solchen systematischen Absuchen des Zustandsraumes exponentiell mit der Ordnung des Systems, d.h. mit der doppelten Segmentzahl zunimmt, so daß dieses Vorgehen nur bei der Betrachtung weniger Segmente zu einem erträglichen Rechenaufwand führt. Auf der anderen Seite darf man aufgrund der Systemstruktur, die einer Hintereinander-Schaltung lauter gleichartiger Elemente wie bei einem Kettenleiter entspricht, erwarten, daß die Stabilitätseigenschaften nur unwesentlich von der Zahl der Segmente abhängen. Ein Straßenabschnitt mit drei oder vier Segmenten kann daher als repräsentativ auch für längere Straßenabschnitte betrachtet werden.
(An der Stabilitätsgrenze muß allerdings zur Vorsicht bei dieser Überlegung geraten werden, da Bewegungen denkbar sind, die zwar lokal abklingen, sich aber in einer anwachsenden Welle örtlich fortpflanzen).

Die hier geschilderte Prozedur wurde für einen Straßenabschnitt mit drei Segmenten bei verschiedenen Arbeitspunkten durchgeführt. Für die Matrix $\underline{P}$, die die $V(\Delta \underline{x})$-Funktion bestimmt, hat sich die folgende Wahl bei systematisch durchgeführten Probierläufen als günstig erwiesen:

$$\underline{P} = 10^{-1} \begin{bmatrix} 1,14 & 0,14 & 0,30 & 0 & 0 & 0 \\ 0,14 & 0,49 & 0 & 0 & 0 & 0 \\ 0,30 & 0 & 1,0 & 0,11 & 0,25 & 0 \\ 0 & 0 & 0,11 & 0,44 & 0 & 0 \\ 0 & 0 & 0,25 & 0 & 0,72 & 0,08 \\ 0 & 0 & 0 & 0 & 0,08 & 0,04 \end{bmatrix} \qquad (3.11)$$

Hierbei wurden die Dichten in Fhz/km und die Geschwindigkeiten in km/h angegeben.

Das Ergebnis ist in Abhängigkeit von der Dichte $\bar{c}$ am betrachteten Arbeitspunkt in der Tabelle 3.1 zusammengefaßt.

Tabelle 3.1 Einzugsbereich in Abhängigkeit von der Dichte $\bar{c}$ am Arbeitspunkt, festgelegt durch die Grenzkontur $V = \Delta x^T \cdot P \cdot \Delta \underline{x} = \text{const}$

Dichte $\bar{c}$ in Fhz/km	30	35	40	45	50
Einzugsbereich V_{grenz}	25,0	15,0	8,0	2,6	0,3

Für drei Straßensegmente ist die Ordnung des Modells gleich sechs, d.h. der Einzugsbereich ist ein geschlossenes Gebiet im sechsdimensionalen Zustandsraum, das der Vorstellung etwas schwer zugänglich ist. Es empfiehlt sich daher für die Anschauung, daß man sich Schnittebenen dieses Gebietes herausgreift, zum Beispiel die v - c - Ebene eines der drei Segmente. Dies wurde hier für das zweite Segment bei verschiedenen Arbeispunkten durchgeführt und im Bild 3.4 dargestellt. Man liest daraus ab, wie groß eine Abweichung Δc_j und Δv_j vom Arbeitspunkt $\bar{c},\bar{v}$ in diesem Segment sein darf, wenn nach der gewählten Ljapunov-Funktion ein Abbau dieser Störung gewährleistet sein soll, wobei in den anderen Segmenten keine Anfangsauslenkung vom Arbeitspunkt vorliegt. In Bild 3.5 sind dieselben Einzugsbereiche noch einmal auf die q - c - Ebene bezogen mit dem Fundamentaldiagramm des Systems wiedergegeben.

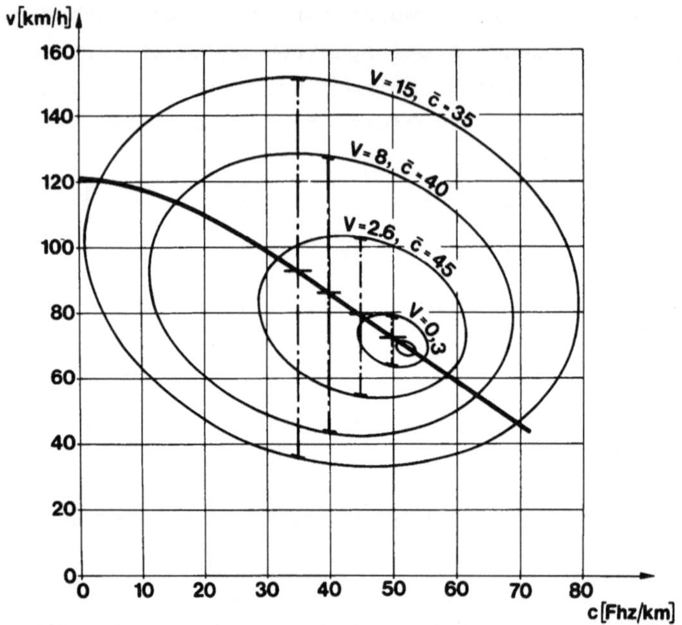

Bild 3.4 Einzugsbereiche in Abhängigkeit vom Arbeitspunkt $\bar{c}$ in der v - c - Ebene des zweiten Segments (stationäre $V(\bar{c})$-Charakteristik gemäß Tabelle 4.1)

Man erkennt deutlich, daß die zulässigen Abweichungen mit wachsender Dichte abnehmen und an der oben ermittelten Stabilitätsgrenze c_{grenz} = = 56 Fhz/km ganz verschwinden. Außerdem zeigt sich, daß die Dichte in einem Segment sogar den kritischen Wert merklich überschreiten darf, sofern die Dichte am Arbeitspunkt und damit die Dichte in den Nachbarsegmenten wesentlich geringer ist. Wenn auch diese Bereiche der zulässigen Auslenkungen kleiner als der absolute Einzugsbereich sein dürften, so verdeutlichen sie doch, daß es für einen stabilen Verkehrsablauf notwendig ist, die zulässige Dichte $\bar{c}$ im Hinblick auf die immer vorhandenen stochastischen Schwankungen deutlich unterhalb des Grenzwertes c_{grenz} festzulegen. Wir werden hierauf noch im Kapitel 6 bei der Zielsetzung eines automatischen Betriebs von Schnellstraßen zurückkommen.

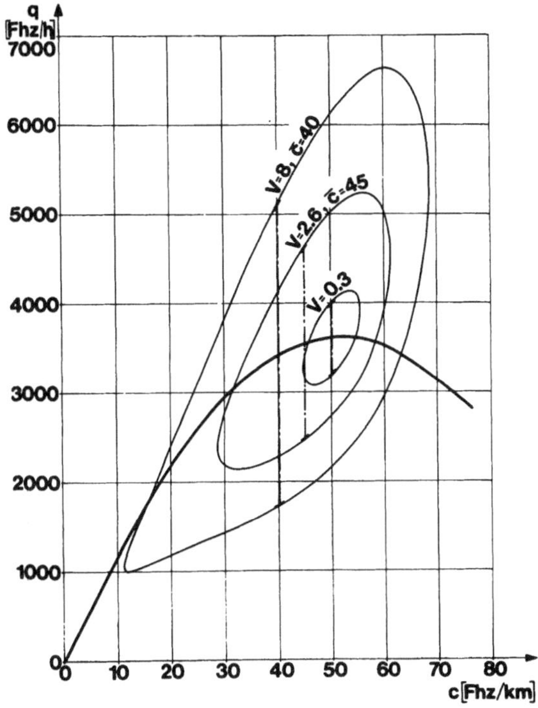

Bild 3.5 Einzugsbereiche in Abhängigkeit vom Arbeitspunkt $\bar{c}$ in der q-c-Ebene des zweiten Segments
(stationäre $Q(\bar{c})$-Charakteristik gemäß Tabelle 4.1)

3.3 Beobachtbarkeit des Verkehrszustands aus Meßsignalen

3.3.1 Problemstellung und theoretische Grundlagen

Neben der Beurteilung der Stabilität, die eine Aussage über die Qualität des zeitlichen Ablaufs eines Vorgangs macht, ist eine Untersuchung des Zugriffs von praktischem Interesse, der bei der Überwachung des Verkehrsgeschehens durch Meßstellen und bei der gezielten Beeinflussung des Verkehrs durch Signalgebung besteht. Auch für diese, hier noch etwas pauschal angesprochene Frage hat die Regelungstheorie Methoden entwikkelt, mit denen die Zugänglichkeit eines Systems bei der Beobachtung und bei der Beeinflussung bemessen werden kann. Diese werden hier und im folgenden Abschnitt beschrieben und auf die entsprechenden Probleme des Verkehrsflusses angewendet.

Zunächst sei hier die Frage aufgegriffen, in welchem Maße eine Information über den Verkehrszustand in einem Straßenabschnitt aus den Meßgrößen herausgelesen werden kann, die an den Abschnittsenden von Sensoren aufgenommen werden und im vorangegangenen Kapitel 2 auch als Ausgangsgrößen des Systems bezeichnet wurden. Im Folgenden seien hierzu die theoretischen Grundlagen für die angewendeten Analysemethoden gelegt.

Wie bei der Stabilitätsanalyse, bei der die Stabilität eines Arbeitspunktes anhand der linearisierten Systembeschreibung entschieden wurde, so ist es auch hier zweckmäßig, von den linearisierten Differenzengleichungen des Verkehrsflußmodells auszugehen, die das System bei kleinen Auslenkungen um diesen Arbeitspunkt beschreiben. Der Vorteil dieses Vorgehens liegt in der besseren Behandelbarkeit der linearen Systeme.

Für die folgenden Betrachtungen werden die Eingangsgrößen als konstant angenommen; sie treten somit nicht als Variablen in den Systemgleichungen auf, die dann in der folgenden Weise geschrieben werden können:

$$\Delta \underline{x}(k+1) = \underline{F}(\overline{c})\ \Delta \underline{x}(k) \qquad (3.12)$$

$$\Delta \underline{y}(k) = \underline{H}(c)\ \Delta \underline{x}(k)$$

Die Matrizen $\underline{F}(\overline{c})$ und $\underline{H}(\overline{c})$ sind in Abhängigkeit vom Arbeitspunkt $c_j = \overline{c}$, $v_j = V(\overline{c})$ im Anhang zu diesem Kapitel angegeben. $\Delta \underline{x}(k)$ ist wieder der Vektor der Zustandsvariablen $\Delta c_j(k)$, $\Delta v_j(k)$ und $\Delta \underline{y}(k)$ ist der Vektor der Ausgangsgrößen, d.h. hier der Meßgrößen.

Ausgehend von einem Anfangszustand $\Delta \underline{x}(0)$ erhält man durch wiederholte Anwendung von (3.12) die Folge der Ausgangsgrößen:

$$\begin{aligned}
\Delta\underline{y}(0) &= \underline{H}\Delta\underline{x}(0) \\
\Delta\underline{y}(1) &= \underline{H}\Delta\underline{x}(1) = \underline{H}\ \underline{F}\Delta\underline{x}(0) \\
&\vdots \\
\Delta\underline{y}(K) &= \underline{H}\Delta\underline{x}(K) = \underline{H}\ \underline{F}^K\Delta\underline{x}(0)
\end{aligned} \tag{3.13}$$

Faßt man die K+1 Ausgangsvektoren zu einem einzigen Vektor, der Meßinformation $\underline{Y}$ zusammen, dann kann das Gleichungssystem (3.13) verkürzt dargestellt werden durch eine Vektorgleichung:

$$\underline{Y} = \begin{bmatrix} \Delta\underline{y}(0) \\ \Delta\underline{y}(1) \\ \Delta\underline{y}(2) \\ \vdots \\ \Delta\underline{y}(K) \end{bmatrix} = \begin{bmatrix} \underline{H} \\ \underline{H}\ \underline{F} \\ \underline{H}\ \underline{F}^2 \\ \vdots \\ \underline{H}\ \underline{F}^K \end{bmatrix} \cdot \Delta\underline{x}(0) = \underline{Q} \cdot \Delta\underline{x}(0) \tag{3.14}$$

Offensichtlich läßt sich nun in eindeutiger Weise aus der Meßinformation $\underline{Y}$ auf den unbekannten Anfangszustand $\Delta\underline{x}(0)$ rückschließen, wenn die Matrix $\underline{Q}$ eine ein-eindeutige Abbildung vermittelt, was genau dann zutrifft, wenn der Rang von $\underline{Q}$ gleich der Ordnung des Systems, d.h. gleich dem Doppelten der Segmentezahl n ist. Da die Matrix $\underline{Q}$ sich zyklisch aus den Matrizen $\underline{H}$ und $\underline{F}$ aufbaut [59], also nur vom System selbst, nicht aber vom Anfangszustand $\Delta\underline{x}(0)$ abhängt, ist die Erkennbarkeit des Systemzustands aus den Meßwerten eine dem System innewohnende Eigenschaft, die mit der folgenden, nicht nur auf lineare Systeme beschränkten Definition präzisiert werden soll [61]

> Definition 3.4: Wenn sich jeder beliebige Anfangszustand $\underline{x}(0)$ eines zeitinvarianten, diskreten Systems in eindeutiger Weise aus der Folge der Ausgangsgrößen $\underline{y}(0)$, $\underline{y}(1)$, ..., $\underline{y}(K)$ ermitteln läßt, wobei K hinreichend groß aber endlich ist, dann heißt das System vollständig (zustands-) beobachtbar.

Für ein lineares, zeitdiskretes System läßt sich aus (3.14) ablesen, daß es genau dann vollständig beobachtbar ist, wenn sich (3.14) nach dem unbekannten Anfangszustand $\Delta\underline{x}(0)$ auflösen läßt, d.h. aber wenn der Rang der Matrix $\underline{Q}$ gleich der Ordnung des Systems ist.

Für die zuverlässige Erkennung des Verkehrszustands im gesamten Straßenabschnitt aus den Meßdaten an den Abschnittsenden ist die binäre

Aussage der vorhandenen oder nicht vorhandenen Beobachtbarkeit unbefriedigend im Hinblick darauf, daß die Verhältnisse im Verkehrsablauf und auch die Meßgrößen stochastische Störungen enthalten und darüberhinaus das Modell auch nicht exakt die Wirklichkeit wiedergibt. Da diese in der Praxis vorhandenen Unwägbarkeiten die Zustandsschätzung erschweren, soll hier ein Maß eingeführt werden, mit dem die Güte der Beobachtbarkeit beurteilt werden kann. Für praktische Belange wird dann zu fordern sein, daß ein gewisses Qualitätsmaß nicht unterschritten wird.

Da bei der meßtechnischen Verkehrsüberwachung das Bestreben vorliegt, alle Dichte- und Geschwindigkeitswerte längs des gesamten Straßenabschnitts zuverlässig zu schätzen, wird hier ein Gütemaß eingeführt, das die Beobachtbarkeit jeder einzelnen Zustandsvariablen zu bewerten erlaubt. Es ist dann darauf zu achten, daß auch im ungünstigsten Falle jede dieser Variablen deutlich aus den Meßwertefolgen zu ermitteln ist.

In der Literatur sind eine Reihe von Maßzahlen für die Beobachtbarkeit sowohl des Gesamtsystems als auch der einzelnen Systemgrößen zu finden [62,63,64], die entweder in Form einer Kovarianz für den Schätzfehler bei verrauschten Messungen oder in Form von abstrakten Matrizenkenngrößen definiert sind. Da diese Maße mehr oder weniger unanschaulich sind für eine quantitative Beurteilung, soll hier ein anderer Gütemaßstab eingeführt und verwendet werden.

Wir betrachten zunächst den Informationsvektor $\underline{Y}$ nach (3.14) für den Fall, daß nur die i-te Zustandsgröße zum Zeitpunkt $k = 0$ um eine Einheit aus der Ruhelage ausgelenkt wird:

$$\underline{Y}_i - \underline{Y}\Big|_{\Delta\underline{x}(0) = \underline{e}_i} = \underline{Q}\,\underline{e}_i = \underline{q}_i \qquad (3.15)$$

hierin ist $\underline{e}_i$ der i-te Einheitsvektor, der an der i-ten Stelle eine 1 und ansonsten nur die Elemente 0 enthält. $\underline{q}_i$ ist die i-te Spalte der Matrix $\underline{Q}$.

Jetzt stellen wir die Frage, wie gut sich dieser spezielle Vektor $\underline{Y}_i$, der nur von der i-ten Zustandsvariablen ursächlich herrührt, von jedem anderen Informationsvektor unterscheidet, den eine beliebige Linearkombination von Anfangsauslenkungen der übrigen Zustandsvariablen erzeugt. Insbesondere interessiert uns die Unterscheidbarkeit von demjenigen Meßfolgenvektor $\underline{Y}^*_i$, der dem Vektor $\underline{Y}_i$ am ähnlichsten (hier im Sinne der kleinsten Quadratnorm des Differenzvektors) ist:

$$\underline{Y}_i^* = \sum_{\substack{j=1 \\ j\neq i}}^{2n} \alpha_j \, \underline{q}_j \quad \text{mit} \quad \|\underline{Y}_i - \underline{Y}_i^*\|_2 \rightarrow \underset{\alpha_j}{\text{Min}} \tag{3.16}$$

Mit diesem Vektor, der gewissermaßen am ehesten mit $\underline{Y}_i$ verwechselt werden kann, insbesondere wenn die Meßwerte ungenau und verrauscht sind, wird das Beobachtbarkeitsmaß für die i-te Zustandsvariable x_i definiert:

$$\beta(x_i) = \|\underline{Y}_i - \underline{Y}_i^*\|_2 \tag{3.17}$$

Je größer die Maßzahl $\beta(x_i)$ ist, desto mehr unterscheidet sich der Informationsvektor $\underline{Y}_i$ von dem "ähnlichsten" Vektor $\underline{Y}_i^*$, desto besser ist also die Zustandsvariable x_i in den Meßwertefolgen erkennbar.

Zur Bestimmung von $\underline{Y}_i^*$ sind die 2n-1 Koeffizienten α_j in (3.16) so zu ermitteln, daß die Quadratnorm des Differenzvektors $\underline{Y}_i - \underline{Y}_i^*$ minimal wird. Hierzu schreiben wir folgende Bestimmungsgleichung für die zum (2n-1)x1 - Vektor $\underline{\alpha}$ zusammengefaßten Koeffizienten α_j

$$\underline{Y}_i^* = \underline{Q}_i \, \underline{\alpha} \overset{?}{=} \underline{Y}_i \tag{3.18}$$

(Die 2n x (2n-1) - Matrix $\underline{Q}_i$ hierin entsteht dadurch, daß man in der Matrix $\underline{Q}$ die i-te Spalte streicht.)

Ist diese Gleichung konsistent, d.h. mit einem Vektor $\underline{\alpha}$ erfüllbar, dann ist $\beta(x_i) = 0$ und folglich ist x_i nicht beobachtbar. Für den Fall, daß (3.18) inkonsistent, also nicht erfüllbar ist, hat Penrose [65] gezeigt, daß die Wahl

$$\underline{\alpha} = (\underline{Q}_i)^{\#} \cdot \underline{Y}_i \tag{3.19}$$

die Differenz zwischen rechter und linker Seite von (3.18) im quadratischen Sinne, d.h. aber die Quadratnorm des Fehlervektors $\beta(x_i)$ minimiert. Hierbei ist $(\underline{Q}_i)^{\#}$ die sogenannte Moore-Penrose-Pseudoinverse der Matrix $\underline{Q}_i$:

$$(\underline{Q}_i)^{\#} = (\underline{Q}_i^T \cdot \underline{Q}_i)^{-1} \cdot \underline{Q}_i^T \tag{3.20}$$

Mit (3.19) und (3.20) lassen sich die Koeffizienten α_j berechnen, die den Vektor $\underline{Y}_i^*$ und damit schließlich das Beobachtbarkeitsmaß $\beta(x_i)$ festlegen.

3.3.2 Anwendung des Beobachtbarkeitsmaßes auf das Verkehrsflußmodell

Wenn einmal die Parameter in den Modellgleichungen festgelegt sind, dann hängt das soeben eingeführte Beobachtbarkeitsmaß von der Zahl der gemessenen Ausgangsgrößen, vom Arbeitspunkt und von der Zahl n der Segmente im Abschnitt ab (die Länge der Segmente ist dabei als konstant vorausgesetzt). Diese Abhängigkeit soll nun auf der Grundlage des validierten Verkehrsfluß-Modells (2.25) untersucht werden. Bei der Bewertung der hier vorgelegten Ergebnisse ist zu bedenken, daß diese Aussagen aus der um den jeweiligen Arbeitspunkt linearisierten Systembeschreibung gewonnen und daher quantitativ nur für die Bewegung in der näheren Umgebung der Arbeitspunkte gelten. Die Stetigkeit der Nichtlinearitäten des Modells und ihre mäßige Krümmung berechtigen aber zu der Annahme, daß die Aussagen auch für das nichtlineare Modell repräsentativ sind.

Für alle Zahlenangaben wurde die Dichte auf die Einheit Fhz/100m, die Geschwindigkeit auf die Einheit 10m/s und die Verkehrsstärke auf die Einheit Fhz/5s normiert, um die Zahlenwerte für diese Variablen auf die gleiche Größenordnung zu bringen. Die Anzahl K der verwendeten Meßzeitpunkte wurde mit 4n, also mit der doppelten Systemordnung angesetzt.

(A) Abhängigkeit von der Anzahl der Meßgrößen

Aus den im Kapitel 5 vorzustellenden Möglichkeiten zur Meßdatenaufbereitung und zur Zustandsschätzung ist zu erkennen, daß der algorithmische Aufwand mit der Zahl der herangezogenen Meßgrößen beträchtlich zunimmt. Auf der anderen Seite liegt es auf der Hand, daß eine Verkehrsüberwachung desto zuverlässiger erfolgen kann, je mehr Messungen und je mehr Informationen damit aus dem Verkehrsgeschehen verwertet werden. Das eingeführte Beobachtbarkeitsmaß bietet die Möglichkeit, den Informationsgewinn zahlenmäßig auszuweisen, der mit der Verwendung einer bestimmten Anzahl von Meßgrößen verbunden ist.

In Bild 3.6 ist der Verlauf von $\beta(v_j)$ für $j=1,2,\ldots 6$ bei einem Arbeitspunkt von $\bar{c}$ = 30 Fhz/km dargestellt, wobei eine Abschnittslänge von 3 km zugrunde lag, die in sechs gleichlange Segmente unterteilt wurde. Die Werte von β , die sich eigentlich als diskrete Punkte über dem jeweiligen Segment darstellen, wurden zur besseren Anschaulichkeit zu einem Polygonzug verbunden. Die Ergebnisse für die Dichte c_j zeigen ein ähnliches Verhalten, auf dessen Wiedergabe hier verzichtet wurde.

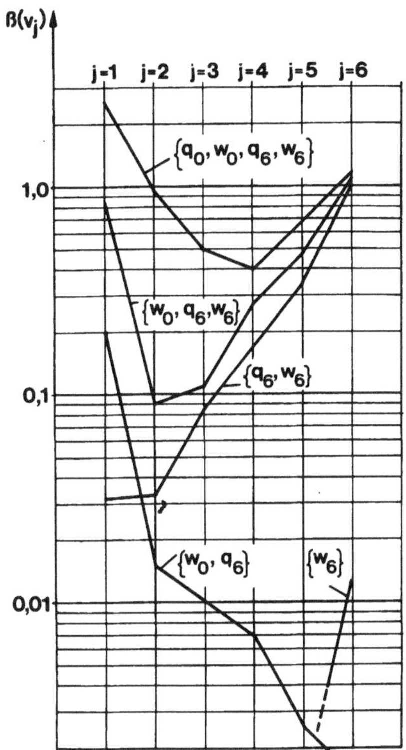

Bild 3.6 Beobachtbarkeit der mittleren Geschwindigkeit v_j entlang eines 3 km langen Straßenabschnitts mit sechs Segmenten bei Auswertung verschiedener Kombinationen von Meßgrößen (Arbeitspunkt: $\bar{c}$ = 30 Fhz/km)

Aus der Darstellung wird deutlich, daß es zweckmäßig ist, drei oder vier Meßgrößen auszuwerten, will man die Gewähr haben, daß der Verkehrszustand über die gesamte Abschnittslänge in den Meßgrößen sich wahrnehmbar abzeichnet. Die Verwendung von nur einer Meßgröße, z.B. w_6 oder q_6 (für die der entsprechende Kurvenzug unterhalb des wiedergegebenen Bereichs im Bild 3.6 liegt), ist der Straßenabschnitt praktisch nicht mehr beobachtbar. Daß der Verkehrszustand aus der Messung der Verkehrsstärke allein nicht beobachtbar ist, wurde anhand eines einfacheren Modells auch von Nahi und Trivedi [66] festgestellt.

Von diesen Ergebnissen her ist die Auswertung der vier Meßgrößen w_0, q_0, w_n, q_n vorzuziehen. In diesem Fall hat man aber alle Größen an den Rändern des Abschnitts als Reaktionen des Systems auf den inneren Zustand festgelegt, so daß eine ursächliche Beeinflussung des Verkehrs von außen nicht mehr berücksichtigt werden kann. In Wirklichkeit sind alle diese Größen einerseits Informationsträger über die Situation im Abschnittsinnern, andererseits beinhalten sie aber auch die von außen an das System herangetragenen Einflüsse, die Ursache für das Verkehrsgeschehen sind; wir werden hierauf noch im nächsten Kapitel eingehend zu sprechen kommen. Bei der Meßdatenaufbereitung muß man sich nun bei jeder Meßgröße entscheiden, welche der beiden in jeder Größe vereinten Rollen man den einzelnen Meßgrößen zuordnet. Im Falle, daß alle vier Meßgrößen als Ausgangsgrößen und damit als Reaktion des Systems gedeutet werden, müssen die Einflüsse von außen etwas künstlich durch Extrapolation der Verhältnisse an den Rändern ersetzt werden. Von daher kann es zweckmäßig sein, nur die drei Größen w_0, w_n und q_n als "Ausgangsgrößen" anzusehen und den Zufluß am Eingang q_0 als "Eingangsgröße" zu betrachten, die den Verkehrsablauf bestimmt. Eine endgültige Klärung dieser Frage muß anhand realer Verkehrsdaten erfolgen und bleibt dem Kapitel 5 vorbehalten.

(B) Abhängigkeit vom Arbeitspunkt

Das Beobachtbarkeitsmaß $\beta(\cdot)$ wurde auch für verschiedene Abschnittslängen in Abhängigkeit vom Arbeitspunkt $\{\bar{c},V_0(\bar{c})\}$ untersucht. Es zeigte sich dabei, daß die Beobachtbarkeit der einzelnen Variablen nur wenig vom Arbeitspunkt abhängt, wobei die Abhängigkeit in der Abschnittsmitte noch am deutlichsten hervortritt. In der Tabelle 3.2 sind die Werte $\beta(v_4)$ für die Geschwindigkeit v_4 im vierten von insgesamt sechs Segmenten für drei bzw. vier ausgewertete Meßwertefolgen zusammengestellt.

Tabelle 3.2 Beobachtbarkeitsmaß $\beta(v_4)$ in Abhängigkeit von der Dichte $\bar{c}$ am Arbeitspunkt bei n = 6 Segmenten

$\beta(v_4)$	$\bar{c}$ = 20 Fhz/km	$\bar{c}$ = 30 Fhz/km	$\bar{c}$ = 40 Fhz/km	$\bar{c}$ = 50 Fhz/km	$\bar{c}$ = 60 Fhz/km
drei Meßgrößen w_0, w_6, q_6	0,24	0,28	0,29	0,28	0,25
vier Meßgrößen w_0, q_0, w_6, q_6	0,31	0,38	0,45	0,49	0,38

(C) Abhängigkeit von der Zahl n der Segmente

Eine für eine gerätetechnische Realisierung bedeutungsvolle Frage ist die nach dem zulässigen Abstand zwischen zwei Sensorgruppen, d.h. nach der Zahl der dazwischen liegenden Segmente bei fester Segmentlänge. Gefühlsmäßig wird man erwarten, daß die Verhältnisse in der Abschnittsmitte desto schlechter an den Meßstellen zu erkennen sind, je weiter diese auseinanderliegen, also je mehr Segmente in einem Abschnitt zusammengefaßt sind. In welchem Grade die Beobachtbarkeit aber wirklich abnimmt, läßt sich nun mit dem Maß $\beta(\cdot)$ quantitativ erfassen. Eine Untersuchung dieser Frage hat das in Bild 3.7 wiedergegebene Verhalten ergeben, das in ähnlicher Weise auch für andere als dem hier gewählten Arbeitspunkt $\overline{c}$ = 30 Fhz/km gilt. Verwendet man nur drei Meßgrößen statt wie hier vier, dann sind die Verhältnisse in der Tendenz ähnlich, der Abfall von β zur Mitte zu ist aber noch stärker ausgeprägt. Eine Auswertung von nur zwei Meßgrößen war bereits ab fünf Segmenten so ungünstig, daß auch aus dieser Sicht die Unzweckmäßigkeit von nur einer oder zwei herangezogenen Meßgrößen zu Tage tritt.

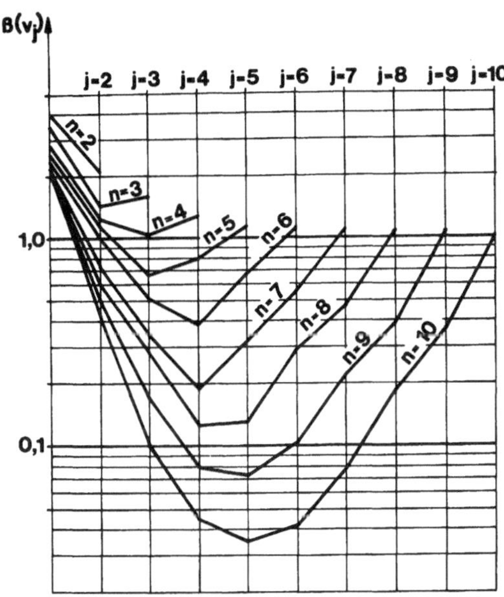

Bild 3.7 Beobachtbarkeit der mittleren Geschwindigkeit v_j entlang von Straßenabschnitten mit n = 2 bis n = 10 Segmenten der Länge 500 m bei Auswertung aller vier Meßgrößen (Arbeitspunkt: $\overline{c}$ = 30 Fhz/km)

Zusammenfassend lassen sich folgende Ergebnisse festhalten:

- will man aus lokalen Messungen an den Abschnittsenden auf den Zustand im Innern schließen, sollte man mindestens drei der vier Meßgrößen q_0, w_0, q_n, w_n auswerten;
- ein Abschnitt sollte dabei nicht länger als 4 bis 5 km sein (z.B. acht bis zehn Segmente einer Länge von ca. 500 m);

- im Gegensatz zu anderen Eigenschaften des Verkehrsflusses hängt die Beobachtbarkeit nur wenig vom Arbeitspunkt ab.

3.4 Beeinflußbarkeit des Verkehrszustands

3.4.1 Problemstellung und theoretische Grundlagen

Wie im vorangegangenen Abschnitt über den Begriff der Beobachtbarkeit die meßtechnische Zugänglichkeit des Prozesses "Verkehrsfluß" analysiert wurde, so soll hier über einen anderen Begriff, die Beeinflußbarkeit, der Zugriff auf den Prozeß durch gezielte Stellgrößen bewertet werden. Als solche wollen wir dabei die Kontingentierung der Rampenzuflüsse und eine abschnittsweise Geschwindigkeitsbeschränkung betrachten. Diese Stellgrößen wurden bereits im vorangegangenen Kapitel als wählbare Eingangsgrößen auf ihre Wirkung untersucht und mit den Beziehungen (2.16) und (2.17) in die Modellgleichungen integriert.

Wie im vorangegangenen Abschnitt sollen die hier erarbeiteten Aussagen mit Hilfe der linearen Theorie erfolgen, d.h. sie beziehen sich jeweils nur auf kleine Auslenkungen um einen Arbeitspunkt, für die eine linearisierte Systembeschreibung gilt. Berücksichtigt man dabei in den Modellgleichungen auch Änderungen in den Stellgrößen u_1 und u_2, dann führt eine Linearisierung um einen Arbeitspunkt $c_j = \overline{c}$, $v_j = V(\overline{c},\overline{u}_2)$ zu einem Differenzengleichungssystem der Form

$$\Delta\underline{x}(k+1) = \underline{F}(\overline{c},\overline{u}_2) \cdot \Delta\underline{x}(k) + \underline{B}(\overline{c},\overline{u}_2) \cdot \Delta\underline{u}(k) \tag{3.22}$$

Hierin sind die Stellgrößen $\Delta u_1(k)$ und $\Delta u_2(k)$ zum Stellgrößenvektor $\Delta\underline{u}(k)$ zusammengefaßt. Die mitunter auch in den Eingangsgrößenvektor aufgenommenen Randwerte für die Differenzengleichungen des ersten und des letzten Segmentes sind hier entweder als konstant angenommen oder durch Randbedingungen der Form (2.36) ersetzt worden (vgl. Modellgleichungen im Anhang zu diesem Kapitel). Die Matrizen $\underline{F}(\overline{c},\overline{u}_2)$ und $\underline{B}(\overline{c},\overline{u}_2)$ sind im Anhang zu diesem Kapitel zu finden.

Es sei nun der Anfangszustand $\Delta\underline{x}(0) = \underline{0}$ vorgegeben. Durch wiederholte Anwendung der Vektordifferenzengleichung (3.22) läßt sich dann verfolgen, wie eine Folge von Stellsignalen $\Delta\underline{u}(0)$, $\Delta\underline{u}(1)$, ... $\Delta\underline{u}(K)$ sich auf den Zustandsvektor in seiner zeitlichen Bewegung auswirkt

$$\begin{aligned} \Delta\underline{x}(1) &= \underline{B}\cdot\Delta\underline{u}(0) \\ \Delta\underline{x}(2) &= \underline{F}\cdot\underline{B}\cdot\Delta\underline{u}(0) + \underline{B}\cdot\Delta\underline{u}(1) \\ &\vdots \\ \Delta\underline{x}(K) &= \underline{F}^{K-1}\cdot\underline{B}\cdot\Delta\underline{u}(0) + \ldots + \underline{F}\cdot\underline{B}\cdot\Delta\underline{u}(K-2) + \underline{B}\cdot\Delta\underline{u}(K-1) \end{aligned} \tag{3.23}$$

Für den Zustand nach K Zeitschritten kann auch durch formale Zusammenfassung geschrieben werden:

$$\Delta\underline{x}(K) = \left[\underline{B},\ \underline{FB},\ \underline{F}^2\underline{B},\ \ldots\ \underline{F}^{K-1}\underline{B}\right]\cdot\begin{bmatrix}\Delta\underline{u}(K-1)\\ \Delta\underline{u}(K-2)\\ \vdots \\ \Delta\underline{u}(0)\end{bmatrix} = \underline{S}\cdot\underline{U} \tag{3.24}$$

Angesichts dieser Gleichung stellt sich nun die Frage, ob sich innerhalb der näheren Umgebung des gewählten Arbeitspunktes, für die die linearisierte Systembeschreibung gilt, jeder Endzustand $\Delta\underline{x}(K)$ durch eine geeignete Wahl der Stellgrößenfolge erreichen läßt. Die Zeitfolge der Stellvektoren wurde in (3.24) zur Verkürzung der Schreibweise zum Aktionsvektor $\underline{U}$, einem Vektor mit 2 x K Komponenten zusammengefaßt.

Nach den Gesetzen der Matrizenrechnung ist diese Frage für die linearisierte Systemdarstellung genau dann positiv zu beantworten, wenn der Spaltenrang der Matrix $\underline{S}$ in (3.24) gleich der Ordnung 2n des Systems ist, wenn nämlich die Vektorgleichung (3.24) für jeden Endzustand $\Delta\underline{x}(K)$ nach den unbekannten Stellgrößen im Aktionsvektor $\underline{U}$ aufgelöst werden kann. Der Rang von $\underline{S}$, der zunächst von der Anzahl K der Zeitschritte abhängt, nimmt nicht mehr zu, wenn K die Ordnung 2n des Systems übersteigt [59], so daß sich ein beliebiger Endzustand $\Delta\underline{x}(K)$ nur dann erreichen läßt, wenn er auch in 2n Schritten erreicht werden kann.

Offenbar ist der Rang der Matrix $\underline{S}$ und damit die Antwort auf die oben ausgesprochene Frage von den Matrizen $\underline{F}$ und $\underline{B}$ abhängig, also eine Systemeigenschaft. Diese wird durch die folgende Definition begrifflich gefaßt:

<u>Definition 3.5</u> : Eine geschlossene Umgebung U um eine Ruhelage $\bar{\underline{x}}$ eines zeitinvarianten, diskreten Systems heißt <u>vollständig erreich-</u>

bar, wenn sich jeder Zustand $\underline{x}(K)$ in U von der Ruhelage aus durch geeignete Wahl der Stellsignalfolge $\underline{u}(0)$, $\underline{u}(1)$, ..., $\underline{u}(K-1)$ bei hinreichend großer aber endlicher Schrittzahl K erreichen läßt.

Nach den Ausführungen von oben ist also bei einem linearen, zeitdiskreten System der gesamte Zustandsraum genau dann vollständig erreichbar, wenn der Rang der Matrix $\underline{S}$ gleich der Ordnung des Systems ist.*

Wie im Falle der Beobachtbarkeit ist hier die bloße Feststellung der vollständigen Erreichbarkeit aller Zustände im Prozeß des Verkehrsflusses von untergeordnetem Interesse. Vielmehr soll wiederum ein Maß eingeführt werden, mit dem nicht nur die Qualität dieser Eigenschaft für das System als Ganzes bemessen werden kann, sondern sich auch bezüglich der einzelnen Zustandsvariablen spezifisch bewerten läßt. Aus diesem auf die einzelnen Zustandsgrößen bezogenen Maß kann dann abgelesen werden, inwieweit die vorgesehenen Steuerungsmöglichkeiten in der Lage sind, gezielt auf die Verhältnisse in jedem Segment Einfluß zu nehmen.

Auch hier wird von den etwas unanschaulichen Maßzahlen, die in der Literatur zu finden sind, kein Gebrauch gemacht [62,63,64]. Statt dessen soll ein anderer Maßbegriff in Analogie zum Beobachtbarkeitsmaß des vorangegangenen Abschnitts eingeführt werden. Hierzu wird zunächst (3.24) nach dem Vektor $\underline{U}$ der Stellaktionen aufgelöst:

$$\underline{U} = \underline{S}^T \cdot (\underline{S} \cdot \underline{S}^T)^{-1} \cdot \Delta\underline{x}(K) = \underline{R} \cdot \Delta\underline{x}(K) \qquad (3.25)$$

mit $\underline{R} = \underline{S}^T \cdot (\underline{S} \cdot \underline{S}^T)^{-1}$

Wie bei der Einführung des Beobachtbarkeitsmaßes wollen wir auch hier darauf hinaus, den mit einem speziellen Zustandsvektor verbundenen Aktionsvektor $\underline{U}$ hinsichtlich seiner Unterscheidbarkeit von denjenigen Stellfolgen zu untersuchen, die mit einer Linearkombination von anderen Zustandsvektoren verknüpft sind.

---

* Die Beeinflußbarkeit des Prozesses könnte auch anhand des von Kalman in [61] eingeführten Begriffs der vollständigen Steuerbarkeit untersucht werden, bei dem es darum geht, jede Anfangsauslenkung in endlicher Schrittzahl in die Ruhelage zu überführen. Da aber infolge des konvektiven Charakters des Verkehrsflusses Auslenkungen in den Segmenten am Abschnittsende weitgehend durch das System selbst abgebaut werden, obwohl der Zugriff zu diesen Variablen verhältnismäßig schlecht ist, ist im vorliegenden Fall die Bewertung der Erreichbarkeit sinnvoller.

Für den Vektor der Stellaktionen, die in K Schritten vom Nullzustand $\underline{x}_o = \underline{O}$ aus nur die i-te Zustandsgröße um eine Einheit auslenken und die anderen bei Null belassen, kann dann nach (3.25) geschrieben werden

$$\underline{U}_i = \underline{S}^T \cdot (\underline{S} \cdot \underline{S}^T)^{-1} \cdot \underline{e}_i = \underline{R} \cdot \underline{e}_i = \underline{r}_i \ . \tag{3.26}$$

(Hierin wurde vorausgesetzt, daß die Matrix $\underline{S}$ vollen Rang hat, daß die angeschriebene Inverse also tatsächlich existiert).

Jetzt stellen wir wieder die Frage, wie gut sich dieser Vektor $\underline{U}_i$ von jedem anderen Vektor $\underline{U}$ unterscheidet, der zu einem Endzustand aus einer beliebigen Linearkombination der anderen Zustandsvariablen führt. Von besonderem Interesse ist hierunter derjenige Vektor $\underline{U}_i^*$, der sich am wenigsten im Sinne einer kleinsten Quadratnorm des Differenzvektors von dem Aktionsvektor $\underline{U}_i$ unterscheidet:

$$\underline{U}_i^* = \sum_{\substack{j=1 \\ j \neq i}}^{2n} \alpha_j^* \, \underline{r}_j = \underline{R}^i \cdot \underline{\alpha}^i \tag{3.27}$$

$$\text{mit} \left\{ \alpha_j^* \right\} \text{ so, daß } \|\underline{U}_i - \underline{U}_i^*\|_2 \rightarrow \underset{\{\alpha_j\}}{\text{Min}} \ .$$

(Die K x (2n-1)-Matrix $\underline{R}^i$ erhält man, indem man die i-te Spalte in der Matrix $\underline{R}$ streicht.)

Die Koeffizienten α_j^* lassen sich - zum Vektor $\underline{\alpha}^i$ zusammengefaßt - wie bei der Ableitung des Beobachtbarkeitsmaßes (Gleichungen (3.18) bis (3.20)) mit Hilfe der Penroseschen Pseudoinversen berechnen:

$$\underline{\alpha}^i = (\underline{R}^i)^\# \cdot \underline{U}_i \tag{3.28}$$

Man erhält dann für die Quadratnorm des Differenzvektors zwischen dem Aktionsvektor $\underline{U}_i$ und seinem "ähnlichsten" Vektor $\underline{U}_i^*$

$$\|\underline{U}_i - \underline{U}_i^*\|_2 = \|\underline{r}_i + \underline{R}^i(\underline{R}^{i^T} \cdot \underline{R}^i)^{-1} \cdot \underline{r}_i\|_2 \tag{3.29}$$

Bei der Festlegung des Beobachtbarkeitsmaßes $\beta(x_i)$ war die Norm der Differenz zwischen dem Informationsvektor $\underline{Y}_i$ und seinem "ähnlichsten" Vektor $\underline{Y}_i^*$ direkt als Maß für die Selektierbarkeit eines speziellen Anfangszustands aus den Meßfolgen zu verwenden. Je größer diese Norm ist, desto besser ist die Unterscheidbarkeit, desto deutlicher kann dieser spezielle Anfangszustand aus der Meßfolge erkannt werden. Im hier untersuchten Fall der Beeinflussung eines Systems ist zusätzlich zu berücksichtigen, daß die Norm des Aktionsvektors $\|\underline{U}_i\|_2$ an sich auch eine Aussage macht zur Qualität der Beeinflußbarkeit: je größer die Norm von $\underline{U}_i$ ist, desto größer ist der erforderliche Stellaufwand, desto schlechter ist die Beeinflußbarkeit zu bewerten.

Beide Gesichtspunkte, der einer hohen Selektivität der Stellaktionen und der eines geringen Stellgrößenaufwands, sind in dem folgenden Maß für die Beeinflußbarkeit vereint:

$$\sigma(x_i) = \frac{\|\underline{U}_i - \underline{U}_i^*\|_2}{\|\underline{U}_i\|_2} \tag{3.30}$$

3.4.2 Bewertung der Beeinflußbarkeit beim Verkehrsflußmodell

Das hier eingeführte Maß für die Beeinflußbarkeit eines Systems durch vorgegebene Stellgrößen ist allein bestimmt durch die Systemmatrix $\underline{F}$ und die Matrix $\underline{B}$. Im Falle des Verkehrsflußmodells ist die Zeilenzahl 2n dieser Matrizen durch die Zahl der Segmente n des betrachteten Abschnitts gegeben. Bei festen Modellparametern hängen die Elemente der Matrizen $\underline{F}$ und $\underline{B}$, die aus einer Linearisierung der an sich nichtlinearen Systemgleichungen hervorgegangen sind, auch noch vom Arbeitspunkt $c_j = \overline{c}$, $v_j = V(\overline{c},\overline{u}_2)$ ab.

Beide Abhängigkeiten wurden hier für das an reale Meßdaten angepaßte Verkehrsflußmodell (2.25) untersucht. Wie auch bei der Beobachtbarkeit zeigte es sich, daß die Beeinflußbarkeit in einem weiten Bereich der Dichte $\overline{c}$ am Arbeitspunkt nur mäßig von dieser abhängt, was sich damit erklären läßt, daß sich an der grundsätzlichen Struktur des Systems beim Übergang von einem Arbeitspunkt zum anderen nichts ändert. Dagegen zeigt sich, ähnlich wie bei der Beobachtbarkeit, eine starke Abnahme der Beeinflußbarkeit mit wachsender Segmentzahl. Dies ist für eine Dichte am Arbeitspunkt von $\overline{c}$ = 30 Fhz/km im Bild 3.8 dargestellt.

Zur Bewertung dieses Ergebnisses sind einige Bemerkungen angebracht. Während es für die Überwachung des Verkehrszustands von Bedeutung ist, jede mögliche Konstellation des Zustands aus den Meßdaten entnehmen zu können, ist das Ziel einer Einflußnahme weniger spezifisch. Tatsächlich wird es kaum das Ziel sein, die Dichte c_j in einem einzelnen Segment zu einem festen Zeitpunkt über das Niveau in den Nachbarsegmenten

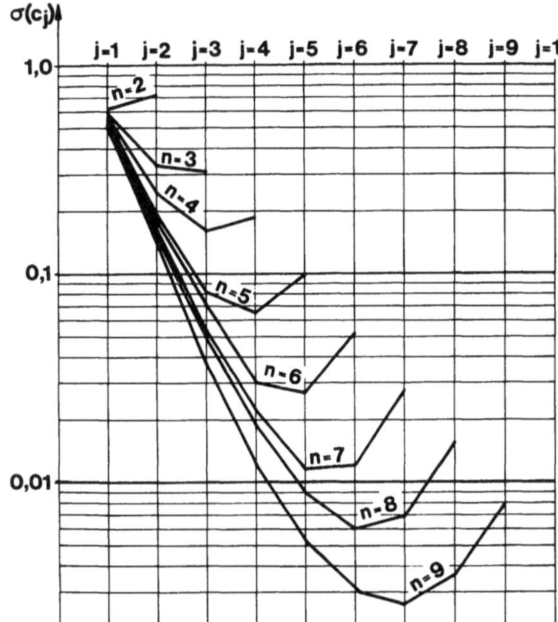

Bild 3.8 Beeinflußbarkeit $\sigma(c_j)$ entlang von Abschnitten mit n Segmenten für verschiedene Abschnittslängen $n \cdot \Delta_j$ (Segmentlänge $\Delta_j = 500$ m, konstant)

anzuheben, wie das bei der Formulierung des Beeinflußbarkeitsmaßes betrachtet wurde. Vielmehr wird es die Absicht von Regelungsmaßnahmen sein, einen über alle Segmente gleichmäßigen Verkehrsfluß herbeizuführen (vgl. Kapitel 6). Für ein solches pauschales Regelziel ist der Abfall der Beeinflußbarkeit mit zunehmender Segmentzahl nicht so stark zu bewerten.

In der Praxis wird man außerdem eine Änderung der Stellsignale u_1 und u_2 im zeitlichen Takt der Modellgleichungen kaum zulassen können, wie sie hier stillschweigend angenommen wurde. Vielmehr wird man sich aus Zweckmäßigkeitserwägungen darauf beschränken, die Stellgrößen in einem langsameren Takt (z.B. alle 4 min. statt alle T = 10 s) zu verändern, was die Beeinflußbarkeit des Systems in der Praxis wiederum mindert. Aus beiden Gründen ist es naheliegend, die hier erhaltenen Ergebnisse weniger quantitativ als vielmehr qualitativ zu interpretieren.

Als Tendenz läßt sich aus Bild 3.8 ablesen, daß die Beeinflußbarkeit mit wachsender Segmentzahl und damit mit wachsender Länge der Abschnitte abnimmt. Nun ist die Zahl der Zufahrtsrampen nicht frei wählbar, sondern durch den Bedarf der anliegenden Siedlungen bestimmt, so daß hier die

Häufigkeit der Zufahrten und damit die Beeinflußbarkeit über die Stellgrößen u_1 nicht zur Disposition stehen und als gegeben angesehen werden müssen. Demnach kann man - soweit es die Kontingentierung der Zufahrten betrifft - bei Straßen mit einer dichteren Rampenfolge, z.B. bei innerstädtischen Schnellstraßen einen besseren Zugriff zum Verkehrsgeschehen erwarten.

Auch bezüglich der zweiten Stellgröße, der Geschwindigkeitsbeschränkung u_2 , hat man hinsichtlich der Länge eines Straßenabschnitts keine unbegrenzt freie Wahl. Eine zu geringe Abschnittslänge, d.h. eine zu dichte Folge von Wechselverkehrszeichen mit unterschiedlicher Vorgabe der Höchstgeschwindigkeit würde die Fahrer verwirren und zur Nichtbeachtung veranlassen. Auf der anderen Seite deuten die erhaltenen Ergebnisse an, daß bei einer zu groben räumlichen Stufung der mit einer einheitlichen Begrenzung belegten Straßenabschnitte der Verkehr sich schlechter beeinflussen läßt. Hier gilt es einen sinnvollen Kompromiß zu finden, der insbesondere der Befolgung solcher Maßnahmen durch den einzelnen Kraftfahrer Rechnung trägt. Hierfür sind sicher noch eine Reihe von Untersuchungen aus verkehrstechnischer und anthropotechnischer Sicht notwendig, ehe eine fundierte Entscheidung getroffen werden kann. Vorläufig mag hier eine Abschnittslänge von 3 km bis 5 km angenommen werden, die ein Fahrzeug mittlerer Geschwindigkeit in zwei bis drei Minuten zurücklegt. Dies entspricht auch der Länge eines Straßenabschnitts, wie er für eine effektive Überwachung aus dem Beobachtbarkeitsmaß gefolgert wurde. Dieser Anhaltswert für eine Abschnittslänge wird auch im Kapitel 6 bei der Entwicklung von Regelungskonzepten übernommen.

Anhang zu Kapitel 3

Darstellung der Matrizen $\underline{F}(\cdot)$, $\underline{B}(\cdot)$ und $\underline{H}(\cdot)$ der linearisierten Systembeschreibung in Abhängigkeit vom Arbeitspunkt $\overline{c}$, $\overline{v}$.

Systemgleichungen des deterministischen Einkomponentenmodells (Gln. (2.25)) mit Stellgrößen:

1. Segment

$$c_1(k+1) = c_1(k) + \frac{T}{\Delta_1}\left[q_o + r_1(u_1) - \alpha \cdot c_1 v_1 - (1-\alpha) \cdot c_2 v_2 \right]_{(k)}$$

$$v_1(k+1) = v_1(k) + \frac{T}{\tau}\left[V(c_1,u_2) - v_1 \right]_{(k)} + \frac{T}{\Delta_1}\left[v_1 \cdot \varepsilon \cdot (v_1 - v_2) \right]_{(k)}$$

$$+ \frac{\nu}{\Delta_1} \cdot \frac{T}{\tau}\left[\frac{c_1 - c_2}{c_1 + \kappa} \right]_{(k)} \tag{3.31}$$

j-tes Segment

$$c_j(k+1) = c_j(k) + \frac{T}{\Delta_j}\left[\alpha\, c_{j-1} v_{j-1} + (1-2\alpha) c_j v_j - (1-\alpha) c_{j+1} v_{j+1} \right]_{(k)}$$

$$v_j(k+1) = v_j(k) + \frac{T}{\tau}\left[V(c_j,u_2) - v_j \right]_{(k)} + \frac{T}{\Delta_j}\left[v_j \cdot (v_{j-1} - v_j) \right]_{(k)}$$

$$+ \frac{\nu}{\Delta_j} \cdot \frac{T}{\tau}\left[\frac{c_j - c_{j+1}}{c_j + \kappa} \right]_{(k)} \tag{3.32}$$

n-tes Segment

$$c_n(k+1) = c_n(k) + \frac{T}{\Delta_n}\left[(\alpha + (1-\alpha)\varepsilon) c_{n-1} v_{n-1} - s_n - (\alpha + (1-\alpha)\varepsilon) c_n v_n \right]_{(k)}$$

$$v_n(k+1) = v_n(k) + \frac{T}{\tau}\left[V(c_n,u_2) - v_n \right]_{(k)} + \frac{T}{\Delta_n}\left[v_n (v_{n-1} - v_n) \right]_{(k)}$$

$$+ \frac{\nu}{\Delta_n} \cdot \frac{T}{\tau} \cdot \varepsilon \left[\frac{c_{n-1} - c_n}{c_n + \kappa} \right]_{(k)} . \tag{3.33}$$

Hierin wurde in Ergänzung zu (2.25) für die Randsegmente die unbekannte Vorwärts- (Rückwärts-) Differenz durch die bekannte, mit dem Extrapolationsfaktor ε multiplizierte Rückwärts- (Vorwärts-) Differenz gemäß (2.36) ersetzt $(0 \le \varepsilon \le 1)$.

Als Ausgangs- oder Meßgrößen für die Aufgabe der Verkehrsüberwachung werden betrachtet:

$$
\begin{aligned}
q_0(k) &= [\, c_1 v_1 - \alpha\,\varepsilon\,(c_2 v_2 - c_1 v_1) \,]_{(k)} \\
w_0(k) &= [\, v_1 - \alpha\,\varepsilon\,(v_2 - v_1) \,]_{(k)} \\
q_n(k) &= [\, c_n v_n + (1-\alpha)\,\varepsilon\,(c_n v_n - c_{n-1} v_{n-1}) \,]_{(k)} \\
w_n(k) &= [\, v_n + (1-\alpha)\,\varepsilon\,(v_n - v_{n-1}) \,]_{(k)}
\end{aligned}
\tag{3.34}
$$

Als Eingangs- oder Stellgrößen werden Beschränkungen des Rampenzuflusses r_1 und der zulässigen Höchstgeschwindigkeit in der folgenden Weise modelliert:

Kontingentierung einer Rampenzufahrt:

$$r_1(u_1) = r^o \cdot u_1(k) \quad \text{mit} \quad 0 \le u_1(k) \le 1 \,. \tag{3.35}$$

Geschwindigkeitsbeschränkungen wirken auf die stationäre Geschwindigkeits-Dichte-Charakteristik:

$$V(c,u_2) = V_f \cdot u_2 \cdot \left[1 - \left(\frac{c}{c_{max}}\right)^{(l-1)(3-2u_2)} \right]^{\frac{1}{1-m}} \tag{3.36}$$

mit $0{,}6 \le u_2 \le 1$.

Das Gleichungssystem hat in vektorieller Schreibweise formal das Aussehen

$$\underline{x}(k+1) = \underline{f}(\underline{x}(k),\underline{u}(k)) \;, \quad \underline{y}(k) = \underline{g}(\underline{x}(k)) \;. \tag{3.37}$$

Die für eine Linearisierung um einen Arbeitspunkt $(\bar{c},\bar{v},\bar{u}_1,\bar{u}_2)$ zu berechnenden Matrizen folgen aus den Beziehungen

$$\underline{F} = \left.\frac{\delta\,\underline{f}}{\delta\,\underline{x}}\right|_{\bar{c},\bar{v},\bar{u}_1,\bar{u}_2} ; \quad \underline{B} = \left.\frac{\delta\,\underline{f}}{\delta\,\underline{u}}\right|_{\bar{c},\bar{v},\bar{u}_1,\bar{u}_2} ; \quad \underline{H} = \left.\frac{\delta\,\underline{g}}{\delta\,\underline{x}}\right|_{\bar{c},\bar{v},\bar{u}_1,\bar{u}_2} \tag{3.38}$$

Die Elemente dieser Matrizen sind in Abhängigkeit von den Variablen am Arbeitspunkt und von den Systemparametern im Folgenden explizit dargestellt.

Systemmatrix $\underline{F}(\bar{c}, \bar{u}_2)$

$$
\underline{F}(\bar{c},\bar{u}_2) =
\left[\begin{array}{ccccccccc}
\left[1-\frac{T}{\Delta_1}\alpha\bar{v}\right] & -\frac{T}{\Delta_1}\alpha\bar{c} & -\frac{T}{\Delta_1}(1-\alpha)\bar{v} & -\frac{T}{\Delta_1}(1-\alpha)\bar{c} & 0\ \dots & & & & \\
\left[\frac{T}{\tau}V_c(\bar{c},\bar{u}_2)+\frac{\nu}{\Delta_1}\frac{T}{\tau}\frac{1}{\bar{c}+K}\right] & \left[1-\frac{T}{\tau}+\frac{T}{\Delta_1}\varepsilon\bar{v}\right] & -\left[\frac{\nu}{\Delta_1}\frac{T}{\tau}\frac{1}{\bar{c}+K}\right] & -\frac{T}{\Delta_1}\varepsilon\bar{v} & 0\ \dots & & & & \\
 & & \ddots & & & & & & \\
\dots\ 0 & \frac{T}{\Delta_j}\alpha\bar{v} & \frac{T}{\Delta_j}\alpha\bar{c} & \left[1+\frac{T}{\Delta_j}(1-2\alpha)\bar{v}\right] & \frac{T}{\Delta_j}(1-2\alpha)\bar{c} & -\frac{T}{\Delta_j}(1-\alpha)\bar{v} & -\frac{T}{\Delta_j}(1-\alpha)\bar{c} & 0\ \dots & \\
\dots\ 0 & 0 & \frac{T}{\Delta_j}\bar{v} & \left[\frac{T}{\tau}V_c(\bar{c},\bar{u}_2)+\frac{\nu}{\Delta_j}\frac{T}{\tau}\frac{1}{\bar{c}+K}\right] & \left[1-\frac{T}{\tau}-\frac{T}{\Delta_j}\bar{v}\right] & -\frac{\nu}{\Delta_j}\frac{T}{\tau}\frac{1}{\bar{c}+K} & 0 & 0\ \dots & \\
 & & & & & \ddots & & & \\
 & & & & \dots\ 0 & \frac{T}{\Delta_n}\left[\alpha+\varepsilon(1-\alpha)\right]\bar{v} & \frac{T}{\Delta_n}\left[\alpha+\varepsilon(1-\alpha)\right]\bar{c} & \left[1-\frac{T}{\Delta_n}\left(\alpha+\varepsilon(1-\alpha)\right)\bar{v}\right] & -\frac{T}{\Delta_n}\left[\alpha+\varepsilon(1-\alpha)\right]\bar{c} \\
 & & & & \dots\ 0 & \frac{\nu}{\Delta_n}\frac{T}{\tau}\varepsilon\frac{1}{\bar{c}+K} & \frac{T}{\Delta_n}\bar{v} & \frac{T}{\tau}V_c(\bar{c},\bar{u}_2)-\frac{\nu}{\Delta_n}\frac{T}{\tau}\frac{\varepsilon}{\bar{c}+K} & \left[1-\frac{T}{\tau}-\frac{T}{\Delta_n}\bar{v}\right]
\end{array}\right]
$$

mit $\quad \bar{v} = V(\bar{c},\bar{u}_2)\ ; \qquad V_c = \frac{\partial V(c,u)}{\partial c}$

Matrix $\underline{B}(\bar{c}, \bar{u}_2)$

$$
\underline{B}(\bar{c},\bar{u}_2) = \left[\begin{array}{cc}
\frac{T}{\Delta_1} r_0 & 0 \\
0 & \frac{T}{\tau} V_u(\bar{c},\bar{u}_2) \\
\hline
\vdots & \\
\hline
0 & 0 \\
0 & \frac{T}{\tau} V_u(\bar{c},\bar{u}_2) \\
\hline
\vdots & \\
\hline
0 & 0 \\
0 & \frac{T}{\tau} V_u(\bar{c},\bar{u}_2)
\end{array}\right]
$$

$$
\text{mit} \quad V_c = \frac{\partial V(c,u_2)}{\partial c} \; ;
$$

Matrix $\underline{H}(\bar{c})$

$$
\underline{H}(\bar{c}) = \left[\begin{array}{c|c|c|c|c}
(1+\alpha\varepsilon)\bar{v} & (1+\alpha\varepsilon)\bar{c} & -\alpha\varepsilon\bar{v} & -\alpha\varepsilon\bar{c} & 0 \;.\;.\;.\;. \\
0 & (1+\alpha\varepsilon) & 0 & -\alpha\varepsilon & 0 \;.\;.\;.\;. \\
0 \;.\;.\;.\;.\;. \; 0 & -\varepsilon(1-\alpha)\bar{v} & -\varepsilon(1-\alpha)\bar{c} & [1+(1-\alpha)\varepsilon]\bar{v} & [1+(1-\alpha)\varepsilon]\bar{c} \\
0 \;.\;.\;.\;.\;. \; 0 & 0 & -\varepsilon(1-\alpha) & 0 & 1+(1-\alpha)\varepsilon
\end{array}\right]
$$

$$
\text{mit} \quad \bar{v} = V(\bar{c},\bar{u}_2)
$$

4. Modellvalidierung

4.1 Aufgabenstellung der Modellvalidierung

Im vorletzten Kapitel wurden verschiedene mathematische Modelle für den Verkehrsablauf auf Schnellstraßen und Autobahnen aufgestellt, die je nach Lage der Aufgabenstellung besondere Eigenschaften aufweisen. So war für Zwecke der Prognose ein deterministisches Modell (Gleichungssystem (2.25)) formuliert worden, das ohne den stochastischen Charakter des Verkehrsablaufs zu berücksichtigen den Verlauf der Erwartungswerte der betrachteten Variablen dynamisch nachbildet.

Für Simulationszwecke und für die dynamische Interpretation von Meßdaten kann es wiederum sinnvoll oder sogar notwendig sein, den stochastischen Charakter des Verkehrs in die Modellaussagen einzubeziehen, was zu einem stochastischen Verkehrsflußmodell (Gleichungssystem (2.38)) führte.

Bei der Herleitung der Modellgleichungen haben wir uns einmal von grundsätzlichen physikalischen Gesetzmäßigkeiten leiten lassen, zum anderen waren die im Straßenverkehr und im Verhalten von einzelnen Fahrern zu beobachtenden Phänomene in die Modellbildung eingeflossen. Hierdurch wurden die Modellgleichungen qualitativ in ihrer Struktur und in den Wechselwirkungen der einzelnen Variablen festgelegt. Um die Gleichungen auch quantitativ an reale Verkehrsabläufe anpassen zu können, wurde eine Reihe von Parametern in das Modell aufgenommen, deren Werte als zeitlich konstant oder höchstens als langsam veränderlich anzusehen sind. Diese Paramterwerte gilt es in der Modellvalidierung mit Hilfe gemessener Verkehrsabläufe festzulegen.

Mit diesem Vorgehen haben wir eine entscheidende Vorarbeit für die Validierung des Modells geleistet, da nunmehr das Modell in seiner Struktur festliegt und nur noch hinsichtlich seiner Parameter identifiziert werden muß. Das allgemeinere Problem, nämlich die Identifizierung einer mathematischen Systembeschreibung hinsichtlich ihrer Ordnung, ihrer

Struktur und ihren Parametern ist insbesondere bei nichtlinearen Systemen - und um ein solches handelt es sich hier - mit sehr großem Aufwand verbunden und im Falle stochastischer Störungen, wie sie beim Verkehr ebenfalls vorliegen, im Ergebnis mit Unsicherheit behaftet (siehe [67,S.127] sowie auch [68]).

Es ist die Aufgabe dieses Kapitels, die Aussagekraft des aufgestellten Verkehrsflußmodells im Hinblick auf die Beschreibung realer Verkehrsabläufe zu überprüfen. Hierzu ist es notwendig, ein Gütemaß im Sinne einer Maßzahl (auch Güteindex genannt) zu definieren, anhand deren die Leistungsfähigkeit des Modells zu bewerten sein wird.

Es besteht dann zunächst die Aufgabe,

- die Parameter wertemäßig so festzulegen, daß das Modell einen oder mehrere gemessene Verkehrsabläufe möglichst gut wiedergibt.

Hierbei erhebt sich dann sofort die Frage nach der Übertragbarkeit der Modellaussagen auf andere Verkehrssituationen mit anderen Umweltbedingungen, d.h. die Frage:

- gibt es einen Satz von festen Parameterwerten, die als repräsentativ für eine ganze Klasse verschiedener Verkehrsabläufe gelten können in dem Sinne, daß für alle betrachteten Fälle die gewählte Beschreibung eine brauchbare Aussage liefert?

Aus der Antwort auf diese Frage wird man entnehmen können, ob sich alle Parameter grundsätzlich für größere Zeitabschnitte festlegen lassen. Andernfalls wird zu untersuchen sein, welche Werte im praktischen Einsatz fortlaufend oder in größeren Zeitintervallen den veränderten Bedingungen nachzuführen sind.

Darüberhinaus genügt es nicht, die Parameter des Modells in ihrem Zahlenwert festzulegen; vielmehr müssen die Zahlenwerte ergänzt werden durch eine

- Aussage über die Empfindlichkeit, mit der die "Güte" des Modells auf geringe Änderungen der Parameterwerte reagiert.

Es handelt sich hierbei um eine Fragestellung, die der vorigen ähnlich ist, wobei oben die Aussagekraft eines Modells bei festem Parametersatz aber verschiedenen Vergleichsdaten zu überprüfen ist, hier hingegen soll die Auswirkung nacheinander geänderter Parameterwerte an denselben Vergleichsdaten untersucht werden.

Schließlich werden wir zu klären haben,

- ob und inwieweit das formulierte Modell sich vereinfachen läßt und wie groß der jeweilige "Güte"-Verlust dabei ist.

Hiermit werden eine Reihe von Fragen beantwortet, die bei der Modellbildung im Kapitel 2 offengeblieben sind.

Wir werden im folgenden Abschnitt 4.2 zunächst die grundsätzlichen Möglichkeiten der Modellvalidierung erörtern und das hier gewählte Vorgehen begründen. In dem sich anschließenden Abschnitt 4.3 werden die Ergebnisse von Untersuchungen dargestellt und ausgewertet, die die oben angesprochenen Fragen zum Gegenstand haben: die Parameterfestlegung, die Übertragbarkeit eines festen Parametersatzes, die Analyse der Parameterempfindlichkeit und schließlich die Möglichkeit einer Modellvereinfachung.

4.2 Vorgehensweise bei der Modellvalidierung

4.2.1 Möglichkeiten der Parameteridentifizierung

In den vergangenen Jahren wurden große Anstrengungen unternommen, effektive Verfahren zur Modell- oder Parameteridentifizierung für dynamische Prozesse zu entwickeln, die prinzipiellen Möglichkeiten dabei auszuloten und praktikable Methoden abzuleiten. Neben einer fast unüberschaubaren Zahl von Einzelarbeiten existieren auch eine Reihe von Übersichtsaufsätzen und Büchern, die neben einer Einführung in dieses Gebiet vergleichende und wertende Aussagen machen und es damit dem Anwender erleichtern, eine Entscheidung für den in einem konkreten Fall einzuschlagenden Weg zu treffen [67,68,69 und 70].

Zunächst wird man von einem Verfahren zur Parameteridentifizierung zwei Eigenschaften fordern:

- Erwartungstreue, d.h. daß die Erwartungswerte der durch das Verfahren geschätzten Parameter gleich den wirklichen Parameterwerten sind:

$$E\{\hat{\underline{\beta}}\} = \underline{\beta} \tag{4.1}$$

  ($\underline{\beta}$ ist hierbei der Vektor der gesuchten Parameterwerte)

- Konsistenz, eine Eigenschaft, die besagt, daß die Wahrscheinlichkeit einer Übereinstimmung der geschätzten mit den wirklichen Parameterwerten gegen den Wert 1 strebt, wenn nur die Zahl der verwendeten Meßwerte hinreichend groß gewählt ist:

$$\lim_{k \to \infty} p\left[\, \underline{\beta} - \hat{\underline{\beta}}_k = \underline{o} \,\right] = 1 \qquad (4.2)$$

Hierin ist $\underline{\beta}$ der Vektor der wirklichen Systemparameter

$\underline{\beta}_k$ der durch das Verfahren unter Berücksichtigung von k Meßwerten ermittelte Parametervektor

$p[\cdot]$ bezeichnet die Wahrscheinlichkeit eines Ereignisses

Da wir es hier immer mit der Parameteranpassung unter Benutzung endlicher Meßwertefolgen zu tun haben werden, ist insbesondere die Forderung nach Erwartungstreue von Bedeutung. Daß diese Bedingung keinesfalls immer erfüllt ist, darauf wurde an vielen Stellen der Literatur warnend hingewiesen (siehe z.B. [67,S.218, 68] und auch [71]). Im vorliegenden Fall der Nachbildung des Verkehrsflusses waren die Modelle unter bewußt getroffenen Vereinfachungen der wirklichen Verhältnisse entstanden; die Annahme eines wirklichen Parametervektors $\underline{\beta}$ hat daher nur hypothetischen Charakter, wodurch eine präzise Aussage hinsichtlich der Erwartungstreue schwierig wird. Es geht hier nämlich nicht darum, für einen in der Wirklichkeit vorhandenen Parametervektor Schätzwerte abzuleiten, sondern vielmehr darum, einen nur in der gewählten Modellbeschreibung auftretenden Parametersatz so zu wählen, daß die Modellaussagen eine möglichst gute Übereinstimmung mit der gemessenen Wirklichkeit zeigen. In diesem Sinne haben wir unten bei der Wahl des Identifizierungsverfahrens die Frage nach der Erwartungstreue pragmatisch zu modifizieren und zu beantworten.

Bei der Auswahl eines Identifizierungsverfahrens aus der großen Zahl der in der Literatur angebotenen Möglichkeiten ist es zweckmäßig, diese in verschiedene Klassen einzuteilen. Es gibt hierfür eine Reihe von Klassifikationen, die sich jeweils nach dem zugrunde liegenden Ordnungsschema unterscheiden. Von der mathematischen Zielsetzung her unterscheidet man

- Verfahren kleinster Fehlerquadrate (Least-square-Methoden)
- Verfahren maximaler Wahrscheinlichkeit (maximum likelihood-Methoden)
- Bayes-Methoden (A posteriori-Methoden)

Beim ersten Verfahren wird eine quadratische Fehlerfunktion, die aus dem Vergleich zwischen dem Verhalten des wirklichen Prozesses und des Modells abgeleitet wird, hinsichtlich der Wahl des Paramtervektors zum Minimum gemacht. Der Vorteil des Verfahrens ist seine Direktheit im Ansatz, eine große Vielfalt von algorithmischen Möglichkeiten und die Freiheit von "a priori"-Kenntnissen. Ein Nachteil ist, daß das Verfahren bei ungeschickter Festlegung der Fehlerfunktion nicht erwartungstreue Schätzwerte liefert [68].

Die Verfahren maximaler Wahrscheinlichkeit zielen darauf ab, diejenigen Parameterwerte zu finden, die die größte Wahrscheinlichkeit einer Übereinstimmung mit dem wirklichen Parametersatz $\underline{\beta}$ bieten. Ein solches Vorgehen kann insbesondere bei unsymmetrischen Wahrscheinlichkeitsdichteverteilungen der unbekannten Parameter ein natürlicherer Ansatz sein. Die Verfahren sind aber im allgemeinen aufwendig und erfordern Vorkenntnisse über die Verbundwahrscheinlichkeiten von Parameterwerten und den als Referenz dienenden Meßgrößen. Im vorliegenden Fall der Anpassung von Verkehrsflußmodellen ist eine solche "a priori"-Kenntnis kaum zu beschaffen.

Die Bayes-Methode schließlich beruht auf einer Minimierung des Risikos, wenn der Parametervektor zu $\underline{\beta}$ gewählt wird; diese Methode erfordert sowohl Kenntnisse über die Wahrscheinlichkeitsdichtefunktion $p[\underline{\beta}]$ der Parameterwerte als auch der bedingten Wahrscheinlichkeit der Meßwertefolgen $\underline{y}(k)$ unter der Hypothese eines bekannten Parametervektors $p[\underline{y}|\underline{\beta}]$. Diese Vorkenntnisse sind nur in wenigen Anwendungsfällen vorhanden; wir wollen daher auf diese Methode, die ihren Namen von der Anwendung der bekannten Bayes-schen Formel herleitet, nicht näher eingehen.

Eine zweite Möglichkeit der Klassifizierung von Identifizierungsverfahren richtet sich nach den Eigenschaften des zugrundegelegten Modells:

- die Modellgleichungen sind linear in den Zustandsvariablen <u>und</u> in den Parameterwerten
- die Modellgleichungen sind linear in den Zustandsvariablen aber nichtlinear in den Parametern (bzw. umgekehrt)
- die Modellgleichungen sind nichtlinear in den Zustandsvariablen <u>und</u> in den Parametern.

Für die erste Klasse existiert eine Reihe von Verfahren, die eine explizite Berechnung des günstigsten Parametervektors durch ein lineares Gleichungssystem ermöglichen. Dieser Vorteil hat viele Autoren dazu bewogen, eine Fehlerfunktion so zu formulieren, daß formal Linearität in den Parametern herbeigeführt wird [68].

In unserem Fall ist das Modell offensichtlich der dritten Klasse zuzurechnen; die bekannten Phänomene des Verkehrsablaufs beruhen gerade auf den nichtlinearen Zusammenhängen, die in die Modellgleichungen eingearbeitet wurden. Wir können daher alle Verfahren ausklammern, die sich auf die ersten beiden Klassen von Modellen beziehen.

Schließlich läßt sich nach den Gesichtspunkten der Anwendung noch folgende Unterscheidung treffen:

- Verfahren zur off-line-Bearbeitung
- Verfahren zur on-line-Bearbeitung.

Die erste Kategorie setzt hierbei voraus, daß Meßdaten im wesentlichen vorab gesammelt und abgelegt sind. Die Parameteridentifizierung erfolgt dann anhand dieser beliebig oft abrufbaren Daten, wobei für die Auffindung des Ergebnisses von der Anwendung her keine Zeitbeschränkungen auferlegt sind.

Demgegenüber sind on-line-Verfahren dadurch gekennzeichnet, daß Schätzwerte für die Parameter noch während des Eingangs von Meßdaten erarbeitet werden müssen, was schnelle Verfahren erfordert. Diese Verfahren, bei denen es sich um Filter-Methoden im weiteren Sinne handelt, sind insbesondere dann notwendig, wenn zeitlich veränderliche Parameterwerte fortlaufend verfolgt werden sollen.

Im vorliegenden Fall besteht keine Veranlassung, die zunächst als zeitlich konstant angesetzten Parameter on-line, d.h. gewissermaßen unter Zeitdruck festzulegen; wir werden deshalb off-line-Verfahren benutzen. Daneben soll aber der Fragestellung in der Einleitung dieses Kapitels entsprechend überprüft werden, ob gewisse Parameter als langsam veränderlich zu betrachten sind, so daß sie im Anwendungsfall on-line anzupassen sind. Wie das im Prinzip zu erfolgen hat, wird im Kapitel 5 im Zusammenhang mit der Zustandsschätzung zu besprechen sein.

4.2.2 Gewähltes Vorgehen

Betrachtet man die hier aufgeführten Möglichkeiten aus der Sicht der vorliegenden Aufgabe, die Modellparameter an reale Meßdaten anzupassen, dann läßt sich folgendes Resumée ziehen. Von den Anforderungen an verfügbare Vorkenntnisse her müssen wir uns in Unkenntnis der entsprechenden Verteilungsdichten für die Methode der kleinsten Fehlerquadrate entscheiden. Aufgrund der Struktur der Modellgleichungen sind ferner alle diejenigen Verfahren auszuschließen, die entweder Linearität in den Parametern oder Linearität in den dynamischen Variablen oder beides voraussetzen. Schließlich können wir eine off-line-Bearbeitung wählen, da die Meßdaten in abgespeicherter Form zur Verfügung stehen.

Nach diesen Abklärungen läßt sich das hier gewählte Vorgehen näher beschreiben. Um das jeweilige Modell mit den registrierten und abgespeicherten Verkehrsbeobachtungen vergleichen zu können, betrachten wir beide Systeme - Modell und Wirklichkeit - als kausale Übertragungssysteme, auf die von außen die gleichen Anregungsgrößen einwirken und im Sinne eines Ursache-Wirkungs-Zusammenhangs Reaktionen in jedem der beiden Systeme auslösen. Zu der damit verbundenen Problematik, die Eingangsgrößen als Ursache und die Ausgangsgrößen als Wirkung festzulegen, werden unten noch einige Überlegungen ausgeführt. Die Reaktionen beider Systeme werden nun als Ausgangs- oder Referenzgrößen erfaßt; diese werden miteinander verglichen und der dabei festgestellte Fehler wird für jeden Zeitschritt in geeigneter Weise zu einem Güteindex aufsummiert. Es ist dann die Aufgabe einer zu wählenden Optimierungsstrategie, nach jedem Simulationslauf anhand des berechneten Wertes des Güteindex und seiner früheren Werte die Parameter des Modells so zu verändern, daß der Güteindex und damit die Diskrepanz zwischen Modellaussage und Wirklichkeit verkleinert wird. Nach einer Anzahl von Iterationen, die von der Zahl der Parameter, ihren Startwerten und dem gewählten Optimierungsalgorithmus abhängt, wird sich eine Parameterkonstellation einstellen, bei der der Güteindex ein Minimum annimmt. Diese Vorgehensweise ist im Bild 4.1 durch ein Strukturbild wiedergegeben.

Dieser Anpassungsvorgang der Modellparameter $\underline{\beta}$ ist in seiner zeitlichen Abfolge durch das Flußdiagramm in Bild 4.2 dargestellt. Der sequentielle Ablauf ist dabei durch zwei Iterationsschleifen gekennzeichnet: die erste Schleife (gestrichelter Signalfluß in Bild 4.1) startet mit der (Neu-)Festlegung des Parametervektors $\underline{\beta}$ durch den Optimierungsalgorithmus und initiiert dann die zweite unterlagerte Schleife. Innerhalb dieser wird mit einem festen Parametersatz die Simulation des Verkehrsablaufs für den zum Vergleich herangezogenen Zeitraum durch sukzessive Bearbeitung der Modellgleichungen durchgeführt.

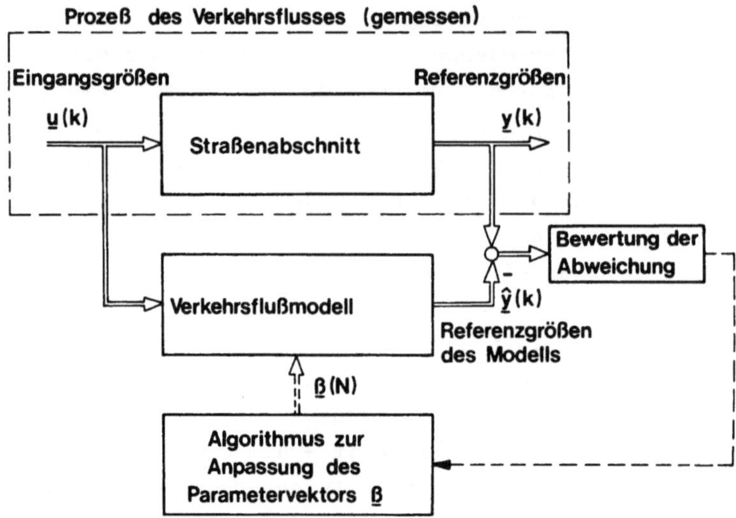

Bild 4.1 Strukturbild der Modellvalidierung

Unabhängig davon, ob man für das anzupassende Modell eine stochastische oder eine deterministische Beschreibung wählt, kann man in keinem Fall erwarten, daß sich eine exakte Übereinstimmung von Meßdatenfolge und Modellausgängen erreichen läßt. Vielmehr wird ein gewisser Grundstock an Abweichungen auch bei günstigster Parameterwahl erhalten bleiben, der einmal wesentlich durch die statistischen Schwankungen bedingt ist, die den determinierten Vorgängen überlagert sind und sich jeder Prognose entziehen. Zum anderen wird ein kleiner Anteil der Diskrepanz zwischen Modell und Wirklichkeit durch die verschiedenen Näherungen und Vereinfachungen verursacht, die wir bei der Modellbildung bewußt in Kauf genommen haben.

Zu Beginn des vorangegangenen Abschnitts wurde der Begriff der Erwartungstreue eingeführt (Gl.(4.1)), und es wurde dabei die Forderung erhoben, daß der durch das Anpassungsverfahren ermittelte Satz von Parametern erwartungstreu ist, d.h. daß er im Sinne einer statistischen Erwartung mit den im wirklichen System wirksamen Parameterwerten übereinstimmt. Anders als bei vielen technischen Systemen, wo einem Modellparameter auch ein Systemparameter entspricht, wurden hier die Modellparameter fiktiv eingeführt, um gewissen Phänomenen des Verkehrsablaufs Rechnung zu tragen, ohne daß ihnen im wirklichen System auch feste Parameter gegenüberstehen. Wir wollen daher die Frage nach der Erwartungstreue hier in folgendem Sinne stellen. Es seien die Meßwerte $\underline{y}(k)$

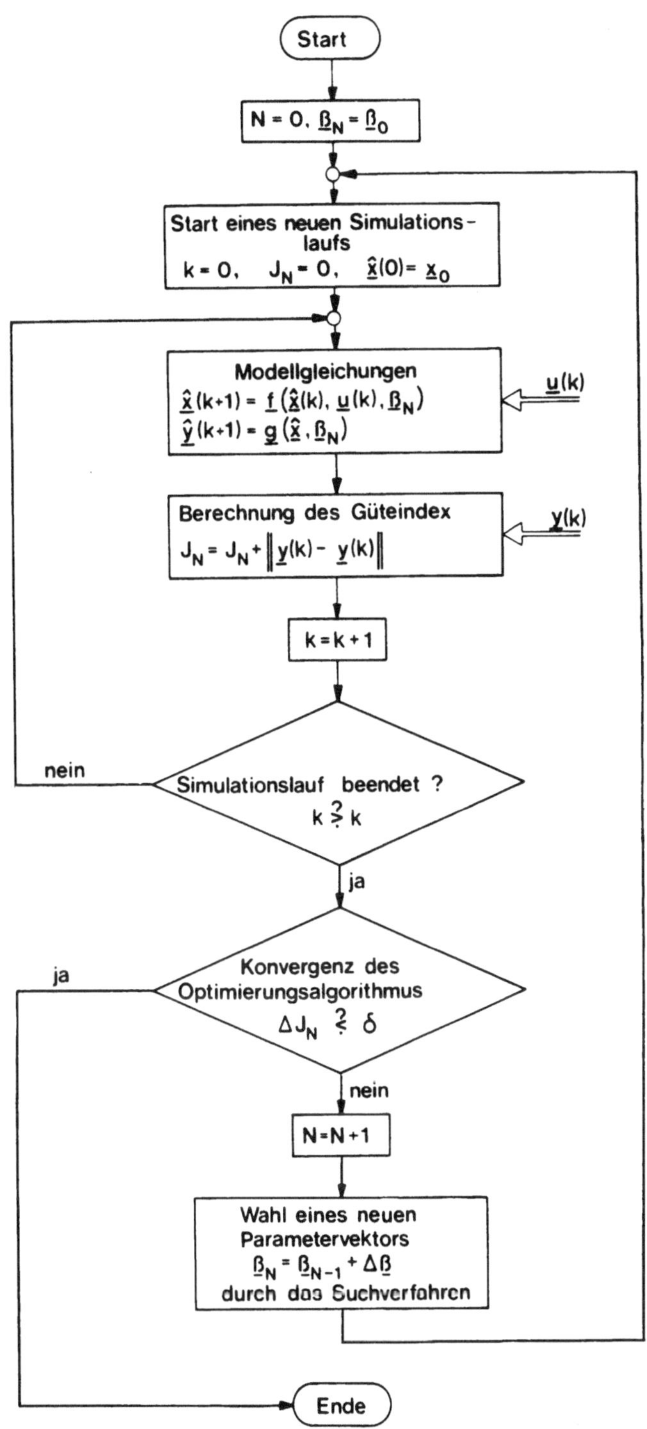

Bild 4.2 Flußdiagramm der Modellvalidierung

durch ein stochastisches Modell der Form (2.38) erzeugt. Können wir dann erwarten, daß das hier gewählte Vorgehen Modellparameter identifiziert, die bezüglich der im erzeugenden System wirksamen Parameter erwartungstreu sind?

Die Antwort auf die so gestellte Frage lautet: nur wenn das abzustimmende Vergleichsmodell stochastischen Störungen unterworfen wird, die diegleichen statistischen Eigenschaften haben wie die im erzeugenden Modell, ist der identifizierte Parametervektor erwartungstreu. In allen anderen Fällen - also auch wenn das Anpassungsmodell störungsfrei, d.h. deterministisch ist - ist der ermittelte Parametervektor $\underline{\beta}$ nicht erwartungstreu. Der Grund hierfür liegt bei den Nichtlinearitäten des modellierten Systems, die bewirken, daß die Störungen nicht proportional zu ihrem jeweiligen Wert wirksam werden und somit im Mittel Verschiebungen der Zustandsvariablen im stochastischen System auftreten, die das deterministische Vergleichsmodell durch eine Ablage der Parameterwerte auszugleichen versucht.

An dieser Stelle wollen wir die Forderung nach Erwartungstreue im Hinblick auf die geplanten Verwendungsmöglichkeiten der abgeleiteten Modelle überdenken. Das deterministische Modell wird man im wesentlichen zu Simulations- und Prognosezwecken verwenden. Dabei ist man daran interessiert, daß die Aussagen des Modells, insbesondere seine Ausgangsgrößen mit dem zu erwartenden Verlauf möglichst gut - z.B. im Sinne kleinster Fehlerquadrate - übereinstimmen. Dies ist aber - zumindest im Falle des Meßintervalls, das dem Identifizierungsvorgang zugrunde liegt - gerade für die gewählten Parameterwerte der Fall. Umgekehrt würden erwartungstreue Parameterwerte wegen der nichtlinearen Modellgleichungen im Sinne eines mittleren Fehlerquadrats schlechtere Prognosewerte liefern. In diesem Sinne muß man die Forderung nach Erwartungstreue relativieren und eine gewisse Diskrepanz zwischen Modellparametern und Systemparametern (in dem oben eingeführten Sinne) zulassen.

4.2.3 Eingangs- und Ausgangsgrößen als Ursache und Wirkung des Verkehrsgeschehens

Im Abschnitt 2.4 wurde bereits festgestellt, daß die Anregung bestimmter Phänomene der Verkehrsdynamik je nach dem Zustand im betrachteten Straßenabschnitt einmal mehr vom Abschnittseingang, in einem anderen Fall wiederum mehr vom Abschnittsausgang ausgeht. So ist bei mäßigem Verkehrsaufkommen der zeitliche Wechsel größerer und geringerer Dichte, sowie größerer und niedrigerer Geschwindigkeit im wesentlichen von den Verhältnissen am Abschnittsanfang bestimmt. Der Dichtegefälleterm in den Geschwindigkeits-Differenzengleichungen, der eine der Fahrtrichtung entgegengesetzte Wirksamkeit beinhaltet, spielt bei mäßigem Verkehr noch eine untergeordnete Rolle. Bei einer Überlastung der Straße kehren sich aber die Verhältnisse um: der Dichteunterschied an der Grenze zwischen flüssigem und nur mehr zähflüssigem Verkehr wird so groß, daß der Dichtegefälleterm und die örtliche Mittelung bei der Bestimmung der Verkehrsstärken $q_j(k)$ jetzt bestimmend werden für die rückwärtige Ausbreitung eines Staus.

Hieraus wird deutlich, daß die Festlegung von Eingangsgrößen als der Ursachen für die Entwicklung des Verkehrsgeschehens einerseits und der Ausgangsgrößen andererseits, die in kausaler Abhängigkeit von diesen stehen, nicht in eindeutiger Weise zu entscheiden ist, wenn man nur an beiden Enden eines Straßenabschnitts mißt. Beide lokalen Meßgrößen $w(k)$ und $q(k)$ am Abschnittsbeginn wie am Abschnittsende sind nämlich sowohl von den Bedingungen außerhalb des Abschnitts geprägt und damit Eingangsgrößen in dem hier verwendeten Sinn; sie sind aber auch von den Verhältnissen im Innern des Abschnitts beeinflußt und somit Ausgangsgrößen des Systems. Dabei liegt das Gewicht der ursächlichen Beeinflussung bei flüssigem Verkehr im wesentlichen bei den Größen am Abschnittseingang, während im zähflüssigen bis stauenden Verkehr die Größen am Abschnittsende den Verkehrsablauf bestimmen. Trotz dieser nicht eindeutig vorgegebenen Verteilung zwischen Ursache und Wirkung wird hier immer dann, wenn nur Meßgrößen am Anfang und am Ende des Abschnitts zur Verfügung stehen, eine Festlegung zu treffen sein. Dieses Problem wurde bereits im Kapitel 3 bei der Untersuchung der Beobachtbarkeit eines mit Sensoren bestückten Straßenabschnitts beleuchtet; es wird auch im Kapitel 5 im Zusammenhang mit der Meßdatenerfassung und -aufbereitung erneut aufgegriffen werden.

Die Erkenntnis, daß die Meßgrößen an einem Querschnitt von den Verhältnissen auf beiden Seiten des Beobachtungsortes bestimmt werden, legt es nahe, für die hier vorliegende Aufgabe der Modellvalidierung einen dritten Meßabgriff zu benutzen, der innerhalb des modellierten Straßenabschnitts liegt. Die Meßdaten an beiden Enden des Abschnitts übernehmen dann die Rolle der anregenden Eingangsgrößen, während die Meßgrößen aus dem Innern des Abschnitts nunmehr als abhängige Ausgangsgrößen im Sinne einer Systemantwort zu betrachten sind. Die zugehörige Konfiguration ist im Bild 4.3 skizziert.

Hierbei stellt sich die Frage, inwieweit bei einer Nachbildung des Verkehrsablaufs durch Modellsimulation an beiden Enden sowohl die Geschwindigkeiten w_o und w_n als auch die Verkehrsstärken q_o und q_n, d.h. insgesamt vier unabhängige Randwerte vorgegeben werden können, ohne daß das System damit überbestimmt ist. Legt man z.B. als Modellbeschreibung die beiden partiellen Differentialgleichungen (2.8) und (2.9) zugrunde, dann kann für jede dieser Differentialgleichungen nur ein Randwert vorgegeben werden, der andere liegt damit zwangsläufig fest.

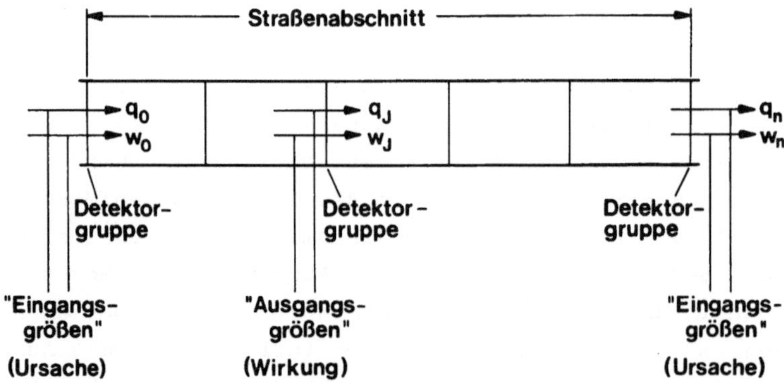

Bild 4.3 Konfiguration mit drei Meßabgriffen zur Modellvalidierung

Hier liegen die Dinge jedoch anders; bei der Herleitung des Differenzengleichungssystems haben wir zwischen der Vorwärtsdifferenz und der Rückwärtsdifferenz unterschieden, die zum Beispiel in dem Ansatz der Verkehrsstärke am Eingang bzw. am Ende eines Segments implizit verwendet werden oder auch explizit in der Geschwindigkeitsdifferenzengleichung auftreten, so im Verschiebungsterm für v und im Dichtegefälleterm für c. Diese Unterscheidung, die in den partiellen Differentialgleichungen kein Äquivalent hat, vermittelt uns zwei weitere Freiheitsgrade, so daß wir tatsächlich vier Randwerte vorgeben können. Allerdings sind wir bei der Vorgabe von Randwerten prinzipiell eingeschränkt durch Plausibilitätsbedingungen; so muß die Verkehrsstärke q_n am Abschnittsende zu Null gehen, wenn die Dichte c_n auf Null abgesunken ist. Da es sich hierbei aber um tatsächlich gemessene Werte handelt, müssen sie in jedem Fall miteinander verträglich sein.

Der Abstand der einzelnen Meßorte zueinander bedarf noch einer Erläuterung. Einmal sollte der Mittelabgriff nicht zu weit von den beiden anderen Querschnitten entfernt sein, damit eine deutlich wahrnehmbare kausale Abhängigkeit von den Eingangsgrößen an den Abschnittsenden besteht. Bei einer größeren Entfernung wäre mit einer Verschleifung dieses Zusammenhangs durch die stochastischen Einflußterme zu rechnen. Auf der anderen Seite muß der Meßabgriff der Ausgangs- bzw. Referenzgrößen von beiden Enden des Abschnitts eine gewisse Distanz entfernt sein, damit die dynamischen Gesetzmäßigkeiten des Übertragungssystems "Straße", die ja längs des Weges wirksam werden, deutlich zur Geltung kommen. Der Meßabgriff der Ausgangsgrößen sollte demnach etwa die Entfernung von den anderen Meßstellen der Eingangsgrößen haben, die ein Auto mit mäßiger Geschwindigkeit während der Zeitspanne τ , d.h. während der Zeitkonstante der Geschwindigkeitsanpassung zurücklegt. Dies legt eine Distanz zwischen 500 m und 2000 m nahe, was bei der hier verwendeten Anordnung zutrifft.

Der Vollständigkeit halber seien für die hier verwendete Konfiguration die Gleichungen für das erste und das letzte Segment wiedergegeben, die die Randwerte als Eingangsgrößen enthalten.

1. Segment

$$c_1(k+1) = c_1(k) + \frac{T}{\Delta_1}[q_o - \alpha c_1 \cdot v_1 - (1-\alpha) c_2 \cdot v_2]_{(k)} \tag{4.3}$$

$$v_1(k+1) = v_1(k) + \frac{T}{\tau} \cdot \frac{1}{\alpha}[v_1(w_o - v_1)]_{(k)} + \frac{T}{\tau}[V(c_1) - v_1]_{(k)} + \frac{\nu}{\tau} \cdot \frac{T}{\Delta_1}\left[\frac{c_1 - c_2}{c_1 + \kappa}\right]_{(k)} \tag{4.4}$$

letztes Segment

$$c_n(k+1) = c_n(k) + \frac{T}{\Delta_n}[\alpha c_{n-1} \cdot v_{n-1} + (1-\alpha) c_n \cdot v_n - q_n]_{(k)} \tag{4.5}$$

$$v_n(k+1) = v_n(k) + \frac{T}{\tau}[v_n(v_{n-1} - v_n)]_{(k)} + \frac{T}{\tau}[V(c_n) - v_n]_{(k)} + \frac{1}{1-\alpha} \cdot \frac{\nu}{\tau} \cdot \frac{T}{\Delta_n}\left[\frac{c_n - q_n/w_n}{c_n + \kappa}\right]_{(k)} \tag{4.6}$$

Hierin ist der Verschiebungsterm in (4.4) aus der Beziehung

$$w_o = \alpha v_o + (1-\alpha) v_1 \tag{4.7a}$$

entstanden; in entsprechender Weise wurde der Dichtegefälleterm in (4.6) mit Hilfe der Beziehung

$$q_n/w_n = \alpha c_n + (1-\alpha) c_{n+1} \tag{4.7b}$$

aufgestellt. So wurde die Rückwärtsdifferenz für v im ersten Segment und die Vorwärtsdifferenz für c im letzten Segment durch die entsprechenden Meßwerte an den Rändern ersetzt.

4.2.4 Wahl des Gütekriteriums und des Optimierungsalgorithmus

Nachdem nunmehr die Modellgleichungen auch hinsichtlich der Eingangsgrößen und der Ausgangsgrößen, die wir als Referenzgrößen zur Bewertung der Nachbildungsfähigkeit des Modells heranziehen wollen, festgelegt wurden, verbleibt noch, das Gütefunktional als das Maß für alle Beurteilungen zu wählen, die zu Beginn dieses Kapitels angesprochen wurden.

Wir haben uns bereits im Abschnitt 4.1.2 für eine Modellanpassung im Sinne kleinster Fehlerquadrate entschieden, so daß das Gütefunktional bereits in der Form einer Zeitsumme über die Fehlerquadrate festliegt.

$$\sum_{k=1}^{K} [(w_J(k) - \hat{w}_J(k))^2 + \gamma((q_J(k) - \hat{q}_J(k))^2] \rightarrow \text{Min} \tag{4.8}$$

Die natürliche Zahl K gibt hierbei die Anzahl der Zeitschritte des Anpassungsintervalls an. Mit w_J, q_J sind die realen Meßwerte, mit $\hat{w}_J$, $\hat{q}_J$ sind die entsprechenden vom Modell mit einem gewählten Parametersatz generierten Werte bezeichnet.

Der Faktor γ in (4.8) macht es möglich, die beiden Anteile - Geschwindigkeitsfehler und Verkehrsstärkefehler - sowohl hinsichtlich ihrer aus den verwendeten Einheiten herrührenden Größenordnungen als auch hinsichtlich der deterministischen Aussagekraft gegeneinander auszubalancieren. Um zu verdeutlichen, was hiermit gemeint ist, zerlegen wir beide Meßfolgen formal in zwei Anteile: einen Anteil, der aus der deterministischen Gesetzmäßigkeit des Verkehrsflusses hervorgeht und der sich bei einem ideal verfaßten und angepaßten deterministischen Modell exakt nachbilden ließe, und einen anderen Anteil, der von den stochastischen Vorgängen im Verkehrsablauf herrührt und durch keine deterministische Beschreibung modelliert werden kann.

$$\begin{aligned} w_J(k) &= w_{Jdet}(k) + w_{Jstoch}(k) \\ q_K(k) &= q_{Jdet}(k) + q_{Jstoch}(k) \end{aligned} \tag{4.9}$$

(Diese Aufspaltung sei rein formal und nicht als die Überlagerung zweier Systemantworten im Sinne des Superpositionsgesetzes verstanden, das nur für lineare Übertragungssysteme gilt.) Im Sinne dieser fiktiven Aufspaltung kann nur erwartet werden, daß bestenfalls der deterministische Anteil in jedem Signal vom Modell beschrieben wird.

Seien die Varianzen der beiden stochastischen Anteile in (4.9) mit σ_w^2 und σ_q^2 bezeichnet. Eine sinnvolle Wahl des Faktors γ ist dann durch den Ausdruck gegeben:

$$\gamma = \frac{\sigma_w^2}{\sigma_q^2} \tag{4.10}$$

Diese Wahl bewirkt einerseits eine Normierung der beiden Anteile, so daß bei gleicher relativer Streuung unterschiedliche Größenordnungen der durch die verwendeten Einheiten bedingten Zahlenwerte durch den Quotienten (4.10) gerade ausgeglichen werden. Auf der anderen Seite wird bei verschiedener relativer Streuung der stochastischen Anteile in (4.9) wiederum durch den Quotienten (4.10) demjenigen Anteil ein geringeres Gewicht in dem Gütefunktional gegeben, dessen deterministische Aussagekraft durch den höheren stochastischen Anteil vermindert ist.

In der Praxis wird man die Varianzen σ_w^2 und σ_q^2 zunächst nicht kenne. Man kann aber - was im allgemeinen ausreichend ist - zumindest Richtwerte für sie erhalten, indem man vorab eine Parameteranpassung einmal nur hinsichtlich der Geschwindigkeitswerte w_J und ein zweites Mal nur hinsichtlich der Verkehrsstärkewerte q_J durchführt und aus den so angepaßten Modell-Signalfolgen und den Meßwertfolgen Richtwerte für die gesuchten Varianzen ableitet. Zum Beispiel wurden hier für ei nen Meßdatensatz eines zweistündigen Beobachtungsintervalls folgende Richtwerte ermittelt:

$$\sigma_w \approx 7 \text{ km/h} \; ; \qquad \sigma_q \approx 250 \text{ Fhz/h}$$

Das so formulierte Problem der Parameterwahl ist ein Optimierungsproblem, für dessen Behandlung in der Numerischen Mathematik eine Reihe von Algorithmen entwickelt wurden, unter denen zwei größere Klassen zu unterscheiden sind: die Klasse der Gradientenverfahren und die Klasse der Zufalls-Such-Methoden (Random-Search-Methoden) [72,73]. Während bei der erstgenannten die Neuwahl der Parameter nach jedem Iterationsschritt von einem örtlichen Gradienten des Gütefunktionals über dem Parameterraum abgeleitet wird, werden bei den Verfahren der zweiten Kategorie die Suchschritte im Parameterraum zum Teil auch regellos durchgeführt.

Ein Optimalpunkt in dem für die Parameter zugelassenen Bereich ist nun dadurch ausgezeichnet, daß jede andere Kombination von Parameterwerten zumindest innerhalb einer gewissen Umgebung dieses Punktes zu einem schlechteren Wert des Gütefunktionals führt. Gibt es in dem zugelassenen Bereich nur einen solchen Punkt, dann darf damit gerechnet werden, daß ein Gradientenverfahren (oder ein artverwandtes Verfahren) diesen Optimalpunkt ansteuert. Gibt es dagegen mehrere, sogenannte schwache Optimalpunkte, dann wird im allgemeinen nur einer dieser Punkte den wirklich günstigsten Wert für das Gütekriterium liefern; man bezeichnet ihn daher als einen globalen oder auch absoluten Optimalpunkt. Während Gradientenverfahren die Tendenz haben, den nächstgelegenen Optimalpunkt anzulaufen, besteht bei den Random-Search-Methoden eine größere Wahrscheinlichkeit, den globalen Optimalpunkt oder zumindest einen "besseren" Punkt unter den lokalen Nebenoptima aufzufinden.

Bei der vorliegenden Aufgabe muß der Wert des Gütefunktionals (4.8) in Abhängigkeit von den anzupassenden Parametern durch sequentielles Abarbeiten der Modellgleichungen, d.h. durch eine Rechenprozedur ermittelt werden. Über die Konvexität des Gütefunktionals im zulässigen Bereich der Parameterwerte läßt sich daher keine Aussage treffen, so daß es nicht auszuschließen ist, daß mehrere lokale Optimalpunkte existieren. Aus diesem Grunde und weil die Parameteranpassung off-line erfolgen soll, Rechenzeit also keine vordringliche Rolle spielt, wurde hier ein Verfahren gewählt, das keine Gradientenbildung vornimmt: der Komplex-Algorithmus von Box [74].

Dieser Algorithmus geht von einer Menge von Punkten im Raum der zur Disposition stehenden Parameter aus, deren Zahl mindestens um eins größer als die Zahl der optimal zu wählenden Parameter sein muß, um im Ablauf stets mit den verbleibenden Parameterpunkten die volle Dimension dieses Raumes aufzuspannen. Für alle diese Punkte wird zu Beginn der zugehörige Wert des Gütekriteriums ermittelt. Bei den nachfolgenden Iterationsschritten wird dann jeweils der Punkt mit dem schlechtesten Gütewert fallengelassen und durch einen anderen, gezielt gewählten Punkt mit einem besseren Gütewert ersetzt. Auf diese Weise verlagert sich der Punktehaufen schrittweise in ein Gebiet höherer Gütewerte, wo er sich schließlich kontrahiert.

Dieses mit einer gestreut verteilten Menge von Suchpunkten arbeitende Verfahren bietet gegenüber Gradientenverfahren eine größere Chance, das globale, oder zumindest ein besseres lokales Optimum der gesuchten Parameterkombination zu finden.

4.3 Durchführung der Modellvalidierung und Ergebnisse

In den vorangegangenen Abschnitten wurde dargelegt, wie der eingangs zusammengestellte Aussagenkomplex einer Modellvalidierung für den vorliegenden Fall durch eine bestimmte, wohlbegründete Vorgehensweise erarbeitet werden kann. Damit liegt das Verfahren nunmehr fest, und es können jetzt die gestellten Fragen einzeln durch konkrete Zahlenangaben beantwortet werden.

Zu allen im Folgenden wiedergegebenen Ergebnissen müssen einige allgemeine Bemerkungen vorausgeschickt werden. Auch wenn es als wünschenswert erscheint, die Ergebnisse einer Modellvalidierung auf eine möglichst breite Basis von ausgewerteten Meßdaten zu stellen, so mußten wir uns hier doch auf die Verwendung von Daten beschränken, die an einigen wenigen Tagen der Jahre 1975 und 1976 auf der Autobahn Frankfurt-Basel in der Nähe von Karlsruhe gesammelt wurden [75,76]. Der Grund hierfür liegt zunächst darin, daß eine Meßstellenkonfiguration, wie sie im Abschnitt 4.1.3 als erforderlich erkannt wurde, bis vor kurzem nur an dieser Stelle des bundesdeutschen Autobahnnetzes installiert war. Aber auch wenn Datenmaterial von anderen Stellen verfügbar gewesen wäre, würde die erforderliche Zeit des rechenzeitintensiven Parameter-Optimierungsvorganges zur Bescheidung zwingen. Immerhin überdecken die zur Verfügung stehenden Daten eine große Palette unterschiedlicher Verkehrssituationen (siehe hierzu Tabelle 4.2), so daß die erzielten Ergebnisse durchaus den Anspruch erheben dürfen, in gewissem Umfang repräsentativ zu sein.

Des weiteren darf nicht übersehen werden, daß das Verhalten der Verkehrsteilnehmer längerfristig einem zeitlichen Wandel unterliegt (vgl. [77]), der auch auf die Parameter der Verkehrsflußmodelle durchschlägt. Als Ursachen hierfür sind Änderungen in der psychologischen Einstellung der Verkehrsteilnehmer, aber auch konstruktive Änderungen der erbauten Straßen und technischer Fortschritt am Fahrzeug anzuführen. In diesem Sinne tragen die hier zusammengestellten Ergebnisse sicher eine Jahreszahl, da sie nur auf Meßdaten aus den beiden Jahren 1975 und 1976 fußen. Man muß sogar annehmen, daß regelungstechnische Maßnahmen zur Verkehrsflußführung, auf die der hier behandelte Aufgabenkomplex schließlich hinauslaufen soll, ihrerseits auf das Fahrerverhalten und damit auf die Modellparameter rückwirken.

Trotz dieser Einschränkungen ist aber festzustellen, daß ein Teil der hier untersuchten Fragen von grundsätzlicher Art ist und die darauf gegebenen Antworten zumindest in ihrer Tendenz längerfristig Gültigkeit haben. Außerdem dürfte eine von Zeit zu Zeit durchzuführende Korrektur dieser Ergebnisse keine Schwierigkeiten bereiten, wenn einmal das Vorgehen prinzipiell geklärt ist und die erforderlichen Rechenroutinen verfügbar sind.

Unter dieser Prämisse werden die nachfolgenden Abschnitte Antwort geben auf die Fragen, die in gleicher Reihenfolge im Abschnitt 4.1 aufgeworfen wurden; es sind dies die Fragen nach

- den besten Parameterwerten,
- der Übertragbarkeit des abgestimmten Modells auf andere Datensätze,
- der Empfindlichkeit der Modellgüte gegenüber kleinen Änderungen in den Parameterwerten,
- dem Güteverlust bei Vereinfachungen des Modells.

4.3.1 Optimale Parameterwerte

Das im Kapitel 2 erstellte mathematische Verkehrsflußmodell wurde so konzipiert, daß es das Verkehrsgeschehen auf Schnellstraßen vom freien über den gebundenen bis zum stauenden Verkehr beschreiben kann. Aus diesem Grunde muß verlangt werden, daß auch die Meßdaten, an die die

Parameter angepaßt werden sollen, möglichst alle drei genannten Zustände durchlaufen, oder anders ausgedrückt: die Modellvalidierung ist an Daten vorzunehmen, bei denen die Bewegung der Systemvariablen alle Bereiche der Verkehrsdichte überstreicht.

Die zur Bestimmung der optimal angepaßten Parameterwerte verwendeten Daten entstammen einer Meßstrecke des Instituts für Verkehrswesen der Universität Karlsruhe, die sich auf der Bundesautobahn Frankfurt-Basel im Bereich des Kilometers 617 befindet [75]. Die gesamte Meßstrecke umfaßt 2650 Meter, wobei hier die Daten von den Meßabgriffen am Anfang und Ende des Abschnitts, sowie am Querschnitt nach 1000 m hinter dem ersten Abgriff verwendet wurden. Diese Konfiguration entspricht also genau der im Bild 4.3 dargestellten, wobei die ersten beiden Segmente eine Länge von 500 Metern, die nachfolgenden drei Segmente eine Länge von jeweils 550 Metern haben. Die Meßdaten selbst wurden am Freitag, dem 4. Juli 1975 am frühen Nachmittag während eines Beobachtungsintervalls von dreieinhalb Stunden gesammelt.

Während der Verkehr in den ersten Stunden rege war, verdichtete er sich in der dritten Stunde und brach dann zusammen.

Aufgrund von vorausgeschickten Rechenläufen konnten Anhaltswerte für die durch die Modellierung nicht nachgebildeten stochastischen Reststreuungen in den Geschwindigkeitswerten $w_J(k)$ und in den Verkehrsstärkewerten $q_J(k)$ gewonnen werden, die bei

$$\sigma_w^2 = 50\,[\,km^2/h^2\,] \qquad \sigma_q^2 = 65\,000\,[\,Fhz^2/h^2\,]$$

lagen. Hiermit wurde der Gewichtsfaktor γ im Gütekriterium gemäß (4.10) zu

$$\gamma = 0{,}0008$$

gewählt. Die bei der Modellvalidierung erhaltenen optimalen Parameterwerte sind für das deterministische Einkomponentenmodell der Gleichungen (2.25) mit (2.4d) in der Tabelle 4.1 zusammengestellt. Diese Werte werden im Folgenden auch als die <u>nominalen</u> Parameterwerte bezeichnet.

Tabelle 4.1 Optimale Parameter des Verkehrsflußmodells (2.25)

Parameter	V_f	c_{max}	l-1	$\frac{1}{1-m}$	τ	ν	α	κ
Wert	34,0 m/sec	0,20 Fhz/m	1,4	4,0	34 sec	6000 m^2/sec	0,8	0,02 Fhz/m

In den Bildern 4.4 und 4.5 sind die gemessenen Verläufe der Variablen $w_J(k)$, $q_J(k)$ und die vom Modell nachgebildeten Verläufe $\hat{w}_J(k)$, $\hat{q}_J(k)$ der Ausgangsgrößen am mittleren Meßabgriff dargestellt, wie sie sich bei optimaler Parameteranpassung ergeben. (Zur besseren grafischen Darstellung wurden die Wertefolgen zu Minutenwerten zusammengefaßt.) Der Übersichtlichkeit halber wurde nur der Ablauf der letzten Stunde wiedergegeben, während der sich der Zusammenbruch des Verkehrs ereignete. Aus den Darstellungen wird deutlich, daß das Modell die Schwankungen im Minutenbereich noch gut nachzubilden vermag und bei schnelleren Änderungen eine glättende Filterwirkung zeigt, die letztlich auf die Pauschalierung der Betrachtung durch die eingeführten Variablen und auf die Berücksichtigung der dynamischen Trägheit im Anpassungsterm durch die Zeitkonstante τ zurückzuführen ist. Im Hinblick auf die später behandelten Aufgaben der Zustandsschätzung und der Verkehrsflußregelung muß diese Eigenschaft eher als Vorteil denn als Nachteil angesehen werden, da kurzzeitig Spitzen in den Zeitverläufen keinen Einfluß auf die Regelungsmaßnahmen haben sollten.

Abschließend seien noch einige ergänzende Bemerkungen gemacht zur Bestimmung der stationären V(c)-Charakteristik, die durch Multiplikation mit der Dichte c in das Fundamentaldiagramm $q(c)$ übergeht (vgl. Bilder 2.6 und 2.7).

Das Problem, diese Kennlinien anhand von Meßdaten zu ermitteln, die einem instationären Verkehrsablauf entnommen sind, war hier in die Aufgabe der Modellvalidierung eingebettet. In der Verkehrstechnik ist es nun üblich, diese Kennlinien dadurch zu bestimmen, daß man die an einem Querschnitt gemessenen Wertepaare $[q_J, w_J]_{(k)}$ in ein q(c)- bzw. V(c)-Diagramm einträgt, wobei die jeweilige Dichte c_J als der Quotient q_J/w_J angesetzt wird (vgl. auch Bild 2.3). Der so erhaltenen Punkteverteilung wird dann eine geschlossene Kennlinie der Form (2.4) z.B.

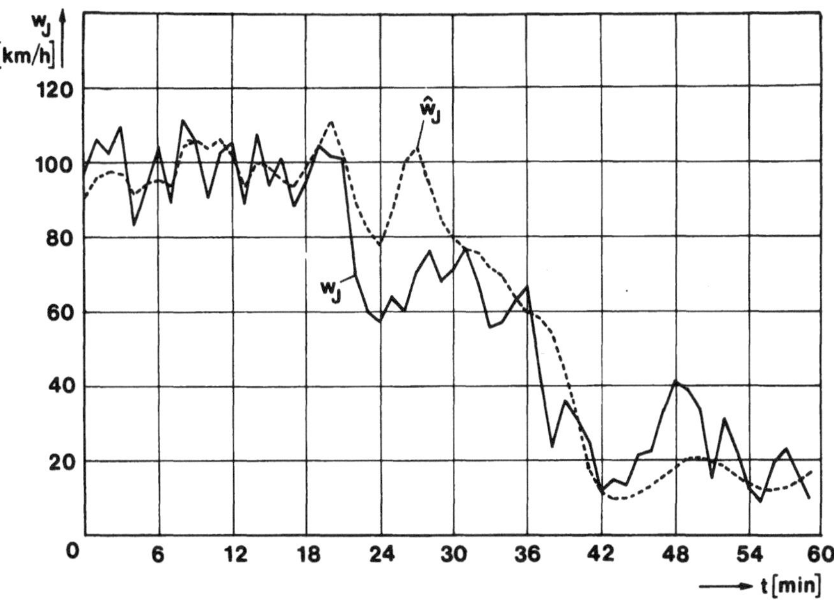

Bild 4.4 Gemessener und vom Modell nachgebildeter Verlauf der lokalen Geschwindigkeit $w_J(k)$ am Mittelabgriff

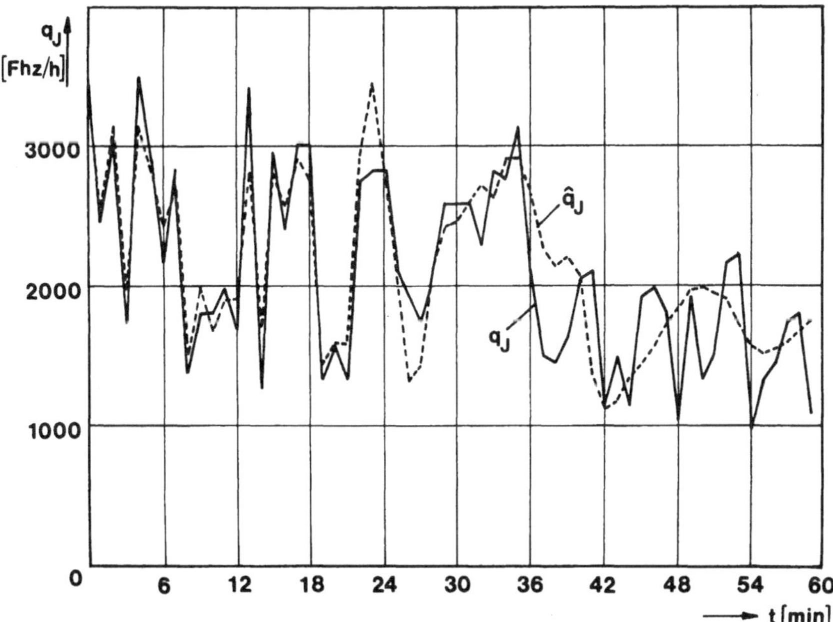

Bild 4.5 Gemessener und vom Modell nachgebildeter Verlauf der Verkehrsstärke $q_J(k)$ am Mittelabgriff

im Sinne kleinster Fehlerquadrate einbeschrieben.

Hierbei erhebt sich die Frage, ob ein solches, wesentlich einfacheres Vorgehen auch zu der im Validierungsprozeß gefundenen Kennlinie führt. Dieser Fragestellung wurde in [78] nachgegangen, wobei sich ergab, daß bei diesem Vorgehen Kennlinien bestimmt werden, die beträchtlich unter denen zu liegen kommen, die man im Validierungsvorgang erhält. Die maximale Verkehrsstärke q_{max} , die den Kulminationspunkt im Fundamentaldiagramm bildet, fällt dabei etwa 10 % niedriger aus als bei der über die Validierung erhaltenen Charakteristik.

Der Grund hierfür liegt darin, daß die dynamischen Abweichungen der gemessenen Variablen infolge von Brems- und Beschleunigungsvorgängen nicht symmetrisch um die stationäre Charakteristik verteilt sind, sondern wegen der Nichtlinearitäten des Prozesses nach niedrigeren Werten hin größere Ablagen aufweisen. Diese Fehlerquelle läßt sich vermeiden, indem man die dynamischen Bedingungen, unter denen die Meßdaten entstanden sind, berücksichtigt, wie es im Validierungsvorgang über die Nachbildung der dynamischen Vorgänge durch das Verkehrsflußmodell geschieht.

4.3.2 Zur Wahl der Segmentlänge Δ_j und der Zeitschrittweite T

Bei der Einführung der Variablen des Verkehrsflußmodells im Abschnitt 2.1 wurde bereits erläutert, daß sowohl die zeitliche Schrittweite T als auch die Segmentlänge Δ_j für eine sinnvolle Modellierung nach oben wie nach unten zu begrenzen sind. Im Falle zu kleiner Werte verlieren die makroskopischen Variablen zum Teil ihren Sinn, während bei zu großen Werten die zeitlich-räumlichen Bewegungen durch das Modell nur noch unzureichend nachvollzogen werden.

Die hier eingeführte Bewertung des Modells anhand realen Datenmaterials durch ein Gütemaß soll nun auch dazu benutzt werden, die getroffene Wahl von Δ_j zu ca. 500 m und von T zu ca. 10 sek. zu überprüfen und zu rechtfertigen.

Um die Auswirkungen einer Veränderung der Segmentlänge Δ_j auf die Modellgüte zu untersuchen, wurde der vorhandene Meßstreckenabschnitt, der zunächst gemäß Bild 4.3 aus fünf Segmenten bestand, für die Modellierung einmal in drei Segmente (Längen 1000 m, 825 m, 825 m) und einmal in acht Segmente (Längen 333 m und 330 m) unterteilt, wobei der Mittelabgriff fallweise nach dem ersten und nach dem dritten Segment zu liegen kam, wie es im Bild 4.6 dargestellt ist.

Der Validierungsprozeß wurde nun für jede dieser Segmenteinteilungen erneut mit dem nominalen Datensatz durchgeführt, wobei sich die Modellparameter geringfügig verschoben, um der veränderten Segmentlänge Rechnung zu tragen. In der Tabelle 4.2 sind die Werte der Gütefunktion (4.8) für verschiedene Segmentlängen einander gegenübergestellt.

Tabelle 4.2 Modellgüte J_{MV} für verschiedene Segmentlängen

Segmentlänge $\Delta_j \approx 330$ m	$\Delta_j \approx 500 - 550$ m	$\Delta_j \approx 825 - 1000$ m
Güteindex J_{MV} 160	137	210

Die Ergebnisse zeigen, daß eine Segmentlänge von ca. 500 m tatsächlich die zweckmäßigste Wahl darstellt, sofern geometrische Gegebenheiten der Fahrbahn nicht zu einer anderen Wahl zwingen. Während mit einer Vergrößerung der Segmentlänge immerhin eine Reduktion der Systemordnung auf 2n = 6 und damit eine Verringerung des numerischen Aufwands verbunden war, erbrachte eine Verkürzung der Segmentlänge neben einer Vergrößerung der Ordnung des Prozeßmodells eine zusätzliche Einbuße bei der Nachbildungsfähigkeit.

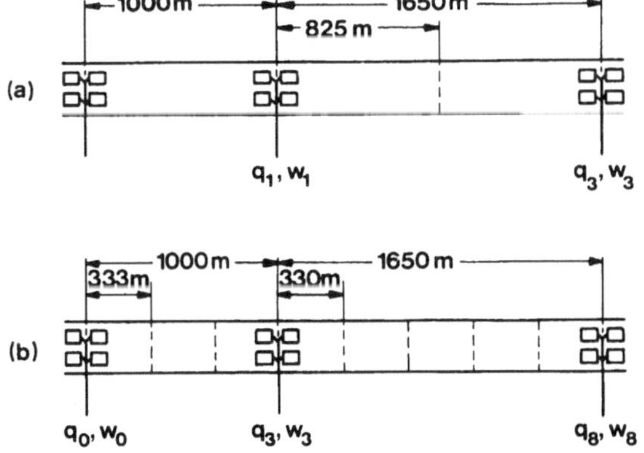

Bild 4.6 Unterteilung des Meßstreckenabschnitts in drei (a) bzw. acht (b) Segmente

Der Einfluß der zeitlichen Schrittweite wurde an der ursprünglichen Konfiguration (Bild 4.3) ebenfalls mit Hilfe des nominalen Datensatzes untersucht. Hierzu wurden die an den drei Meßquerschnitten erfaßten Fahrzeugzahlen und Einzelgeschwindigkeiten vorab zu Verkehrsstärkewerten $q(k)$ und gemittelten Geschwindigkeitswerten $w(k)$ für das jeweils gewählte Zeitintervall T umgesetzt und sodann im Validierungsprozeß verwendet. Auf diese Weise ließen sich die Zeitschrittweiten $T = 5s$, $T = 15s$ und $T = 20s$ hinsichtlich ihres Einflusses auf die Modellgüte untersuchen. Die dabei erhaltenen Werte der Gütefunktion J_{MV} sind in der Tabelle 4.3 aufgelistet und dem ursprünglichen Wert (für $T = 10s$) gegenübergestellt.

Tabelle 4.3 Modellgüte J_{MV} für verschiedene Zeitschrittweiten T

Zeitschrittweite	T = 5s	T = 10s	T = 15s	T = 20s
Güteindex J_{MV}	137	137	145	660

Bei der Bewertung der Ergebnisse ist zu berücksichtigen, daß mit der Verkürzung der Schrittweite T die Zahl der Zeitschritte in einem festen Gesamtintervall und damit die Rechenzeit bei einer algorithmischen Verarbeitung der Modellgleichungen steigt. Man sollte daher die Zeit T nicht zu klein wählen, was insbesondere für Echtzeitanwendungen gilt. Die Ergebnisse in Tabelle 4.3 machen auf der anderen Seite deutlich, daß die Wahl $T = 15s$ eine Grenze darstellt, oberhalb deren die Modellgüte drastisch abnimmt. Dieses Verhalten ist auch durch das Abtasttheorem von Shannon [27] begründbar, nach dem eine zeitliche Tastung eines zeitveränderlichen Vorgangs mindestens doppelt so schnell wie dessen schnellste Teilbewegung erfolgen muß, wenn der abgetastete Verlauf den Vorgang ohne Informationsverlust wiedergeben soll. Auf das Verkehrsflußmodell übertragen heißt das, daß der Wert von T kleiner als die Hälfte der Zeitkonstanten τ sein soll, für die oben (vgl. Tabelle 4.1) ein Wert von 34s gefunden worden war.

Die bisherige Festlegung von $T = 10\ s$ stellt demnach einen günstigen Kompromiß zwischen der erforderlichen Rechenzeit bei der Bearbeitung der Modellgleichungen und der Nachbildungsgüte des Modells bei schnellen Vorgängen dar.

4.3.3 Übertragbarkeit der nominalen Parameterwerte auf andere Meßdatensätze

Die in der Tabelle 4.1 aufgeführten Nominalwerte der Modellparameter waren anhand von Daten eines dreieinhalbstündigen Meßintervalls so gewählt worden, daß sich über den gesamten Zeitraum betrachtet eine optimale Übereinstimmung von Modellverhalten und Wirklichkeit ergab, was an den Variablen am mittleren Meßquerschnitt bemessen wurde. Wenn auch das Zeitintervall hinreichend groß gewählt wurde, um das individuelle Verhalten einzelner Fahrer und Fahrergruppen auszugleichen, so mag doch der Datensatz durch spezifische Merkmale geprägt sein, die vom Wetter, vom Lastwagenanteil, vom Wochentag und anderen Begleitumständen herrühren.

Es erhebt sich daher die berechtigte Frage, inwieweit die gefundenen Modellparameter auch als repräsentativ gelten können für das Verkehrsgeschehen an anderen Tagen und unter anderen Umweltbedingungen. Um diese Frage nach der Übertragbarkeit des validierten Modells beantworten zu können, wurden die in der Tabelle 4.4 angegebenen Meßdatensätze herangezogen.

Tabelle 4.4 Datensätze für die Untersuchung der Übertragbarkeit

Nr.	Datum der Messung	Uhrzeit	Wetterzustand	Kennzeichnung des Verkehrs
O	4. 7.75	$12^{05}-15^{45}$	bewölkt, trocken	Stau in den letzten 40 Minuten
I	4. 7.75	$12^{05}-14^{05}$	bewölkt, trocken	freier bis teilgebundener Verk.
II	4. 7.75	$14^{05}-15^{45}$	bewölkt, trocken	gebundener Verk. mit 40 min Stau
III	27.8.75	$11^{56}-13^{56}$	sonnig, klar	flüssig
IV	14.9.75	$10^{23}-11^{53}$	leichter Regen	flüssig
V	15.4.76	$10^{30}-12^{30}$	sonnig, hell	gebundener Verk. kurzer Stau
VI	15.4.76	$12^{30}-14^{29}$	sonnig, hell	gebundener Verk.
VII	15.4.76	$14^{29}-16^{28}$	sonnig	dichter Verkehr mit 30 min Stau
VIII	16.4.76	$10^{00}-12^{22}$	sonnig, hell	Stau

Jeder dieser Datensätze wurde einmal auf die Modellgleichungen mit dem nominellen Parametersatz der Tabelle 4.1 gegeben, wofür sich jedesmal ein Wert J_{MV}^{o} des Gütefunktionals ergab, der ein Maß ist für die Nachbildung dieser Verkehrsdaten durch das festgelegte Modell. Sodann wurde das Modell mit diesem Datensatz erneut dem Validierungsprozeß unterworfen, was zu einer Veränderung der Parameterwerte und zu dem für diese spezielle Meßwertfolge besten Wert J_{MV}^{*} des Gütefunktionals führte. Als Maß für die Übertragbarkeit wurde nun die Verminderung der Güte $J_{MV}^{o} - J_{MV}^{*}$ auf den Wert J_{MV}^{o} bezogen, d.h. es wurde damit ausgewiesen, um wieviel Prozent sich das Gütefunktional durch eine individuelle Parameteranpassung gegenüber dem Fall mit einheitlichen, nominalen Parameterwerten verbessern läßt. Diese Werte sind in der Tabelle 4.5 für die verfügbaren Datensätze zusammengestellt, in die auch die jeweiligen Standardabweichungen des Nachbildungsfehlers für die gemessene Geschwindigkeit $(w_J - \hat{w}_J)$ und für die Verkehrsstärke $(q_J - \hat{q}_J)$ aufgenommen sind.

Tabelle 4.5 Übertragbarkeit der Nachbildungsfähigkeit des Modells auf verschiedene Datensätze

Nummer des Datensatzes	Gütefunktion			Standardabwchg. $\sigma(w_J - \hat{w}_J)$		Standardabwchg. $\sigma(q_J - \hat{q}_J)$	
	nominal J_{MV}^{o}	optimal J_{MV}^{*}	Vermindg. in %	nominal	optimal	nominal	optimal
O	137	137	-	7,6	7,6	281	281
I	59	49	17	5,1	4,4	182	171
II	175	156	11	9,5	9,0	292	273
III	48	47	2	6,0	5,9	110	108
IV	42	39	7	5,4	5,1	114	113
V	168	96	42	9,1	6,5	291	232
VI	89	55	38	7,6	6,0	177	141
VII	483	378	22	16,7	13,7	453	437
VIII	823	572	30	26,4	21,4	356	338

Das Ergebnis mag auf den ersten Blick als unbefriedigend erscheinen, insofern als sich mehrmals eine Verschlechterung der Modellierungsgüte um mehr als 20 % ergibt, wenn man statt der individuell angepaßten Optimalwerte die einmal festgelegten Nominalwerte der Modellparameter verwendet. Bei der Bewertung dieser Zahlen gilt es allerdings zu bedenken, daß die Gütefunktion ein quadratisches Maß ist, bei dem durch die Quadratur der Fehler eine für den optischen Eindruck ungünstige Verzerrung entsteht.

Untersucht man nun diejenigen Fälle etwas näher, bei denen sich eine größere Ablage zwischen dem optimal erreichbaren Modellverhalten und dem Verhalten unter den Nominalparametern zeigte, so stellt man fest, daß es sich zum einen um sehr flüssigen Verkehr handelt (z.B. die ersten vier Stunden am 15.4.76), bei denen die absoluten Nachbildungsfehler immer noch recht klein sind und nur bei relativer Bewertung durch eine noch bessere Modellierung bei individueller Parameteranpassung herausragen. Zum anderen handelt es sich um Daten mit einem starken Stauanteil (z.B. am 16.4.76), bei denen die "Stop-and-Go"-Bewegung des Verkehrs zu starken örtlichen wie zeitlichen Schwankungen führt, die durch das Modell im Detail nur mäßig wiedergegeben werden, was sich durch einen hohen Fehlersockel auch bei optimaler Parameteranpassung ausdrückt.

So gesehen muß man mit den Ergebnissen sehr zufrieden sein. Da das hier verwendete Datenmaterial zwar nicht sehr umfangreich war, aber dafür einen großen Bereich extremer Verkehrssituationen beinhaltet, spricht vieles dafür, daß das Verkehrsflußmodell (2.25) mit den hier erarbeiteten Nominalwerten für die Parameter einen hohen Grad an Allgemeingültigkeit besitzt.

4.3.4 Empfindlichkeit der Modellgüte gegenüber Änderungen in den Parameterwerten

Als nächstes interessiert uns die Frage nach der Empfindlichkeit der Leistungsfähigkeit des Verkehrsflußmodells gegenüber kleinen Änderungen in den Parameterwerten. Diese Fragestellung sei hier so verstanden, daß ausgehend vom nominalen Parametersatz nacheinander jeder Parameter β_i um einen geringen Betrag $\Delta\beta_i$ (z.B. um 5 %) verändert wird und dann anhand der nominalen Verkehrsdaten (Datensatz Nr. 0) untersucht wird, in welchem Maße hierdurch die Güte des Modells, ausgedrückt im Güteindex J_{MV}, herabgesetzt wird. Als Maß für die Empfindlichkeit des Modellverhaltens gegenüber einer Änderung des i-ten Parameters β_i

diene dabei die folgende Empfindlichkeitsfunktion

$$S(\frac{\Delta\beta_i}{\beta_i}) = [\, J_{MV}(\beta_i + \Delta\beta_i) - J_{MV}^{o} \,] \,/\, J_{MV}^{o} \,. \qquad (4.11)$$

Hierdurch wird die Verschlechterung des Gütemaßes J_{MV} bei einer relativen Änderung des i-ten Parameters $\Delta\beta_i/\beta_i$ auf den Wert J_{MV}^{o} der Gütefunktion bei optimaler Anpassung bezogen.

Die Qualität des hier validierten Modells ist nun nicht nur durch den absoluten Wert des Gütemaßes J_{MV} allein, sondern auch durch dessen Änderung mit den Modellparametern im Nominalpunkt bestimmt und zwar aus folgenden Gründen. Einmal verliert ein Modell seinen Wert, wenn es bei geringen Änderungen in den Systemparametern, wie sie im Verkehr laufend zu erwarten sind, die Realität nur noch unzureichend zu beschreiben vermag. Zum anderen sollen die Modellgleichungen, wie wir in den nächsten beiden Kapiteln sehen werden, für Aufgaben der Verkehrsprognose, der Meßdatenverarbeitung und der Verkehrsflußregelung in digitalen Recheneinheiten verarbeitet werden, die mitunter nur über eine geringe Stellenzahl verfügen. Dabei muß es in Kauf genommen werden, daß die Parameter - ebenso wie die Zustandsvariablen - nur mit einer reduzierten Genauigkeit festgelegt werden können, wobei Abweichungen von einigen Prozenten gegenüber den Nominalwerten einzukalkulieren sind. Auch hier wird man verlangen, daß die Modelleigenschaften nicht wesentlich beeinträchtigt werden.

Die Parameterempfindlichkeit der Modellaussagen wurde hier an mehreren der oben aufgeführten Datensätze analysiert. Die Ergebnisse zeigten dabei eine gute Übereinstimmung, sofern die Daten in Bezug auf die Anteile mit flüssigem und stauendem Verkehr gleichartig waren. Trennt man dagegen diese beiden Anteile und untersucht dann die Auswirkungen eines Inkrements in den einzelnen Parametern, so kann man feststellen, daß die Mehrzahl der Parameter im flüssigen Verkehr eine andere Wirksamkeit hat als im Stau. So steigt die Modellgüte beispielsweise im flüssigen Verkehr, wenn man den Empfindlichkeitsfaktor ν vermindert, während umgekehrt das Modellverhalten im Stau durch eine Vergrößerung von ν verbessert wird. Die bei der Modellvalidierung als nominale Parameter gefundenen Werte stellen dem zugrunde liegenden Datenmaterial zufolge einen Kompromiß dar, bei dem sowohl im flüssigen Verkehr wie im Stau ein gutes, in keinem der Bereiche aber optimales Modellverhalten erzielt wird.

Die am Nenndatensatz (Nummer 0 in Tabelle 4.4) erhaltenen Ergebnisse der

Empfindlichkeitsanalyse sind in der Tabelle 4.6 zusammengestellt, einschließlich der Wirkungstendenzen von Parameteränderungen für den flüssigen wie den stauenden Verkehr. Da die Empfindlichkeit wegen der Nichtlinearitäten des Systems nicht symmetrisch, d.h. für positive und negative Inkremente nicht gleich ist, wurde die Empfindlichkeitsfunktion (4.11) für die Parameteränderungen $\Delta\beta_i/\beta_i = \pm 5\ \%$ und $\Delta\beta/\beta_i = \pm 10\ \%$ ausgewertet.

Tabelle 4.6 Empfindlichkeit der Modellgüte gegenüber Parameteränderungen sowie Tendenz der Modellgüte bei einer Parameteränderung für flüssigen und stauenden Verkehr

- \+ Vergrößerung des Parameters : Verbesserung der Güte
- \- Vergrößerung des Parameters : Verschlechterung der Güte
- O gleichsinniger Einfluß

Parameter / Empf.-Fktn.	V_f	c_{max}	$l - 1$	$\frac{1}{1-m}$	τ	ν	α
$S_{(-10\ \%)}$	18 %	6 %	12 %	7 %	0,8 %	1,3 %	0,3 %
$S_{(-\ 5\ \%)}$	3 %	1 %	1 %	2,5 %	0,3 %	0,6 %	0 %
$S_{(+\ 5\ \%)}$	9 %	4 %	6 %	0 %	0,2 %	0 %	1,0 %
$S_{(+10\ \%)}$	29 %	12 %	17 %	1 %	0,3 %	0 %	2,7 %
Güte/$_{Stau}$	-	O	-	+	-	+	-
Güte/$_{fl.Verk.}$	+	O	+	-	+	-	+

Die Resultate machen zunächst in ihrer Gesamtheit gesehen deutlich, daß das Modell in seiner Qualität relativ unempfindlich ist gegenüber Parameteränderungen, die die 5 % - Marge nicht übersteigen. Bei Parameteränderungen über 5 % treten allerdings die freie Geschwindigkeit V_f, der Exponent $l - 1$ und die maximale Dichte c_{max}, alles Parameter der stationären Geschwindigkeits-Dichte-Charakteristik $V(c)$, durch eine merkliche Herabsetzung der Modellgüte hervor. Bei der freien Geschwindigkeit V_f darf das allerdings nicht überraschen, da hierdurch das Geschwindigkeitsniveau und folglich auch die Verkehrsstärken über den gesamten Dichtebereich gemäß dem Betrag ΔV_f gehoben oder gesenkt werden, was natürlich im Gütemaß (4.8) merklich zu Buche schlägt. Sollten sich diese Parameter in der Realität von Zeit zu Zeit in dieser Größenordnung ändern, was aus dem vorhandenen Datenmaterial nicht hervorgeht, dann könnte es zur Beibehaltung einer guten Modellqualität notwendig werden, daß man diese Parameter bei der Verkehrsbeobachtung ständig regeneriert. Dies kann beispielsweise zusätzlich in einem rekursiven Filter zur Zustandsschätzung erfolgen, wie es im nächsten Kapitel vorgestellt wird (siehe auch [79,80]).

4.3.5 Modifikationen des Modells und deren Auswirkungen auf die Modellgüte

Das im Kapitel 2 entwickelte Verkehrsflußmodell (2.25) enthält eine Reihe von Termen mit aufwendigeren Rechenoperationen, die bei der Herleitung des Modells mit intuitiven Überlegungen oder empirischen Beobachtungen begründet wurden. Angesichts der hier erarbeiteten Möglichkeiten, die Qualität des Modells anhand realer Verkehrsdaten quantitativ zu bemessen, stellt sich nunmehr die Frage nach dem Wert, den eine Reihe von plausiblen, aber nicht zwingend notwendigen Vereinbarungen in den Modellgleichungen für die Nachbildung des wirklichen Verkehrsgeschehens haben. Daher soll hier die am Gütemaß quantifizierte Berechtigung verschiedener Anteile der Modellgleichungen, wie u.a. des Dichtegefälleterms, nachgewiesen werden. Gleichzeitig soll hiermit eine Entscheidungshilfe geboten werden, in welchen Punkten sich das Modell am ehesten vereinfachen läßt, falls dies für einen speziellen Anwendungsfall wünschenswert oder gar erforderlich wird.

Es wurden nun die folgenden Modellvereinfachungen als zur Disposition stehend betrachtet:

- Vereinfachung des Ausdrucks (2.13) für die Verkehrsstärke ($\alpha \equiv 1$)

$$q_j(k) = c_j(k) \cdot v_j(k) \quad , \tag{4.12}$$

- Vernachlässigung des Dichtegefälleterms: $\nu \equiv 0$,
- Streichung des Verschiebungs- oder Konvektionsterms in der Differenzengleichung für die mittlere Geschwindigkeit v_j ,
- Ersatz des mit einer zweimaligen Potenzierung verbundenen stationären Geschwindigkeits-Dichte-Zusammenhangs $V(c)$ nach (2.4d) durch die einfachere Exponentialfunktion (2.4c):

$$V(c) = V_f \cdot \exp\left[-0{,}5\left(\frac{c}{c_o}\right)^2 \right] \quad , \tag{4.13}$$

- Vernachlässigung jeder dynamischen Trägheit der mittleren Geschwindigkeit v_j, indem die Differenzengleichung für v_j durch die gewöhnliche Beziehung ersetzt wird (wie in [81])

$$v_j(k) = V(c_j(k)) \; . \tag{4.14}$$

Um die mit jeder dieser Vereinfachungen eingehandelte Verschlechterung in der Modellierung des Verkehrsablaufes zu bewerten, wird das folgende Vorgehen gewählt. Jede reduzierte Modellversion wird mit dem nominalen Meßdatensatz (Nr.0 in Tabelle 4.4) erneut dem Validierungsprozeß unterworfen. Für die verbliebenen Parameter des reduzierten Modells führt dann der Optimierungsvorgang zu einer neuen Wertekonstellation, durch die ein geringer Teil der Unzulänglichkeiten des vereinfachten Modells wieder ausgeglichen wird. Für die genannten Vereinfachungen wurde so der günstigste Wert der Gütefunktion J_{MV}^r nach (4.8) ermittelt, der sich im jeweiligen Fall durch die Nachjustierung der verbliebenen Parameter erreichen läßt. Der Qualitätsverlust des Modells bei einer Reduktion läßt sich dann durch den folgenden Ausdruck bemessen

$$\rho = \frac{J_{MV}^r - J_{MV}^o}{J_{MV}^o} \, , \tag{4.15}$$

in dem die Verschlechterung der Gütefunktion auf den Wert im ungekürzten Nominalfall bezogen wird. Je größer also die Maßzahl ρ ist, desto mehr verringert sich die Modellgüte bei der jeweiligen Verkürzung des Modells.

Nun haben aber einzelne Terme in den Modellgleichungen eine spezifische Wirkung, je nachdem, ob es um die Modellierung von flüssigem oder stauendem Verkehr geht oder ob mehr die Geschwindigkeit oder mehr die Verkehrsstärke wirklichkeitsnah nachgebildet werden soll. Aus diesem Grunde wurde der Qualitätsverlust ρ nicht nur pauschal für das ganze Zeitintervall der nominalen Meßdaten und das Gütemaß J_{MV} nach (4.8) ermittelt, sondern darüberhinaus noch hinsichtlich seiner Anteile für die Nachbildung der Geschwindigkeit w_J und der Verkehrsstärke q_J sowohl im flüssigen Verkehr als auch im Stau aufgeschlüsselt. Die Ergebnisse dieser Untersuchungen sind in der Tabelle 4.7 wiedergegeben.

Die Ergebnisse machen zunächst deutlich, daß der Qualitätsverlust insgesamt umso größer ist, je höher die Einsparung an numerischem Aufwand ausfällt. Am ehesten ist demnach ein Verzicht auf die gewichtete Mitte-

Tabelle 4.7 Prozentualer Güteverlust ρ des Modells (2.25) bei verschiedenen Vereinfachungen der Modellgleichungen (negative Zahlen bedeuten Verbesserung der Güte)

prozentualer Güteverlust / Vereinfachung	gesamt	bezüglich w_J		bezüglich q_J	
		flüss. Verkehr	Stau	flüss. Verkehr	Stau
$\alpha = 1$	17 %	-4 %	27 %	12 %	26 %
$\nu = 0$	50 %	0 %	76 %	29 %	84 %
ohne Verschiebungsterm	58 %	270 %	-9 %	51 %	-24 %
V(c) nach (4.13)	31 %	76 %	82 %	-17 %	11 %
$v_j = V(c_j)$ nach (4.14)	207 %	164 %	438 %	149 %	132 %

lung bei der Berechnung der Verkehrsstärkewerte in den Segmentübergängen zu verkraften ($\alpha \equiv 1$). Am meisten wird die Aussagekraft des Modells verringert, wenn die mittlere Geschwindigkeit v_j der Verkehrsdichte trägheitslos folgt. Bemerkenswert sind aber auch die spezifischen Auswirkungen der einzelnen Verkürzungen des Modells. So geht die Streichung des Verschiebungsterms voll zu Lasten des flüssigen Verkehrs und führt sogar zu einer besseren Nachbildung im Stau. Hier wird besonders deutlich, daß eine pauschale Betrachtung des Verlustes insgesamt unzureichend ist. Umgekehrt wirken sich die Vernachlässigung des Dichtegefälleterms und die Annäherung der V(c)-Charakteristik durch die Exponentialfunktion (4.13) im Staubereich nachteiliger aus als im Bereich des flüssigen Verkehrs.

Das hier behandelte Modell ist mit dem Anspruch konzipiert worden, das Verkehrsgeschehen in allen Dichtebereichen gleichermaßen zu repräsentieren. Wenn man die einzelnen Modellvereinfachungen bewerten will, muß man demnach mehr den ungünstigsten Fall im Auge haben als den pauschalen Güteverlust, der aus der speziellen Zusammensetzung von flüssigem und stauendem Verkehr des Nominaldatensatzes herrührt. So gesehen ist auch die Verkürzung des Ausdrucks für die Verkehrsstärke gemäß (4.12) wegen der Verschlechterung im Bereich des Staus bedenklich.

Nachdem hier die Auswirkungen von Modellvereinfachungen besprochen und quantitativ erfaßt wurden, sollen abschließend noch einige Bemerkungen dazu gemacht werden, wie man die Nachbildung des Verkehrs durch Verfeinerungen des Modells verbessern könnte. Als erste Möglichkeit bietet es sich an, den Lastwagenanteil nach einem der Vorschläge aus Abschnitt 2.5 im Modell zu berücksichtigen. Darüber hinaus kann man aus der Wirkungstendenz der Parameterveränderungen aus der Tabelle 4.7 einige Hinweise ablesen. Man erkennt hieraus einmal, daß drei der insgesamt vier Parameter der stationären V(c)-Charakteristik sich im Stau und im flüssigen Verkehr gegenläufig verhalten, die Charakteristik in beiden Dichtebereichen für sich genommen also noch nicht optimal ist. Wahrscheinlich ließe sich hier eine Verbesserung durch eine andere Funktion erreichen, die einen oder mehr weitere Freiheitsgrade enthält.

Eine ähnliche Überlegung gilt für den Dichtegefälleterm, bei dem sich eine Dichteabhängigkeit des Empfindlichkeitsfaktors ν gezeigt hat. Auch hier könnte man nach einer besseren Modellierung durch einen komplizierteren Ausdruck suchen. Schließlich deutet auch die Wirkungstendenz beim Parameter α darauf hin, daß eine Abhängigkeit vom Arbeitspunkt eine gewisse, wenn auch nicht allzu große Verbesserung bringt.

5. Meßdatenerfassung und -aufbereitung Überwachung des Verkehrszustands

5.1 Aufgabenstellung der Messung von Verkehrsdaten

Für die Beobachtung des Verkehrs und die Erfassung von Verkehrsdaten lassen sich eine Reihe von verschiedenen Beweggründen anführen. Einmal mag eine rein kontemplative, von keinem speziellen Verwendungszweck getriebene Motivation vorliegen, den Verkehr als Phänomen der Umwelt zu erfahren und seine Gesetzmäßigkeiten zu erforschen, um dadurch zu einem tieferen Verständnis der Vorgänge zu gelangen.

Ein anderer, mehr auf das Handeln ausgerichteter Gesichtspunkt für eine meßtechnische Verkehrsüberwachung dient der Erkennung des Überschreitens kritischer Werte im Verkehrsablauf und der schnellen Meldung und Lokalisierung von Alarmsituationen wie Unfällen und Staus. Dieser Aspekt ist sicherheitstechnischer Natur und soll dazu dienen, Gefahrenquellen durch eine schnelle Diagnose und Informationsverteilung zu beseitigen oder zumindest in ihren Folgen zu entschärfen. Hier wird weniger Wert auf eine präzise, quantitative Wiedergabe des Verkehrsablaufs gelegt als vielmehr darauf, Grenz- und Ausnahmesituationen als solche zu erkennen, was mehr einer binären Ja-Nein Information entspricht.

Ein weiterer Beweggrund zur Schaffung eines örtlich verteilten, automatischen Überwachungssystems liegt schließlich dann vor, wenn der Verkehrsfluß selbst Gegenstand einer situationsgerechten Regulierung sein soll. In diesem Fall muß jede Maßnahme der aktuellen Verkehrssituation im ganzen, der Automatisierung unterliegenden Bereich angepaßt sein. Das heißt, jede Signalstellung wird von der meßtechnisch erfaßten, gegenwärtigen Verkehrslage abgeleitet - ob von menschlicher Hand oder einem "intelligenten" elektronischen Gerät, das sei hier zunächst dahingestellt.

Je nach dem der Messung zugrunde gelegten Informationsziel werden die eingesetzten meßtechnischen Mittel und die Meßstellenkonstellation neu zu überdenken sein. Zur Ergründung der Gesetzmäßigkeiten des Verkehrsablaufs mag es angehen, an einigen ausgewählten Testabschnitten ein dichtes Netz von technologisch aufwendigen Meßaufnehmern zu installieren. Bei der Überwachung des Verkehrszustands längs eines ausgedehnteren Schnellstraßensystems multipliziert sich der an jeder Meßstelle getriebene Aufwand um ein Vielfaches. Man wird hier versuchen, den instrumentellen Aufwand und die zu handhabenden Daten auf das notwendige Maß zu beschränken.

Die von der Technik gebotenen Möglichkeiten, Verkehrsdaten zu messen, werden im nächsten Abschnitt vorgestellt und nach der hier im Vordergrund stehenden Aufgabe der Zustandsbeobachtung beurteilt. Es wird dabei etwas ausführlicher auf die Wirkungsweise und die Informationsgewinnung der induktiven Schleifendetektoren eingegangen, die zur Zeit unter dem Gesichtspunkt der Wirtschaftlichkeit und der Zuverlässigkeit am günstigsten zu beurteilen sind.

Im nachfolgenden, dritten Abschnitt dieses Kapitels werden wir uns dann der Frage zuwenden, wie man aus den Meßdaten auf den Verkehrszustand längs des gesamten Straßenabschnitts rückschließen kann. Es wird dabei aus praktischen Erwägungen davon ausgegangen, daß vom Aufwand her nur an den Abschnittsenden Sensorgruppen verlegt werden, wobei die zulässige Länge eines Abschnitts zwar durch das Beobachtbarkeitsmaß im Kapitel 3 schon eingeschränkt wurde, aber erst anhand realitätsnaher Studien festgelegt werden soll. Der dynamischen Gesetzmäßigkeit, unter der das Verkehrsgeschehen steht, kommt bei dieser Meßdatenverarbeitung eine besondere Rolle zu: unter ihr sind die Meßdaten entstanden und unter ihr sind sie daher auch zu sehen und zu interpretieren. Der Rückschluß von den Meßdaten auf die Zustandsgrößen erfolgt durch sogenannte Filter- oder Beobachtersysteme [82,83,84,85], die sich wesentlich auf ein Modell des jeweils vorliegenden Prozesses abstützen.

Als ein gesondertes Problem stellt sich die Aufgabe der automatischen Unfalldetektion dar, insofern, als das Auftreten eines Unfalls durch die Modellgleichungen aus Kapitel 2 nicht begründet und damit erklärbar ist. Hier erweist sich eine Erweiterung des Modells als notwendig, um den Unfall als zufälliges Ereignis und die daraus resultierende Entwicklung des Verkehrsablaufs in den Modellansatz einzubeziehen.

Die Grundzüge einer möglichen gerätetechnischen Realisierung des hier vorgeschlagenen automatischen Datenerfassungs- und Überwachungssystems werden im Zusammenhang mit dem im nächsten Kapitel vorgestellten Regelkonzept im Abschnitt 6.5 aufgezeigt.

5.2 Meßtechnische Voraussetzungen

5.2.1 Allgemeine Betrachtungen

Die Frage, welche Meßdaten mit welchen Mitteln erfaßt werden können, soll hier im Hinblick auf die im Kapitel 2 eingeführten makroskopischen Variablen angesprochen werden. Das heißt, wir beschränken uns hier darauf zu klären, welchen meßtechnischen Zugang wir - unmittelbar oder mittelbar - zu den Größen Verkehrsdichte, mittlere Geschwindigkeit und Verkehrsstärke haben.

Was die Verkehrsdichte $c_j(k)$ angeht, stellen wir zunächst einmal fest, daß es sich hierbei um eine momentane Größe handelt, bei der gewissermaßen in Augenblicksaufnahmen die Gesamtzahl der örtlich über ein Segment verteilten Fahrzeuge zu registrieren ist. Es ist diese örtliche Verteilung, die der Messung dieser Größe erhebliche Schwierigkeiten entgegensetzt. Man könnte hier beispielsweise an ein visuelles oder optisches Verfahren denken, bei dem eine hoch über der Fahrbahn angeordnete Optik (z.B. eine Fernsehkamera) das Bild eines gesamten Segments einfängt. Die Zahl der Fahrzeuge wäre dann durch ein angeschlossenes elektronisches Auszählverfahren festzustellen. Tatsächlich werden auf diese Weise Verkehrsbeobachtungen durchgeführt, allerdings nur an meist innerstädtischen neuralgischen Verkehrsknoten, wo Gebäude die Installierung einer Fernsehkamera erleichtern und eine komplizierte Verkehrsstromführung (Kreuzung mit verschiedenen Abbiegerspuren) einen solchen Aufwand rechtfertigt [86,87]. Für den Einsatz auf Überlandstraßen scheidet diese Möglichkeit aus Kostengründen aus.

Eine andere Möglichkeit wäre die, ein Netz von Detektoren längs der Straße auszulegen, die die Anwesenheit eines Fahrzeugs auf mechanischem (Druck), optischem (Lichtschranken), akustischem oder elektrischem (gestörtes elektrostatisches oder elektromagnetisches Feld) Weg feststellen [86,88]. Soll dabei jedes Fahrzeug an beliebiger Stelle eines Segments erfaßbar sein, muß die Detektorfolge entsprechend dicht sein, was bei einer hohen Zahl von Detektoren auch zu einem großen Verkabelungsaufwand und einer hohen primären Datenmenge führt, die dann zu einem Dichtewert zu reduzieren ist. Es muß somit festgestellt werden, daß die Verkehrsdichte sich nicht mit vertretbarem Aufwand direkt messen läßt.

Bei der mittleren Geschwindigkeit $v_J(k)$ liegen die Verhältnisse, was ihre direkte Messung betrifft, aufgrund der räumlichen Verteilung der Einzelfahrzeuge ähnlich. Erschwerend kommt sogar hinzu, daß man nicht nur die einzelnen Fahrzeuge im Segment zählen sondern außerdem ihre Geschwindigkeit bestimmen muß, was bei Verwendung einer optischen Anlage wegen des räumlich verschiedenen Blickwinkels nur mit Sondermaßnahmen bei erhöhter Ungenauigkeit möglich ist. Etwas bessere Möglichkeiten bietet ein dichtes Netz von Sensoren, wogegen aber wie oben der enorme instrumentelle Aufwand spricht.

Wesentlich einfacher gestaltet sich die Erfassung der lokalen Größen, wie der Verkehrsstärke q_J und der gemittelten Geschwindigkeit w_J, da diese Größen sich nur auf einen festen Querschnitt beziehen und daher nur eine Bestückung des betreffenden Querschnitts mit Detektoren erfordern.

Von der Gerätetechnik her gibt es nun eine Vielzahl vorgeschlagener und ausgeführter Bauformen von Detektoren, die verschiedene physikalische Phänomene ausnutzen, um das Vorbeifahren und die Geschwindigkeit von Fahrzeugen zu registrieren und diese dabei gegebenenfalls auch nach Arten zu klassifizieren. Eine gute Übersicht über die verschiedenen Typen von Sensoren ist in [89] zu finden. Es würde zu weit führen, auf das Meßprinzip und die konstruktive Bauweise im einzelnen hier einzugehen. Die verschiedenen Möglichkeiten sind in der Tabelle 5.1 aufgeführt und mit einer kurzen Wertung einander gegenübergestellt.

Gemeinsam ist allen Detektoren, daß die Anwesenheit oder das Passieren eines Fahrzeuges zu einer Signaländerung in einer technischen Anordnung führt, die registriert und aufsummiert werden kann und sich so in einfacher Weise zu einem Wert für die Verkehrsstärke q_J am betreffenden Querschnitt verarbeiten läßt. Allerdings ist die Zahl der Fehlmessungen, d.h. der mehrfach oder überhaupt nicht registrierten Fahrzeuge insbesondere bei mehrspurigen Richtungsfahrbahnen zum Teil beträchtlich [89]. Das Vorbeifahren eines Fahrzeugs an einem Detektor ist nun ein dynamischer Vorgang, der in seinem zeitlichen Ablauf wesentlich von

Tabelle 5.1 Übersicht über Detektoren zur Messung von lokalen Verkehrsdaten

Detektortyp	Physikalischer Meßträger	Meßprinzip	Montage	Eigenschaften
Druck-detektor	mechanischer oder pneumatischer Druck	el. Kontakt, pneum. Membran-kontakt, Dehnungsmeßstreifen	in der Fahrbahn	geringer Aufwand; anfällig gegen Witterung und mech. Zerstörung
Magnet-detektor	statisches Magnetfeld	Änderung des Magn.-Feldes durch die Eisenmassen der Fahrzeuge	unter der Fahrbahn	mäßiger Aufwand; anfällig gegen el.-magn. Störfelder
Licht-detektor	Lichtstrahl	Unterbrechung oder Umlenkung des Lichtstrahls	neben der Fahrbahn	geringer Aufwand; nur für geringe Verkehrsstärken; anfällig gegen Verschmutzung
Infrarot-detektor	Infrarotstrahlung	Reflexion der Strahlung durch das Fahrzeug	über der Fahrbahn	mäßiger Aufwand; empfindlich gegen Licht- und Wärmestrahlung
Radar-detektor	elektromagnetische Mikrowellen	aktive und passive Reflexion; Dopplereffekt	über der Fahrbahn	erheblicher Aufwand; Störung durch Regen und Schnee
Ultraschall-detektor	Ultraschallwellen	aktive oder passive Reflexion; Dopplereffekt	über oder neben der Fahrbahn	erheblicher Aufwand; große Genauigkeit
kapazitiver Detektor	statisches elektrisches Feld	Kapazitätsänderung	über oder in der Fahrbahn	geringer Aufwand; anfällig gegen Witterungsbedingungen
Schleifen-detektor	magnetisches Wechselfeld	Änderung der Induktivität der Schleife durch leitenden Fahrzeugboden	in der Fahrbahn	geringer Aufwand; wartungsarm; Beeinträchtigung durch Stahl-armierung in der Straße
Spulen-detektor	magnetisches Wechselfeld	Änderung der Induktivität durch Eisenteile im Fahrzeug	in der Fahrbahn	mäßiger Aufwand; wartungsarm; Be-einträchtigung durch Stahlarmierung

der Geschwindigkeit des Fahrzeugs bestimmt wird. Damit ist prinzipiell bei allen Detektortypen die Möglichkeit gegeben, aus dem Zeitverlauf des Meßreizes auf die Geschwindigkeit rückzuschließen, auch wenn das nur bei wenigen Bauformen technisch realisiert ist. Relativ einfach und genau läßt sich die Fahrzeuggeschwindigkeit beim Radardetektor und Ultraschalldetektor aus der Frequenzverschiebung des Dopplereffektes ableiten [90]. Bei allen anderen Detektoren muß man die "Impulsform" des Meßsignals auswerten oder durch zwei hintereinander liegende Detektoren aus dem zeitlichen Impulsabstand auf die Laufzeit und damit auf die Geschwindigkeit schließen [91]. In den Vereinigten Staaten von Amerika, wo die Annahme einer annähernd gleichen Länge für alle Fahrzeuge aufgrund des geringen Lkw-Anteils und der Bauform der dortigen Fahrzeuge gerechtfertigt ist, kann ohne große Fehler aus der Impulslänge die Geschwindigkeit berechnet werden [92,92]. In Europa hat sich dagegen wegen der Unterschiedlichkeit der Fahrzeuglängen die Verwendung von Detektorpaaren mit einer Auswertung der Laufzeit durchgesetzt.

Die Frage, inwieweit die einzelnen Detektoren direkt oder indirekt eine Auskunft über den Typ des registrierten Fahrzeugs geben können, soll hier im Hinblick auf die bei der Modellbildung im Abschnitt 2.5 ins Auge gefaßte Trennung von Pkw- und Lkw-Anteil kurz gestreift werden. Bei den Radar- und Ultraschalldetektoren über der Fahrbahn können höhere Fahrzeuge, das sind i.a. die Lastwagen und Omnibusse, direkt durch eine kürzere Laufzeit des reflektierten Signals erkannt werden.

Bei derjenigen Klasse von Reflektoren, bei der das Meßphänomen in der Störung eines physikalischen Feldes besteht, kann einmal - mit einer größeren Unsicherheit - ein Zusammenhang zwischen der Höhe des abgeleiteten Impulses und der Bodenfreiheit des Fahrzeugs hergestellt und ausgewertet werden. Eine größere Sicherheit bietet aber die Verwendung zweier Detektoren in kurzem Abstand, wobei aus den vier Flanken des Doppelimpulses nicht nur die Geschwindigkeit sondern auch die Fahrzeuglänge bestimmt werden kann, nach der dann die Klassifizierung vorgenommen wird (siehe hierzu auch die Ausführungen im nächsten Abschnitt).

Wenn derartige Detektoren für den automatischen Betrieb eines Straßennetzes in großer Stückzahl eingebaut werden sollen, dann müssen sie einmal in der Herstellung billig und zum anderen wegen der Nachfolgelasten robust und wartungsarm sein. Schließlich haben sie im Hinblick auf die Abhängigkeit einer funktionstüchtigen Regelung von verläßlichen Meßwerten auch ein gewisses Maß an Zuverlässigkeit aufzuweisen. Unter diesen Prämissen fällt es daher nicht schwer nachzuvollziehen, daß unter den aufgeführten Möglichkeiten die Entscheidung zugunsten des induktiven Schleifendetektors gefallen ist. Dieser Detektor wird heute bereits mit der zugehörigen Auswerteelektronik als Sensorsystem serienmäßig hergestellt [91,94] und soll in seiner Funktion im nächsten Abschnitt noch etwas näher erläutert werden.

5.2.2 Datenerfassung mit induktiven Schleifendetektoren

Der am meisten - insbesondere im Fernstraßenbereich - eingesetzte Detektor ist heute der induktive Schleifendetektor, dessen Eigenschaften und Einsatzmöglichkeiten auf Grund seiner herausragenden Bedeutung hier näher beschrieben werden sollen.

Wesentliches Bauteil ist bei diesem Detektor eine aus wenigen (ca. 2 bis 5) Windungen bestehende rechteckige Schleife mit einer Länge von ca. 3 m und einer Breite von etwa 1,5 m. Diese wird in eine in die Fahrbahndecke eingefräste Fuge eingelegt, die anschließend vergossen wird, so daß die Montage schnell und ohne große Störung des Verkehrs erfolgt. In dieser Weise wird die Schleife, die eine Luftspule mit einer Induktivität im Bereich von 60 µH bis 1400 µH darstellt, über eine elektronische Einheit angeschlossen, die neben der Fahrbahn installiert ist. Ein Blockschaltbild mit den wesentlichen Funktionselementen des Schleifendetektors ist in Bild 5.1 dargestellt (nach [94]).

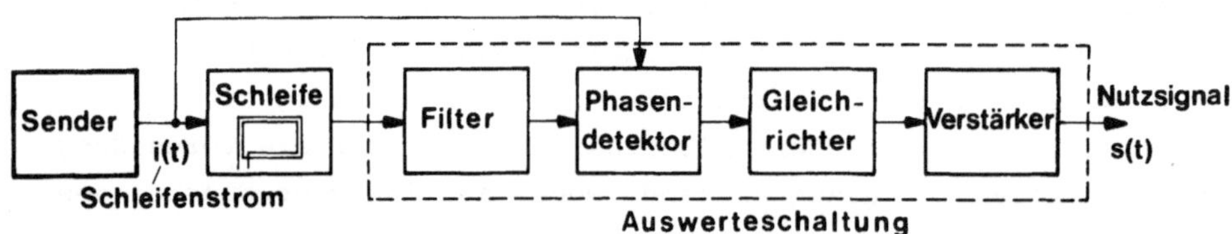

Bild 5.1 Blockschaltbild eines Schleifendetektors mit Auswerteschaltung

Die Schleife wird dabei von einem Sender mit einem Wechselstrom einer Frequenz von etwa 50 kHz gespeist und erzeugt so über der Fahrbahndecke ein magnetisches Wechselfeld. Ein Fahrzeug, das die Schleife überfährt, wirkt mit seinem Metallboden wie eine lose angekoppelte Kurzschlußwicklung, in der vom Wechselfeld induzierte Wirbelströme fließen. Dieser Effekt wirkt sich im Stromkreis der Schleife als eine Abnahme der Induktivität aus, die allerdings aufgrund der beträchtlichen Bodenfreiheit des Fahrzeugs und der mitunter in der Betondecke der Fahrbahn verlegten Stahlarmierung nur einige Prozent beträgt [94]. Aus diesem Grunde ist eine Auswertung der Amplitudenänderung der Wechselspannung an einem Widerstand im Schleifenkreis unsicher, so daß hier die wesentlich empfindlichere Phasenverstimmung durch einen Phasendetektor als Nutzsignal herangezogen wird. Ein phasenmessender Gleichrichter liefert somit ein Nutzsignal s(t) (siehe Bild 5.3), das den Annäherungsvorgang (Anstiegsflanke), das Überfahren (Impulsmitte) und die Entfernung (Abstiegsflanke) eines Fahrzeugs abbildet. Eine Detektorgruppe (siehe Bild 5.2) mit Auswerteschaltung bildet in dem hier gewählten Sprachgebrauch eine Sensoreinheit.

Es muß hierbei darauf hingewiesen werden, daß die Wahl der Betriebsparameter so zu treffen ist, daß die Bildung dieses Signals praktisch trägheitslos der Bewegung des Fahrzeugs folgt, d.h. die Bewegung des Fahrzeugs ist relativ langsam verglichen mit den Zeitkonstanten der elektronischen Auswertung.

Um an einem Meßquerschnitt einer mehrspurigen Richtungsfahrbahn Verkehrsstärke- und Geschwindigkeitswerte zu erfassen, werden in jeder Fahrspur zwei hintereinanderliegende Schleifen verlegt, wie das in Bild 5.2 dargestellt ist.

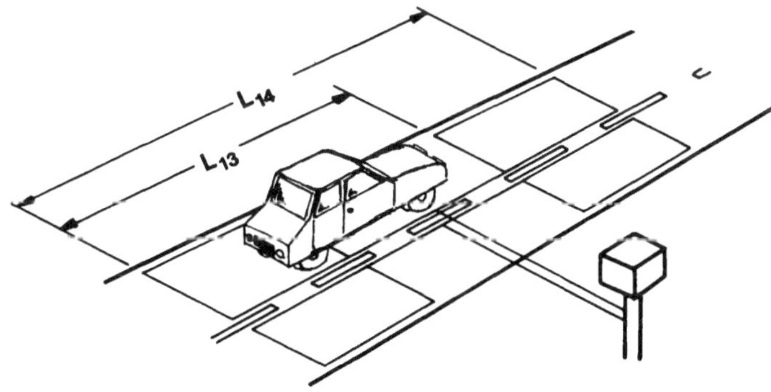

Bild 5.2 Detektorgruppe zur Registrierung von Fahrzeugen und deren Geschwindigkeit an einer zweispurigen Richtungsfahrbahn

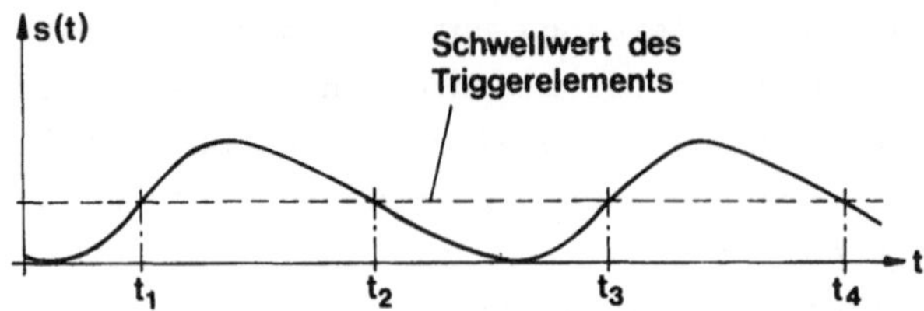

Bild 5.3 Schematische Darstellung eines Detektor-Doppelimpulses

Dem von einem Fahrzeug gemäß Bild 5.3 erzeugten Doppelimpuls werden durch Triggerelemente die auf die vier Impulsflanken bezogenen Zeitpunkte t_1 bis t_4 entnommen. Sind nun die durch die geometrischen Abmaße und die Ansprechschwelle festgelegten wirksamen Längen L_{ij} der Schleifenanordnung bekannt (diese stimmen im allgemeinen nicht mit den geometrischen Abmessungen überein und können bei bekannter Fahrzeuglänge L und Geschwindigkeit v einmal durch die nachfolgenden Gleichungen bestimmt werden), dann kann die Fahrzeuggeschwindigkeit mit einem Meßfehler von 4 % bis 8 % sowie die Fahrzeuglänge mit einem Fehler von etwa 10 % nach den folgenden Beziehungen ermittelt werden [76]:

$$v = \frac{L_{13}}{t_3 - t_1} \tag{5.1}$$

$$L = \frac{t_4 - t_1}{t_3 - t_1} L_{13} - L_{14} \tag{5.2}$$

Hierin ist L_{13} die wirksame Länge zwischen dem Kopf der ersten Schleife und dem Kopf der zweiten Schleife. L_{14} ist die wirksame Länge vom Kopf der ersten Schleife bis zum Ende der zweiten Schleife, also dem Ort, wo das Fahrzeug in das Feld der ersten Schleife eintritt, und dem Ort, wo sein Heck das Feld der zweiten Schleife verläßt. Die größere Unsicherheit bei der Messung der Fahrzeuglänge ist in erster Linie darauf zurückzuführen, daß die Abstiegsflanke des Impulses flacher und weniger gut zu reproduzieren ist.

Die mit einer solchen Anordnung aufgenommenen Daten unterliegen einer Reihe von Fehlerquellen, die hier noch kurz angesprochen seien, da sie bei der Bewertung der Meßdaten nicht außer Acht gelassen werden dürfen. Einmal bestehen Unsicherheiten, die bei der Triggerung der Impulsflanken durch die Variation der Impulsform entstehen (z.B. infolge unterschiedlicher Bodenfreiheit, unterschiedlicher Bauformen der Fahrzeuge und Schwankungen der Speisespannung der Schleife). Diese Streuungen lassen sich nicht vermeiden, aber es kann und sollte erreicht werden, daß durch geeignete Festlegung der wirksamen Längen L_{ij} der Erwartungswert für diese Fehler Null ist.

Eine weitere Fehlerquelle besteht darin, daß Fahrzeuge beim Spurwechsel die Detektoren in beiden Fahrspuren anregen - zum Teil mit verkürzten, deformierten Impulsen. Dies führt zu Zählzeiten t_i, bei denen die zugehörigen Werte der vorausgehenden oder nachfolgenden Schleife fehlen. Diese Werte werden also mit falschen Nachbarzeitpunkten kombiniert, wobei sich nach den Beziehungen (5.1) und (5.2) unsinnige Werte ergeben. Die berechneten Geschwindigkeiten und Fahrzeuglängen sind also stets Plausibilitätstests in Form einfacher Abfragen zu unterziehen, über die falsche Zählzeiten t_i erkannt und eliminiert werden können.

Eine andere Schwierigkeit entsteht dadurch, daß Lastwagen mit hoher Bodenfreiheit mitunter eine Impulsform erzeugen, die bei der einfachen Auswertung mit einer Schwellspannung nicht von einem Doppelimpuls unterschieden werden, den zwei dicht aufeinander folgende Personenwagen erzeugen. Ein solcher Fehler - auch wenn er selten in der Zeiteinheit ist - tritt öfter bei <u>einer</u> Schleife auf und bei anderen nicht, so daß die Fahrzeugsummen, die an verschiedenen Querschnitten registriert werden, mit wachsender Zeit divergieren und einen nicht vorhandenen Stau in dem dazwischenliegenden Abschnitt vorgeben. Hier kann Abhilfe geschaffen werden, indem über die Geschwindigkeitswerte zusätzliche Information über den Verkehrszustand eingeholt wird. Bei Verwendung von Beobachter- oder Filterverfahren, wie sie im anschließenden Abschnitt vorgestellt werden, ist diese Fehlerbereinigung bereits enthalten und bedarf keiner eigenen Maßnahmen.

5.3 Zustandsschätzung

5.3.1 Die Aufgabe der Signalfilterung

In der Technik stellt sich häufig das Problem, daß sich diejenigen Größen, an deren Kenntnis man interessiert ist, nicht direkt messen lassen, weil die Messung entweder durch unvermeidbare Störgrößen beeinträchtigt wird oder das Meßsignal nur eine abgeleitete Sekundärinformation von den Größen ist, die primär interessieren. Es besteht dann die Aufgabe, das gemessene Signal nachträglich in einem sogenannten Filter aufzubereiten, wobei ihm unter Verwendung vorausgegangener Meßwerte der relevante Informationsgehalt entnommen wird. Eine solche Anordnung ist schematisch im Bild 5.4 wiedergegeben. Die hierin auftretenden Größen können zeitlich konstant, zeitkontinuierlich oder zeitdiskret veränderlich sein. Im Falle zeitveränderlicher Signale unterscheidet man folgende Fälle:

die Interpolation: der Schätzwert $\hat{x}$ am Ausgang des Filters bezieht sich auf den Signalwert x zu einem früheren Zeitpunkt;
die Filterung: der Schätzwert $\hat{x}$ bezieht sich auf den gerade gleichzeitig anliegenden Signalwert x ;
die Prädiktion: der Schätzwert $\hat{x}$ bezieht sich auf einen zukünftigen Wert des Signals x .

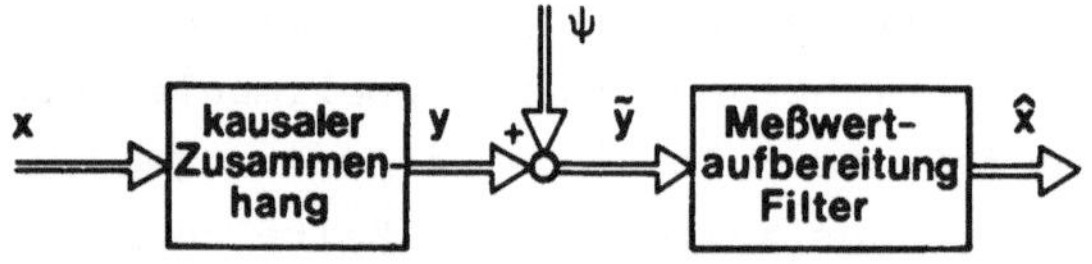

Bild 5.4 Schematische Darstellung der Signalfilterung

mit

- x : die interessierende(n) Größe(n)
- y : die von x abhängige(n), der Messung zugängliche(n) Größe(n)
- ψ : die der Messung überlagerte(n) Störgröße(n)
- $\tilde{y}$: die tatsächlich gemessene(n) Größe(n)
- $\hat{x}$: Schätzwert(e) für x

Der Name "Filter" ist dem nachrichtentechnischen Sprachgebrauch entnommen und bezeichnete ursprünglich Netzwerke, die eine Trennung von Nutzsignal und Störsignal (y und ψ in Bild 5.4) vornehmen, indem sie das Spektrum des Nutzsignals nahezu unverändert passieren lassen und das Spektrum des Störsignals unterdrücken, wobei beide Spektren einander nicht oder nur unwesentlich überdecken dürfen.

Oftmals überlagern sich aber die Spektren von Nutzsignal und Störsignal, so daß ihre Trennung durch Frequenzfilter nicht mehr zum Ziel führt. Diese Problemstellung führte in den vierziger Jahren unseres Jahrhunderts mit den Arbeiten von Wiener [95] und Kolmogoroff [96] zu einer Erweiterung des Filterbegriffs, indem man nun versuchte, mit wahrscheinlichkeitstheoretischen Mitteln Übertragungssysteme zu schaffen, die aus den gemessenen Größen $\tilde{y}$ Schätzwerte für die gesuchten Größen x ableiten. Ein Filter stellt dabei ganz allgemein ein dynamisches System dar, das sich wie andere Systeme durch ein mathematisches Modell zum Beispiel in Form von Differentialgleichungen oder Differenzengleichungen (Digitalfilter) beschreiben läßt.

Insbesondere kann der Wunsch vorliegen, aus der Gesamtheit der zum Zeitpunkt t verfügbaren Meßwerte $\underline{\tilde{Y}}_t$ den <u>wahrscheinlichsten</u> Wert für x zum Zeitpunkt t_k zu ermitteln (den "Maximum-Likelihood"-Schätzwert), d.h. aber den Wert, wo die bedingte Wahrscheinlichkeitsdichtefunktion $p[\hat{x} \mid \underline{\tilde{Y}}_t]$ ihr Maximum annimmt, wobei also für den Schätzwert $\hat{x}(t_k)$ gilt:

$$p[\hat{x}(t_k) \mid \underline{\tilde{Y}}_t] \rightarrow \underset{-\infty \leq \hat{x} \leq +\infty}{\text{Max}} \tag{5.3}$$

Man kann aber auch an einem Schätzwert <u>kleinster Varianz</u> interessiert sein (dem "Least-Square"-Schätzwert), in welchem Falle der Schätzwert $\hat{x}(t_k)$ der folgenden Beziehung genügt [82]:

$$\hat{x}(t_k) = E\left\{x(t_k) \mid \tilde{Y}_t\right\} = \int_{-\infty}^{+\infty} x(t_k) \cdot p[x(t_k \mid \tilde{Y}_t] \, dx \tag{5.4}$$

(der Buchstabe $E\{\cdot\}$ kennzeichnet hier den Erwartungswert vom Argument). Man spricht in diesen Fällen von einem <u>Optimalfilter</u>, da es sich bei den genannten Aufgaben um Optimierungsprobleme handelt.

Bei dem nach Norbert Wiener benannten <u>Wiener - Filter</u> geht man von einer Konfiguration nach Bild 5.4 aus, bei der zwischen x und y die Einheitsübertragung liegt, d.h. x ist mit y identisch (der Übertragungsblock kann dabei entfallen). Unter der Voraussetzung, daß $y(t)$ und $\psi(t)$ stochastische, stationäre Prozesse mit Gaußscher Amplitudenverteilung und bekannten Leistungsdichtespektren sind, suchte Wiener ein lineares, zeitinvariantes Netzwerk, das einen Schätzwert minimaler Varianz für $x(t) = y(t)$ liefert. Die Lösung dieser Aufgabenstellung führt auf die Wiener-Hopfsche Integralgleichung für die Gewichtsfunktion des Wiener-Filters [97]; diese soll hier nicht aufgeführt werden, da sie im weiteren nicht benutzt wird.

Im Hinblick auf die im Kapitel 2 hergeleiteten stochastischen Modellgleichungen (2.33), die den Prozeß des Verkehrsflusses repräsentieren, aus dem die Meßdaten entnommen werden, ist festzustellen, daß das

Wienersche Filterproblem in einer Reihe von Punkten nicht mit der vorliegenden Aufgabe der Aufbereitung von Verkehrsmeßdaten übereinstimmt:

- der Prozeß des Verkehrsflusses ist nichtlinear, weshalb die Meßwerte sicher nicht gaußverteilt sind
- die hier auf das Prozeßmodell einwirkenden Störungen sind ihrerseits nicht gaußverteilt
- die Störgrößen sind arbeitspunktabhängig; die statistischen Eigenschaften des Prozesses sind daher nicht stationär
- es interessiert im Verkehrsablauf nicht nur die Schätzung einer Systemgröße, sondern die Schätzung des gesamten Systemzustandes.

Aus den genannten Gründen ist der Einsatz des Wiener-Filters für die Schätzung von nicht direkt meßbaren Verkehrsdaten unzweckmäßig und nur unter Einschränkungen möglich, wie z.B. beim Sonderfall der Betrachtung des linearisierten Systems unter stationären Bedingungen um einen festen Arbeitspunkt [98]. Das Wiener-Filter wurde zwar auch auf die gleichzeitige Schätzung mehrerer Systemgrößen hin erweitert [99], wodurch sich der letzte der oben genannten Fehlpunkte ausräumen ließe, allerdings ist der damit verbundene Aufwand beträchtlich.

Diese Erweiterung des Wiener-Filters hat ihre Bedeutung durch die Entwicklung des auf R.E. Kalman zurückgehenden Kalman-Filters verloren [100,101], bei dem der gesamte Systemzustand aus den Meßwerten eines Prozesses geschätzt wird. Seine prinzipielle Funktionsweise ist für den zeitdiskreten Fall durch das Signalflußbild in Bild 5.5 dargestellt.

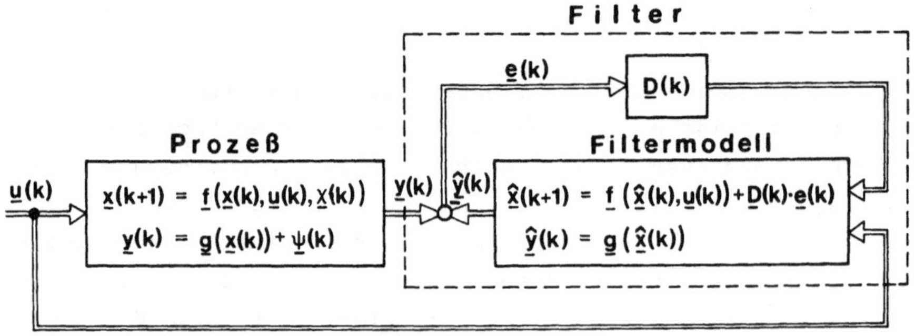

Bild 5.5 Strukturbild eines zeitdiskreten Prozesses mit Kalman-Filter

Danach enthält das Filter ein Modell des vorliegenden Prozesses, das mit dem als bekannt vorausgesetzten, deterministischen Eingangsgrößenvektor $\underline{u}(k)$ angeregt wird. Dieses Modell erzeugt den geschätzten Zustand $\hat{\underline{x}}(k)$ und leitet von diesem Schätzwerte für die Ausgangsgrößen $\hat{\underline{y}}(k)$ ab. Diese werden nun mit den gemessenen Ausgangsgrößen $\underline{y}(k)$ des eigentlichen Prozesses verglichen, und der Fehler $\underline{e}(k) = \underline{y}(k) - \hat{\underline{y}}(k)$ wird mit einer Korrekturmatrix $\underline{D}(k)$ gewichtet und in einer Regelschleife auf das Filtermodell zur Korrektur der Schätzwerte $\hat{\underline{x}}(k+1)$ zurückgeführt.

Allerdings berechnet sich die Fehlerkorrekturmatrix $\underline{D}(k)$ nach einem aufwendigen Matrizengleichungssystem, in das die statistischen Eigenschaften der Störgrößenfolgen $\underline{\chi}(k)$ und $\underline{\psi}(k)$ (siehe Prozeßmodell in Bild 5.5; siehe auch Gleichungssystem (2.39)), aber auch die Systemeigenschaften und die Kovarianzen des bedingten Schätzfehlers ($\underline{x}(k)$ - - $\hat{\underline{x}}(k)$) eingehen. Die vollständigen Filtergleichungen sind im Anhang zu diesem Kapitel zu finden.

Für den Fall, daß die Prozeßgleichungen linear sind und es sich bei den Störgrößenfolgen um weißes Rauschen mit Gaußscher Amplitudenverteilung handelt, hat Kalman gezeigt, daß das Filter einen Schätzwert kleinster Fehlervarianz liefert, das Filter also im Sinne des Kriteriums (5.4) optimal ist.

Man mag sich an dieser Stelle fragen, welcher Vorteil in dieser Konfiguration mit einer korrektiven Rückführung des Ausgangsgrößenfehlers $\underline{y}(k) - \hat{\underline{y}}(k)$ liegt, zumal die Berechnung der Matrix $\underline{D}(k)$ einen erheblichen algorithmischen Aufwand erfordert. Diese Frage erscheint umso mehr berechtigt, als im vorangegangenen Kapitel bei der Modellvalidierung demonstriert wurde, daß die Modellgleichungen auch dann, wenn man in sie die Meßgrößen von beiden Abschnittsenden als "Eingangsgrößen" einspeist, den Verkehrsablauf erstaunlich gut nachzubilden vermögen und somit brauchbare Schätzwerte für die Zustandsvariablen $\{c_j(k), v_j(k)\}$ auch ohne Korrekturschleife liefern. Für die Notwendigkeit des hier vorliegenden Korrekturmechanismus läßt sich nun eine Reihe von Gründen anführen.

Einmal werden die Gesamtzahl der Fahrzeuge im Abschnitt und damit mittelbar auch die einzelnen Dichtewerte $c_j(k)$ bei fehlender Korrekturrückführung nur durch die von den Meßdaten vorgegebene Differenz $q_o(k) - q_n(k)$ beeinflußt. Falsche Anfangswerte $c_j(0)$ oder auch geringe Detektorunterschiede, die praktisch immer auftreten und die bereits am Ende des Abschnitts 5.2.2 angesprochen wurden, führen dann zu einem falschen Modellverhalten, das nicht ausgeglichen werden kann. (Bei den Messungen für die Modellvalidierung wurden diese Fehlerquellen durch große Sorgfalt und gesonderte, aufwendige Maßnahmen ausgeschaltet, was sich aber bei einem Normalbetrieb nicht durchführen läßt.) Daneben können zeitweilig einige Modellparameter nicht mehr ganz repräsentativ für den realen Verkehrsablauf sein, wobei dann das Modellverhalten wiederum unzulässig weit vom tatsächlichen Verkehrsablauf abweichen würde. Hier bietet nun die Struktur eines Filters mit der korrektiven Rückführung des Ausgangsgrößenfehlers $\underline{y}(k) - \hat{\underline{y}}(k)$ die Möglichkeit, daß sie alle diese Fehlerquellen selbstätig auszugleichen vermag.

Im Hinblick auf die hier interessierende Aufgabe der Schätzung des Verkehrszustands anhand von lokalen Messungen läßt sich zusammenfassend vermerken:

- das Kalman-Filter setzt wie das Wiener-Filter lineare Prozeßgleichungen und gaußverteilte Störungen voraus, was beides beim Verkehrsfluß nicht gegeben ist;
- im Gegensatz zum Wiener-Filter ist das Kalman-Filter in der Lage, instationäre Systemgleichungen und instationäre Rauschprozesse zu verarbeiten; es hat deshalb eine größere Flexibilität, sich veränderten Verhältnissen anzupassen;
- das Kalman-Filter schätzt den gesamten Systemzustand;
- die rückgeführte Filterstruktur läßt erwarten, daß Ungenauigkeiten und Schwankungen in den Prozeßgleichungen besser als beim Wiener-Filter verkraftet werden.

Vergleicht man diese Aussagen mit denen, die oben hinsichtlich der Anwendbarkeit des Wiener-Filters gemacht wurden, so kann festgestellt werden, daß man in einer Reihe von Punkten der gestellten Aufgabe näher gekommen ist. Es bleibt allerdings als ein gewichtiges Hindernis bestehen, daß der Prozeß des Verkehrsflusses durch nichtlineare Systemgleichungen beschrieben wird, ein Hindernis, das zunächst auch die Anwendbarkeit des Kalman-Filters in Frage stellt.

Die Tatsache, daß der Verkehrszustand sich stetig ändert, einerseits und andererseits die Fähigkeit des Kalman-Filters, sich veränderten Verhältnissen anzupassen, läßt folgenden, intuitiv naheliegenden Ausweg als aussichtsreich erscheinen. In der Umgebung eines vorliegenden Arbeitspunktes läßt sich das dynamische Systemverhalten durch die im Arbeitspunkt linearisierte Systembeschreibung wiedergeben, wovon bereits im Kapitel 3 Gebrauch gemacht wurde. Es bietet sich demnach an, das Kalman-Filter mit der im jeweiligen Arbeitspunkt geltenden linearen Systemdarstellung zu betreiben und diese Beschreibung zeitlich gleitend mit dem sich ändernden Systemzustand mitzuführen.

Noch einen Schritt weiter geht der Ansatz beim sogenannten erweiterten Kalman-Filter, bei dem für das Filtermodell direkt die nichtlinearen Systemgleichungen eingesetzt werden, wie das im Bild 5.5 bereits dargestellt ist. Es wird hierbei nur noch für die Berechnung der Korrekturmatrix $\underline{D}(k)$ die mit dem Arbeitspunkt mitgeführte, linearisierte Systembeschreibung herangezogen [82]. Da der eigentliche Systemzustand $\underline{x}(k)$ aber nicht bekannt ist, muß man für die linearisierte Beschreibung vom geschätzten Zustand $\hat{\underline{x}}(k)$ ausgehen, was sicher zulässig ist, wenn dieser nahe bei $\underline{x}(k)$ liegt. Wenn aber beide Zustandsvektoren einmal stärker voneinander abweichen, stellt sich sofort die Frage, ob das so konzipierte Filter mit seinen Schätzwerten gegen den wirklichen Zustand konvergiert oder außer Tritt gerät.

Die Gleichungen des erweiterten Kalman-Filters sind ebenfalls im Anhang zu diesem Kapitel zu finden. Die Korrekturmatrix $\underline{D}(k)$ muß hierbei in jedem Zeitschritt über aufwendige Matrizengleichungen berechnet werden, wozu jetzt für jeden neu geschätzten Zustand $\hat{\underline{x}}(k)$ außerdem noch die Matrizen $\underline{F}_k$, $\underline{B}_k$ und $\underline{H}_k$ der linearisierten Systembeschreibung zu bestimmen sind, die im Anhang zum Kapitel 3 angegeben sind.

Nun stellt das für nichtlineare Prozesse erweiterte Kalman-Filter, das sich zwar als Approximation erster Ordnung für die Lösung des allgemeinen nichtlinearen Filterproblems begründen läßt [102,103], nur eine Näherung für die eigentliche optimale Filteraufgabe dar. Es läßt sich nicht einmal eine Konvergenz der Schätzwerte in Allgemeingültigkeit garantieren, so daß die Brauchbarkeit und die Güte dieses Filters in einem konkreten Anwendungsfall empirisch zu erproben ist.

Unter diesen Umständen stellt sich die Frage, ob das Filter nicht auch dann zufriedenstellend arbeitet, wenn die Rückführung der Ausgangsgrößendifferenz $\underline{y}(k) - \hat{\underline{y}}(k)$ mit einer geeignet gewählten konstanten Matrix $\underline{D}(k) = \underline{D}$ gewichtet wird; die Einsparung an Rechenaufwand im Filteralgorithmus wäre dabei beträchtlich. Das Filter würde dabei auf eine zeitkonstante Schätzeinrichtung reduziert werden, die man auch einen Zustandsbeobachter nennt [85]. Diese Frage wird im nächsten Abschnitt im Hinblick auf die Schätzung des Verkehrszustands entlang eines Schnellstraßenabschnitts noch einmal aufgegriffen.

Das Kalman-Filter hat noch einen weiteren Vorzug, der für die Schätzung des Verkehrszustands möglicherweise von Bedeutung ist: es kann auch zur Schätzung von langsam veränderlichen Systemparametern eingesetzt werden [79,80]. Zu diesem Zweck ergänzt man die Systemgleichungen formal durch eine Gleichung der Form

$$\beta(k+1) = \beta(k) + \phi(k) \tag{5.5}$$

und behandelt den Systemparameter β bei der somit um eine Ordnung erhöhten Systembeschreibung wie eine Zustandsvariable, so daß auch die Systemmatrix $\underline{F}_k$ der linearisierten Beschreibung durch eine Spalte und eine Zeile mit den entsprechenden Differentialquotienten erweitert wird. $\phi(k)$ ist hier eine Zufallsfolge, die formal als Ursache für die Veränderung des Parameters auftritt. Eine solche Erweiterung der Filteraufgabe kann z.B. notwendig sein, wenn die freie Geschwindigkeit V_f in Abhängigkeit von der Tageszeit (Ermüdung der Fahrer) oder von der Witterung merklichen Schwankungen unterliegt.

5.3.2 Schätzung des Verkehrszustands

Mit den vorangegangenen Abklärungen können wir uns nun der Lösung des Schätzproblems beim Verkehrsfluß auf Schnellstraßen zuwenden. Wir gehen dabei davon aus, daß der Verkehrsablauf durch das stochastische Verkehrsflußmodell (2.38) aus Kapitel 2 repräsentiert ist, wobei die Modellparameter die in der Modellvalidierung gefundenen Werte der Tabelle 4.1 haben. Das erweiterte Kalman-Filter, bestehend aus den Gleichungen (5.21) bis (5.23), bildet somit den Verkehrsfluß durch das deterministische Modell (2.25) nach und korrigiert in jedem Zeitschritt die Schätzwerte über den Term $\underline{D}(k) \cdot [\, \underline{y}(k) - \hat{\underline{y}}(k) \,]$. Für die Matrizen $\underline{F}_k$ und $\underline{B}_k$ haben wir die Ausdrücke nach (5.20) zu berechnen und einzusetzen. Die Matrix Γ_k hat das Aussehen

$$\underline{\Gamma}_k = \mathrm{diag}\left\{ \frac{T}{\Delta_1} , 1 , \frac{T}{\Delta_2} , 1 \ldots \frac{T}{\Delta_N} , 1 \right\} . \tag{5.6}$$

Die Kovarianzmatrizen für die stochastischen Störterme nach (5.14) haben entsprechend dem Aufbau des Zustandsvektors $\underline{x}(k)$ folgende Struktur

$$\underline{Q}(k) = \begin{bmatrix} E\{\xi_1^2\} & 0 & 0 & 0 & \ldots & 0 \\ 0 & E\{\eta_1^2\} & 0 & 0 & & \cdot \\ -E\{\xi_1^2\} & 0 & E\{\xi_1^2\}+E\{\xi_2^2\} & 0 & & \cdot \\ 0 & 0 & 0 & E\{\eta_2^2\} & & \cdot \\ \cdot & & & & \cdot & \\ \cdot & & & & & \cdot \\ \cdot & & & & & \\ 0 & 0 & 0 & 0 & \ldots & E\{\eta_n^2\} \end{bmatrix},$$

$$\underline{R}'''(k) = \begin{bmatrix} E\{\zeta_1^2\} & 0 & 0 \\ 0 & E\{\xi_n^2\}+E\{\zeta_2^2\} & 0 \\ 0 & 0 & E\{\zeta_3^2\} \end{bmatrix} \tag{5.7}$$

($\underline{R}'''$ bezeichnet die Kovarianzmatrix für drei verwendete Meßabgriffe w_0, q_n, w_n).

Zu beachten ist ferner, daß die stochastischen Störungen $\underline{\psi}(k)$ in den Meßgrößen mit den auf die Zustandsdifferenzengleichungen wirkenden Störgrößen $\underline{\chi}(k)$ korreliert sind, da die Fehlerterme $\xi_0(k)$ und $\zeta_n(k)$ in beiden Vektoren auftreten, wenn die Verkehrsstärken $q_0(k)$ oder $q_n(k)$ als Ausgangsgrößen betrachtet werden. Daher besitzt die Matrix $\underline{M}$ (vgl. (5.14)) einige von Null verschiedene Elemente.

Für die Varianzen der Terme ξ_j und η_j können anhand des Restfehlers bei der Modellvalidierung folgende Anhaltswerte angesetzt werden (siehe Abschnitt 4.2.4)

$$E\left\{\xi_j^2\right\} \approx 65\,000\ \mathrm{Fhz}^2/\mathrm{h}^2 \; ; \quad E\left\{\eta_j^2\right\} \approx 50\ \mathrm{km}^2/\mathrm{h}^2 \tag{5.8}$$

Mit diesen Angaben können die Gleichungen des Filters auf einem Digitalrechner realisiert werden. Die Struktur des Signalflusses ist für die spezielle Aufgabe der Rekonstruktion des Verkehrszustands in den einzelnen Segmenten im Innern eines Straßenabschnitts noch einmal in Bild 5.6 dargestellt für den Fall, daß der Zufluß $q_0(k)$ als Eingangsgröße auftritt und die Messungen $w_0(k)$, $q_n(k)$ und $w_n(k)$ nach (2.25) die Ausgangsgrößen bilden.

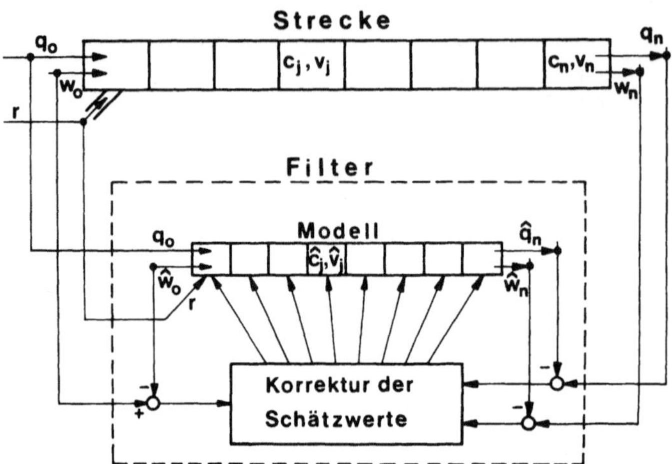

Bild 5.6 Signalflußbild für die Schätzung des Verkehrszustands auf einem Straßenabschnitt

Der Einsatz des Kalman-Filters für die Verarbeitung von Verkehrsmeßdaten im on-line-Betrieb wurde in den letzten Jahren wiederholt untersucht [14,66,80,93] und in einigen Fällen auch praktisch erprobt [104]. Die Ergebnisse, die sich teilweise auf reale Meßdaten stützen, sind ermutigend, auch wenn in den meisten Fällen die Meßfühler weniger als einen Kilometer weit voneinander entfernt waren, was nach dem im Kapitel 3 eingeführten Beobachtbarkeitsmaß keine hohen Anforderungen an das Filter stellt.

Anhand von realitätsnahen Simulationen soll hier versucht werden, eine vorläufige Antwort zu geben auf die beiden Fragen, die im Kapitel 3 anhand des Beobachtbarkeitsmaßes bereits theoretisch untersucht wurden. Es sind dies die Fragen:

(a) welcher Abstand ist zwischen zwei Meßstellen zulässig, wenn der Filteralgorithmus zuverlässige Schätzwerte auch bei wechselnden Verkehrsverhältnissen liefern soll
und
(b) welche der vier Größen $w_o(k)$, $q_o(k)$, $w_n(k)$ und $q_n(k)$ sind zweckmäßigerweise als Ausgangsgrößen anzusehen und im Filter als solche zu verarbeiten.

In den Bildern 5.7 und 5.8 sind die Ergebnisse für einen Simulationslauf dargestellt, bei dem die drei Größen w_o, q_n und w_n als Ausgangsgrößen im Filter verarbeitet wurden. Bild 5.7 zeigt die tatsächliche und die geschätzte mittlere Geschwindigkeit $v_1(k)$ und $\hat{v}_1(k)$ im ersten von acht Segmenten bei stark schwankenden Verhältnissen. Ein anfänglicher Schätzfehler wird etwa mit der Zeitkonstanten τ der Geschwindigkeitsanpassung abgebaut; der Schätzwert folgt dann eng dem tatsächlichen Wert.

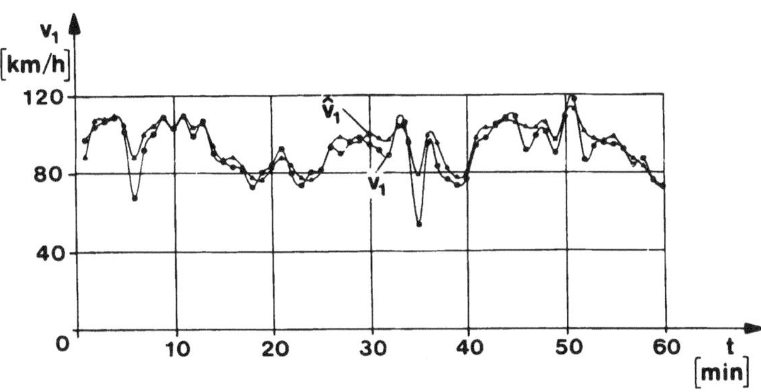

Bild 5.7 Wirkliche und geschätzte mittlere Geschwindigkeit im ersten Segment nach einer Simulationsstudie

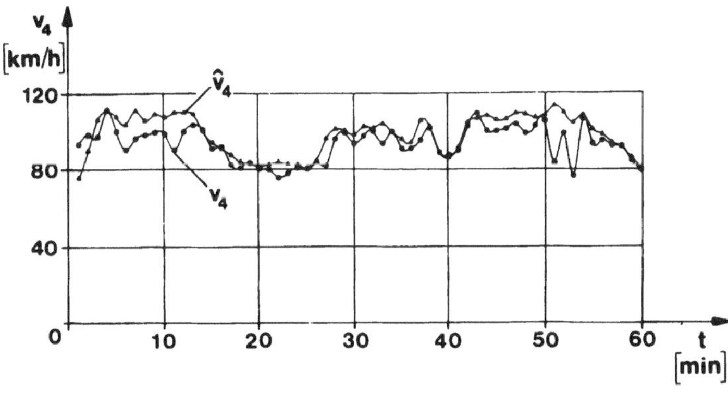

Bild 5.8 Wirkliche und geschätzte mittlere Geschwindigkeit im vierten Segment (Abschnittsmitte)

In Bild 5.8 werden die gleichen Größen $v_4(k)$ und $\hat{v}_4(k)$ im vierten von acht Segmenten in ihrer zeitlichen Abfolge einander gegenübergestellt. Es ist zu erkennen, daß auch hier der anfängliche Schätzfehler abgebaut wird, wenn auch etwas träger; kurzfristigen Schwankungen vermag der Schätzwert nicht mehr zu folgen. Diese Feststellung korrespondiert mit den im Kapitel 3 anhand des Beobachtbarkeitsmaßes erhaltenen Ergebnissen. Dort wurde mit dem eingeführten Maß $\beta(v_j)$ aufgezeigt, daß der systemtheoretische Meßzugriff zum vierten Segment um eine Zehnerpotenz niedriger liegt als der zum ersten Segment. Wenn auch diese Ergebnisse einem Simulationslauf entstammen, bei dem die Meßwerte durch das stochastische Verkehrsflußmodell (2.38) und nicht durch einen wirklichen Verkehrsablauf generiert wurden, so bestätigen sie doch die theoretischen Untersuchungen vom Kapitel 3 in eindrucksvoller Weise. Eine Abschnittslänge von 4 km (etwa acht Segmenten) dürfte hiernach die obere Grenze für den Sensorabstand darstellen.

Einen Schritt näher an die Realität gingen Untersuchungen, bei denen reale Meßdaten in das Filter eingespeist wurden. Hierzu wurden Daten von der Meßstrecke verwendet, die bereits im Kapitel 4 das Datenmaterial für die Modellvalidierung geliefert hat (siehe hierzu Bild 4.3). Die Meßstellen an den Abschnittsenden stellten die gemessenen Eingangs- bzw. Ausgangsgrößen für den Filteralgorithmus bereit. Der Mittelabgriff diente als Vergleichsmessung, an der die Wirksamkeit des Filters bemessen wurde. Da die Meßstellenkonfiguration festlag, konnten diese Untersuchungen zum Punkt (a) (Meßstellenabstand) nicht verwendet werden. Deshalb wurde versucht, hiermit eine Klärung der Frage (b) (zweckmäßige Zahl der "Ausgangsgrößen") experimentell herbeizuführen.

In den Bildern 5.9 bis 5.11 ist die geschätzte Geschwindigkeit am Mittelabgriff $\hat{w}_J(k)$ den gemessenen Werten $w_J(k)$ gegenübergestellt, wobei in Bild 5.9 nur zwei Größen, nämlich q_5 und w_5, in Bild 5.10 die drei Größen w_0, q_5 und w_5 und in Bild 5.11 alle vier Größen q_0, w_0, q_5 und w_5 als Ausgangsgrößen verwendet wurden.

Auch hier werden die durch das Beobachtbarkeitsmaß im Kapitel 3 angezeigten Verhältnisse bestätigt. Integriert man den normierten quadratischen Schätzfehler am Mittelabgriff zu einem Gütemaß für die Schätzung auf, so erhält man in diesen Fällen

$$I_{q_5,w_5} = 788 \; ; \quad I_{w_0,q_5,w_5} = 236 \; ; \quad I_{q_0,w_0,q_5,w_5} = 221 \; ; \qquad (5.9)$$

(Die Absolutwerte sind durch eine entsprechende Fehlergewichtung und die Länge des Gesamtintervalls bedingt; hier interessiert nur die Relation der Werte zueinander).

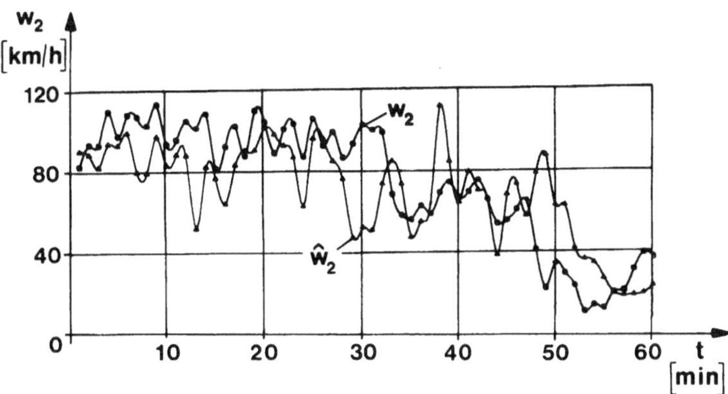

Bild 5.9 Gemessener und geschätzter Verlauf der Geschwindigkeit w_2 am Mittelabgriff; Ausgangsgrößen q_5 , w_5

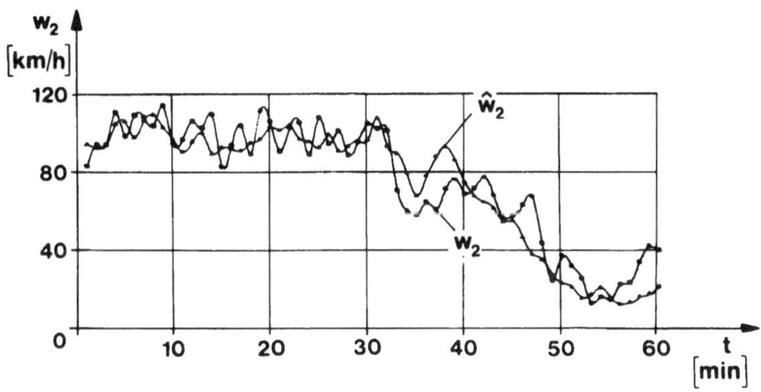

Bild 5.10 Gemessener und geschätzter Verlauf der Geschwindigkeit w_2 am Mittelabgriff; Ausgangsgrößen w_0, q_5, w_5

Die Unterschiede fallen allerdings nicht so kraß aus, wie es nach dem Verhalten des Beobachtbarkeitsmaßes zu erwarten wäre. Die Begründung hierfür ist darin zu suchen, daß die nicht als Ausgangsgrößen verwendeten Meßwerte als "Eingangsgrößen" weiterhin dem Filtermodell zugeführt und somit wirksam werden, wenn sie auch nicht in der Rückführschleife des Ausgangsgrößenvergleichs liegen (vgl. Bild 5.6).

Um die Ergebnisse richtig zu bewerten, muß man auch den numerischen Aufwand einbeziehen, der in den drei Fällen in den Filtergleichungen steckt. Abgesehen davon, daß mit der Zahl der Ausgangsgrößen auch die Dimensionen der Matrizen $\underline{H}_k$, $\underline{D}(k)$, $\underline{M}(k)$ und $\underline{R}(k)$ und der Aufwand bei deren Multiplikation zunimmt, enthält (5.22) die Inversion einer Matrix von der Dimension der Zahl der Ausgangsgrößen. Da der Aufwand bei der Matrixinversion mit dem Quadrat der Dimension anwächst, spricht ein ausgewogener Kompromiß zwischen Filtergüte und numerischem Aufwand für die Verwendung von nur drei Ausgangsgrößen.

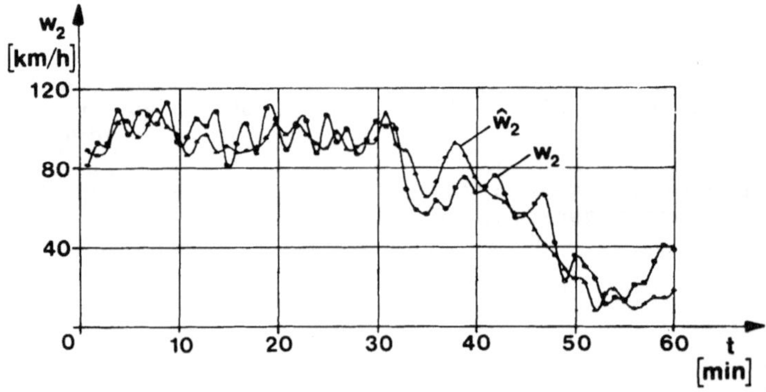

Bild 5.11 Gemessener und geschätzter Verlauf der Geschwindigkeit w_2 am Mittelabgriff; Ausgangsgrößen w_0, q_0, w_5, q_5

Am Ende des letzten Abschnitts wurde noch die Frage angesprochen, inwieweit ein befriedigendes Arbeiten des Filters möglich ist, wenn die Rückführung des Fehlers $(\underline{y}(k) - \hat{\underline{y}}(k))$ mit einer konstanten Matrix $\underline{D}$ wie bei einem Zustandsbeobachter erfolgt. Es kann an dieser Stelle zwar keine erschöpfende Antwort hierzu gegeben werden, aber es sollen doch die Erfahrungen aus einigen Simulationsläufen wiedergegeben werden.

Es wurde hierzu anhand von repräsentativen Verkehrsabläufen der zeitliche Mittelwert $\bar{\underline{D}}$ der Korrekturmatrix $\underline{D}(k)$ gebildet. Sodann wurde der Filteralgorithmus mit dieser Fehlergewichtung $\bar{\underline{D}}$ unter Wegfall der zeitraubenden Gleichungen (5.22) und (5.23) betrieben. In allen untersuchten Fällen arbeitete die Zustandsschätzung zuverlässig und zufriedenstellend, wobei die Güte in Form des integralen quadratischen Schätzfehlers sich höchstens um 10 % gegenüber dem Fall mit zeitveränderlicher, dem jeweiligen Zustand angepaßter Matrix $\underline{D}(k)$ verschlechterte.

Es bleibt zukünftigen Untersuchungen überlassen, diese Ergebnisse an einer Vielzahl denkbarer Verkehrsabläufe zu erhärten oder gegebenenfalls nach einer Lösung zu suchen, bei der die Gleichungen (5.22) und (5.23) nicht bei jedem Zeitschritt, sondern nur in größeren zeitlichen Abständen bearbeitet werden müssen, um die Matrix $\underline{D}(k)$ langsam den sich ändernden Verhältnissen anzupassen. Eine andere Alternative bestünde darin, verschiedene Korrekturmatrizen $\underline{D}^i$ vorab abzuspeichern und in Abhängigkeit vom jeweiligen Zustand auf eine spezielle Matrix zurückzugreifen.

5.4 Unfallerkennung aus Meßdaten

Die für eine automatische Überwachung des Verkehrszustands in den vorangegangenen Abschnitten vorausgesetzte Bestückung einer Schnellstraße mit Detektoren und der zugehörenden Auswerteelektronik begründet die Frage, ob sich mit einer solchen Ausrüstung nicht auch Unfälle automatisch erkennen und lokalisieren lassen, so daß einmal für die im Unfall Verwickelten schnellere Hilfe kommt und darüber hinaus den Sekundärfolgen wie Stau und Auffahrunfällen wirksam entgegengetreten werden kann.

Eine sehr einfache Möglichkeit der Staudetektion bestünde darin, über die Differenz aus der Anzahl der in einen Abschnitt hineingefahrenen und der Anzahl der herausgefahrenen Fahrzeuge, d.h. aus der zeitlich aufsummierten Differenz $q_0(k) - q_n(k)$ auf einen Stau und damit indirekt auf einen Unfall zu schließen, wenn nämlich diese Differenz einen gewissen Schwellwert überschreitet. Leider ist dieses Vorgehen aus verschiedenen Gründen unbrauchbar: zum einen kann nur auf einen Stau, aber nicht auf dessen Ursache geschlossen werden; zum anderen lassen sich Detektoren in ihrer Ansprechempfindlichkeit nicht vollständig gleich gestalten, so daß über längere Zeiträume die Zahl der registrierten Fahrzeuge zwangsweise divergiert. Um diese Nachteile zu vermeiden, muß man auch die gemessenen Geschwindigkeiten w_0 und w_n als Informationsquellen heranziehen und kann nun mit einfachen Plausibilitätsbetrachtungen oder über systematische Überlegungen den Überlastungsstau von einem durch Unfall verursachten Stau und auch die von einem Detektor herrührenden Fehler weitgehend auseinanderhalten. Eine vollständig sichere Aussage kann allerdings über Schleifendetektoren nicht gewonnen werden, da diese immer nur die mittelbaren Folgen eines Unfalls registrieren. Zum Beispiel kann ein Unfall bei voller Auslastung einer

Straße einen Stau auslösen, der auch spontan entstanden sein könnte.

Das oben eingeführte Konzept der Zustandsschätzung durch ein Filter oder ein Beobachtersystem scheint nun für dieses Problem besonders zugeschnitten zu sein, da hierbei unter Verwendung aller Meßdaten der aktuelle Zustand längs der Straße rekonstruiert wird. Wenn man allerdings bei mäßigem Verkehrsaufkommen einen Unfall mit der damit verbundenen Stauentwicklung simuliert und die dabei entstehenden Meßdaten von beiden Enden des Abschnitts in das Filter einspeist, muß man feststellen, daß der geschätzte Zustand nicht dem wirklichen Zustand folgt, wie das nach den Simulationsergebnissen des letzten Abschnitts zu erwarten wäre. Das Filter arbeitet in diesem Störungsfall nicht mehr befriedigend und kann in dieser Form nicht zur Unfallerkennung beitragen. Dieses "Versagen" ist auch ohne weiteres zu erklären: Filter oder Beobachter benutzen als Kernbaustein ein Modell des vorliegenden Prozesses, anhand dessen die Meßdaten ihre Interpretation erfahren. Geschieht jetzt ein Unfall, der sich aus dem Prozeßmodell heraus nicht ursächlich erklären läßt, ist das Filter überfordert.

Nachdem die Ursache für die Insuffizienz des Filters erkannt ist, kann auch die Suche nach Abhilfe in die richtige Richtung gelenkt werden. Man muß demnach das Prozeßmodell dahingehend erweitern, daß es im ungestörten Fall den Verkehrsablauf wie bisher nachbildet, aber beim Auftreten eines Unfalls die dann in den Meßdaten enthaltene Anomalie einer eindeutigen Ursache zuweisen kann. (Zur Erweiterung des Modells zur Beobachtung oder Filterung von unvorhergesehenen Störungen siehe auch [100,105]).

Die Modellerweiterung, um den durch einen Unfall ausgelösten Rückstau in Kombination mit geringem Verkehrsfluß hinter der Unfallstelle erzeugen zu können, kann auf vielfache Weise erfolgen. Zum Beispiel kann die Verengung des wirksamen Straßenquerschnitts durch eine Variation der Parameter der V(c)-Charakteristik erreicht werden. Einfacher - auch im Hinblick auf die Linearisierung des Modells an variablen Arbeitspunkten - läßt sich dies aber auch dadurch erreichen, daß man einen hypothetischen Fahrzeugstrom in ein Segment einleitet und im nachfolgenden Segment wieder abzieht. Die dadurch entstehende hohe Dichte setzt die Geschwindigkeit herab und wirkt sich wie eine Verengung der Fahrbahn aus, was im Bild 5.12 schematisch dargestellt ist.

Zu den Gleichungen des stochastischen Modells (2.38) ist nun noch als (2n+1)-te Differenzengleichung hinzuzufügen

$$q_u(k+1) = q_u(k) + \xi_u(k) \qquad (5.10)$$

wobei $\xi_u(k)$ wiederum eine stochastische Variable mit Gaußscher Amplitudenverteilung und dem Mittelwert 0 ist.

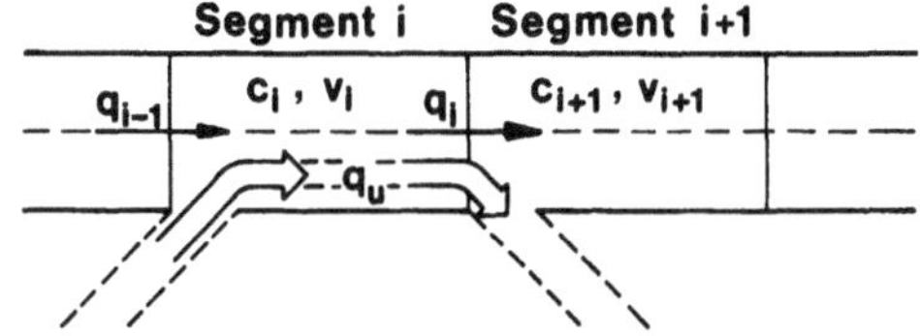

Bild 5.12 Einführung eines hypothetischen Fahrstroms zur Modellierung eines Staus durch Unfall

Die Differenzengleichungen für die Dichten im i-ten und (i+1)-ten Segment sind dann um diesen hypothetischen Zu- bzw. Abfluß zu ergänzen. Mit dieser Hilfsvorstellung eines künstlichen Zuflusses, der von einer Zufallsfolge angeregt wird, kann das Filtersystem den durch einen Unfall verursachten anomalen Verkehrsablauf interpretieren. Die Hilfsgleichung (5.10) hat den Vorteil, daß die Erweiterung der Systemmatrizen für das linearisierte Modell denkbar einfach ist, da die Variable q_u linear in nur zwei Systemgleichungen eingeht. Die Systemmatrix $\underline{F}_k$ wird um je eine zusätzliche Spalte und Zeile erweitert, wobei nur die Elemente

$$f_{i,n+1} = \frac{T}{\Delta_i} \; ; \quad f_{i+1,n+1} = -\frac{T}{\Delta_{i+1}} \; ; \quad f_{n+1,n+1} = 1 \qquad (5.11)$$

von Null verschieden sind. Die Matrix $\underline{H}_k$ (siehe Gl. (5.20)) wird um eine Nullspalte erweitert. Die Kovarianzmatrizen $\underline{P}(k)$, $\underline{Q}(k)$ und $\underline{M}(k)$ ((5.14) und (5.15)) sind ebenso durch das Anfügen entsprechender Zeilen und Spalten zu erweitern.

In Bild 5.13 ist das Ergebnis eines Simulationslaufes wiedergegeben. Es ist zu erkennen, wie der Schätzwert der Hilfsvariablen $\hat{q}_u$ anwächst, sobald die Auswirkungen eines im Abschnittsinnern entstandenen Staus sich in den Meßgrößen niederschlagen.

Dabei ist zu beachten, daß das Filter den Unfall etliche Minuten eher anzeigt als die Meßgröße w_O am nächsten stromaufwärts gelegenen Meßquerschnitt, die wegen des Unfallstaus auf sehr niedrige Geschwindigkeitswerte abfällt.

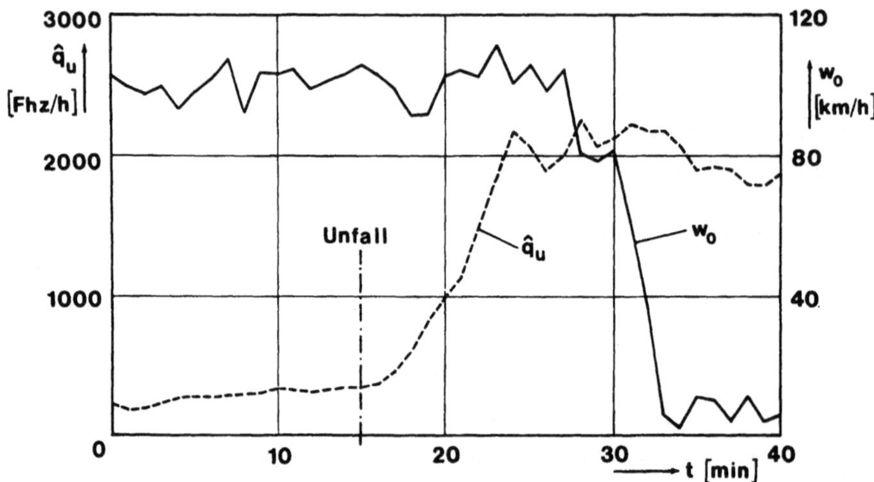

Bild 5.13 Anwachsen der Hilfsgröße $\hat{q}_u(k)$ bei einem simulierten Unfallstau und der Abfall der Geschwindigkeit $w_0(k)$ am davorliegenden Meßquerschnitt

Nach wie vor wird hier allerdings nur der im Gefolge eines Unfalls entstandene Stau diagnostiziert. Je höher die Verkehrsdichte ist, desto wahrscheinlicher wird die Entstehung eines Staus infolge der Überlastung der Straße, desto unsicherer wird der Rückschluß auf einen Unfall als Ursache.

Inwieweit das vorgeschlagene Verfahren auch praktisch einsetzbar ist, muß hier noch offen bleiben, da hierzu eine gründliche Untersuchung mit Datenmaterial von verschiedenen Unfallabläufen stattfinden müßte. Es sind aber bis jetzt nur an wenigen Stellen unseres Schnellstraßen- und Autobahnnetzes mit Detektoren ausgerüstete Meßstrecken vorhanden, weshalb die hierzu erforderlichen Unterlagen derzeit nicht zur Verfügung stehen.

Anhang zu Kapitel 5

A.1 Voraussetzungen und Filtergleichungen für das Kalman-Filter

Es sei der Prozeß durch folgende linearen, zeitdiskreten Systemgleichungen beschrieben:

Zustandsdifferenzengleichungen

$$\underline{x}(k+1) = \underline{F}(k) \cdot \underline{x}(k) + \underline{B}(k) \cdot \underline{u}(k) + \underline{\Gamma}(k) \cdot \underline{\chi}(k) \tag{5.12}$$

Vektor der gemessenen Ausgangsgrößen

$$\underline{y}(k) = \underline{H}(k) \cdot \underline{x}(k) + \underline{\psi}(k) \tag{5.13}$$

Hierin sind

$\underline{x}(k)$ der Vektor der Zustandsgrößen

$\underline{u}(k)$ der Vektor der deterministischen, bekannten Eingangsgrößen

$\underline{\chi}(k)$, $\underline{\psi}(k)$ stochastische Zufallsfolgen eines weißen Rauschprozesses mit Gaußscher Amplitudenverteilung

Für die Mittelwerte und Kovarianzen von $\underline{\chi}(k)$ und $\underline{\psi}(k)$ gelte:

$$E\{\underline{\chi}(k)\} = \underline{0} \qquad E\{\underline{\psi}(k)\} = \underline{0}$$

$$\begin{aligned} E\{\underline{\chi}(i) \cdot \underline{\chi}^T(k)\} &= \underline{Q}(k) \cdot \delta_{ik} \\ E\{\underline{\psi}(i) \cdot \underline{\psi}^T(k)\} &= \underline{R}(k) \cdot \delta_{ik} \\ E\{\underline{\chi}(i) \cdot \underline{\psi}^T(k)\} &= \underline{M}(k) \cdot \delta_{ik} \quad \text{mit} \quad \delta_{ik} = \begin{cases} 1 & \text{für } i = k \\ 0 & \text{für } i \neq k \end{cases} \end{aligned} \tag{5.14}$$

Hierin haben die Kovarianzmatrizen $\underline{Q}$, $\underline{R}$ und $\underline{M}$ entsprechende Dimensionen und dürfen auch vom Zeitindex k abhängen (instationäre Rauschprozesse). Auch der unbekannte Anfangszustand $\underline{x}_o$ sei - als statistisches Ereignis betrachtet - Gauß-verteilt mit der Kovarianzmatrix

$$E\{(\underline{x}_o - \underline{\hat{x}}_o)(\underline{x}_o - \underline{\hat{x}}_o)^T\} = \underline{P}(0) \tag{5.15}$$

Unter diesen Bedingungen stellt das Kalman-Filter Zustandsschätzwerte $\underline{\hat{x}}(k)$ kleinster Fehlervarianz für die unbekannten Zustandsgrößen $\underline{x}(k)$

bereit.

Gleichungssystem des Kalman-Filters für die Prädiktion für den Zeitpunkt $(k+1) \cdot T$

Filtermodell:

$$\underline{\hat{x}}(k+1) = \underline{F}(k) \cdot \underline{\hat{x}}(k) + \underline{B}(k) \cdot \underline{u}(k) + \underline{D}(k) [\underline{y}(k) - \underline{C}(k) \cdot \underline{\hat{x}}(k)] \quad (5.16)$$

Korrekturmatrix:

$$\underline{D}(k) = [\underline{F}(k)\underline{P}(k)\underline{C}^T(k) + \underline{\Gamma}(k)\underline{M}(k)] \cdot [\underline{C}(k)\underline{P}(k)\underline{C}^T(k) + \underline{R}(k)]^{-1} \quad (5.17)$$

Kovarianzmatrix für den bedingten Schätzfehler:

$$\begin{aligned} \underline{P}(k+1) &= [\underline{F}(k) - \underline{D}(k)\underline{C}(k)] \underline{P}(k)\underline{F}^T(k) + \underline{\Gamma}(k)\underline{Q}(k)\underline{\Gamma}^T(k) \\ &\quad - \underline{D}(k)\underline{M}^T(k)\underline{\Gamma}^T(k) \\ &= E \{ (\underline{x}(k+1) - \underline{\hat{x}}(k+1)) \cdot (\underline{x}(k+1) - \underline{\hat{x}}(k+1))^T \mid Y(k) \} \end{aligned} \quad (5.18)$$

(Für die Herleitung dieser Gleichungen siehe u.a. [102,106,107]).

A.2 Voraussetzungen und Filtergleichungen für das erweiterte Kalman-Filter

Es werde der vorliegende Prozeß nun durch das folgende nichtlineare, zeitdiskrete Gleichungssystem beschrieben:

$$\begin{aligned} \underline{x}(k+1) &= \underline{f}(\underline{x}(k), \underline{u}(k), \underline{\chi}(k)) \\ \underline{y}(k) &= \underline{g}(\underline{x}(k)) + \underline{\psi}(k) \end{aligned} \quad (5.19)$$

Die Vektoren $\underline{x}(k)$, $\underline{y}(k)$, $\underline{u}(k)$, $\underline{\chi}(k)$ und $\underline{\psi}(k)$ sind wie oben definiert, wobei die Zufallsfolgen $\underline{\chi}(k)$ und $\underline{\psi}(k)$ wieder die oben genannten Eigenschaften haben, und es gelten die Beziehungen (5.14). Für den unbekannten Anfangszustand gelte wiederum (5.15).

Die Komponenten der nichtlinearen Vektorfunktionen $\underline{f}(\cdot)$ und $\underline{g}(\cdot)$ seien im interessierenden Bereich nach allen Argumenten stetig differenzierbar und es gelte die Notation

$$\underline{F}_k = \left.\frac{\partial \underline{f}}{\partial \underline{x}}\right|_{\substack{\underline{x}=\hat{\underline{x}}(k)\\ \underline{u}=\underline{u}(k)\\ \underline{\chi}=\underline{0}}} \qquad \underline{\Gamma}_k = \left.\frac{\partial \underline{f}}{\partial \underline{w}}\right|_{\substack{\underline{x}=\hat{\underline{x}}(k)\\ \underline{u}=\underline{u}(k)\\ \underline{\chi}=\underline{0}}}$$

$$\underline{H}_k = \left.\frac{\partial \underline{g}}{\partial \underline{x}}\right|_{\underline{x}=\hat{\underline{x}}(k)} \qquad (5.20)$$

Dann besteht das erweiterte Kalman-Filter in der Realisierung der folgenden Gleichungen:

Filtermodell:

$$\hat{\underline{x}}(k+1) = \underline{f}(\hat{\underline{x}}(k),\ \underline{u}(k),\ \underline{0}) + \underline{D}(k) \cdot [\ \underline{y}(k) - \underline{g}(\hat{\underline{x}}(k))\ ] \qquad (5.21)$$

Korrekturmatrix:

$$\underline{D}(k) = [\ \underline{F}_k\ \underline{P}(k)\ \underline{H}_k^T + \underline{\Gamma}_k\ \underline{M}(k)\ ] \cdot [\ \underline{H}_k\ \underline{P}(k)\ \underline{H}_k^T + \underline{R}(k)\ ]^{-1} \qquad (5.22)$$

"Kovarianzmatrix für den bedingten Schätzfehler":

$$\underline{P}(k+1) = [\ \underline{F}_k - \underline{D}(k)\underline{H}_k\ ]\ \underline{P}(k)\underline{F}_k^T + \underline{\Gamma}_k\underline{Q}(k)\underline{\Gamma}_k^T - \underline{D}(k)\ \underline{M}^T(k)\ \underline{\Gamma}_k^T \qquad (5.23)$$

Über die Güte der Schätzung und die Konvergenzeigenschaften der Schätzwerte ist keine allgemeingültige Aussage möglich. Auch repräsentiert die nach (5.23) berechnete Matrix $\underline{P}(k+1)$ nicht mehr die wirkliche Kovarianzmatrix des bedingten Schätzfehlers.

6. Regelung des Verkehrsflusses

6.1 Problemstellung und Aufgabe der Verkehrsbeeinflussung

Wie bereits im Kapitel 1 dargelegt wurde, hat der hohe Motorisierungsgrad das Phänomen des Verkehrszusammenbruchs auch in den Bereich des Überlandverkehrs hineingetragen. Anders als im innerstädtischen Bereich bot sich hier zunächst noch die Möglichkeit, mit baulichen Mitteln wie der Verbreiterung und der Neuanlage von Straßen dem gewachsenen Verkehrsaufkommen zu begegnen. Bei einer hohen Besiedlungsdichte, wie sie in Europa vorliegt, erwies sich allerdings auch dieser Ausweg als unzureichend. Auf der einen Seite wuchs das Verkehrsaufkommen stärker als die durch bauliche Maßnahmen bereitgestellte Straßenkapazität (vgl. Bild 1.1); auf der anderen Seite zwingen die Kostenentwicklung im Straßenbau wie auch die Landverknappung dazu, hier mit informationstechnischen und automationstechnischen Mitteln eine Verbesserung des Verkehrsablaufs auch im Fernstraßenbereich zu suchen, so daß die vorhandenen Straßen durch eine bessere Koordinierung des Verkehrsaufkommens wie des Verkehrsablaufs günstiger genutzt und zu jeder Zeit verfügbar gehalten werden.

Im Kapitel 1 wurden bereits die Ziele genannt, die hinter situationsbedingten Eingriffen in den Verkehr stehen. Es sind dies:

- eine Erhöhung der Leistungsfähigkeit vorhandener Verkehrswege
- eine größere Verkehrssicherheit für die Reisenden
- eine Offenhaltung der Straßen
- eine Verkürzung der Fahrzeiten
- die Erhöhung der Mobilität der Straßenbenutzer
- die Verbesserung des Fahrkomforts
- eine Einsparung von Treibstoff und eine Verringerung der Schadstoffemission.

Die Mittel, um mit diesen Zielgebungen auf den Verkehr einzuwirken, sind zahlreich. In den Städten sind es im wesentlichen die Lichtsignalanlagen an Kreuzungen, bei denen die Periode und das Verhältnis der

Phasen mit rotem, grünem und gelbem Licht zur Disposition stehen. Bei einem Straßenzug können die einzelnen Ampelzyklen in ihrer zeitlichen Abfolge zueinander koordiniert werden. Dieses zunächst eindimensionale Problem wird bei der Koordinierung der Lichtsignalanlagen in einem Straßennetz zweidimensional [108]. Darüber hinaus besteht die Möglichkeit der Verkehrsstromlenkung durch Wechselwegweiser oder durch gezielte Information des einzelnen Verkehrsteilnehmers über Rundfunk oder ein dafür vorgesehenes Bordgerät (siehe z.B. [9,10,109]).

Für Schnellstraßen und Autobahnen, die wegen der hohen Geschwindigkeiten und des kreuzungsfreien Ausbaus große Verkehrsstärken aufnehmen können und daher durch einen Verkehrszusammenbruch besonders empfindlich und nachhaltig getroffen werden, bieten sich andere Möglichkeiten der Einflußnahme. Hier ist zunächst die Drosselung der Verkehrsströme auf den Zufahrten zu nennen, was in vielen Studien untersucht wurde und in einigen Fällen auch bereits praktiziert wird (siehe u.a. [12,16,17,19, 110,111,112,113]).

Eine weitere Möglichkeit, hier auf den Verkehrsfluß einzugreifen, besteht in der veränderbaren Beschränkung der zulässigen Höchstgeschwindigkeit, die die Fluktuation der Einzelgeschwindigkeiten senkt und Fahrzeugpulks in ihrer Fortbewegung verlangsamt [7,36]. Daneben sind die zeitweilige Einführung eines Überholverbots und Stauwarnungen durch Wechselverkehrszeichen zu nennen. Auch für Schnellstraßen und Autobahnen verspricht das Konzept der gezielten Führung und Informierung der Einzelfahrer durch ein weitverzweigtes, computergesteuertes Informationssystem, wie es oben erwähnt wurde, eine Verbesserung der gegenwärtigen Situation [9]. Schließlich können Wechselwegweiser außerdem noch die Verkehrsströme sinnvoll aufteilen, wo geeignete Alternativrouten zur Verfügung stehen [13,18,114,115].

Die genannten Eingriffe sind in einem zukünftigen automatisierten Verkehrslenksystem als konzertierende Maßnahmen zu sehen, die zusammenwirken und aufeinander abgestimmt sein müssen. Sie sind als Einzelmaßnahmen zunächst einmal örtlich begrenzt wirksam, haben in ihrer Gesamtheit aber Einfluß auf regionale und überregionale Bereiche. Eine ganzheitliche Betrachtung läßt sich daher sowohl von der gerätetechnischen, wie auch von der funktionellen Seite und dem dahinterstehenden Regelungskonzept her auf natürliche Weise in eine hierarchische Mehrebenen-Struktur bringen [7,116]:

Tabelle 6.1 Mehrebenen-Struktur der Beeinflussung des Individualverkehrs

1. Ebene	Verkehrsflußführung in Wegenetzen	Koordinierung der Ampeln in Straßennetzen [108] Wechselwegweiser für Alternativrouten [13,114]
2. Ebene	Führung des Verkehrs auf Straßenzügen	Koordinierung von Signalfolgen sowie von Wechselverkehrszeichen [17,110,117,118]
3. Ebene	Beeinflussung von Fahrzeugkollektiven	Steuerung einzelner Ampeln Kontingentierung von Rampenzufahrten [111,119,120] Wechselverkehrszeichen [36,112]
4. Ebene	Beeinflussung des Einzel-Fahrzeugs	Information des Fahrers durch ein Bordgerät [10,109] Positionierung von Fahrzeugen in der Fahrschlange [8,121,122] Verschmelzung von Fahrzeugschlangen [123]

In diesem hierarchischen Ordnungsschema besteht eine Wechselwirkung zwischen den einzelnen Ebenen in dem Sinne, daß sich ein übergeordnetes Ziel in einer höheren Ebene der Lenkmittel der darunterliegenden Ebene bedient, wie sich auch die Aktionen in einer tieferen Ebene auf die Perspektiven der höheren Ebenen auswirken.

Die vorliegende Schrift hat sich intensiv mit dem Verkehrsfluß auf Schnellstraßen und Autobahnen beschäftigt. Hierzu wurde in den vorausgegangenen Kapiteln ein Verkehrsflußmodell in verschiedenen Varianten erstellt, analysiert und validiert. Im letzten Kapitel wurde schließlich das Problem der Meßwerterfassung zur Überwachung des Verkehrszustands auf einer längeren Straßeneinheit erörtert. Damit ist der Weg bereitet, den Wirkungskreis einer automatischen Verkehrsflußregelung in diesem Kapitel zu schließen und aufzuzeigen, welche Möglichkeiten bestehen, aufgrund einer detaillierten Information über den aktuellen Verkehrszustand so gezielt wie möglich auf den Verkehrsfluß einzuwirken, wenn dies erforderlich wird.

In den folgenden Abschnitten werden wir zunächst den Zugriff, den wir zum Verkehrsablauf auf Schnellstraßen haben, noch einmal erörtern und das Ziel einer Einflußnahme mit einer mathematischen Formulierung konkret fassen. Auf dieser Grundlage und anhand des im Kapitel 3 erarbeiteten Systemverständnisses werden einige Regelungskonzepte hinsichtlich ihres theoretischen Hindergrunds und ihrer praktischen Durchführbarkeit einander gegenübergestellt. Sodann wird die Wirksamkeit einer Verkehrsflußregelung für die Verhinderung von Verkehrszusammenbrüchen und für eine bessere Ausnutzung vorhandener Verkehrswege durch realitätsnahe Simulationsergebnisse hervorgehoben, und abschließend werden die Grundzüge einer gerätetechnischen Realisierung entworfen.

6.2 Möglichkeiten und Ziel einer Beeinflussung des Verkehrs auf Schnellstraßen

Von den zahlreichen Mitteln, auf das Verkehrsgeschehen einzuwirken, die im vorausgegangenen Abschnitt erwähnt wurden, kommen für eine Beeinflussung des Verkehrs auf Schnellstraßen und Autobahnen zwei Stelleingriffe in Betracht, die sowohl in ihrer Wirksamkeit als auch von der instrumentellen Ausrüstung der Straße her als besonders geeignet erscheinen. Es sind dies

- die <u>Kontingentierung</u> der Fahrströme auf den Zufahrtsrampen
- und die <u>Beschränkung</u> der zulässigen Höchstgeschwindigkeit.

Beide Maßnahmen wurden bereits mehrfach in den vorangegangenen Kapiteln in ihren Auswirkungen erörtert und in den Gleichungen (2.16) und (2.17) in das Verkehrsflußmodell aufgenommen.

Um die folgenden Ausführungen durch eine konkrete Vorstellung von der zu regelnden Konfiguration zu veranschaulichen, gehen wir davon aus, daß eine längere Schnellstraße oder Autobahn in N einzelne Abschnitte einer Länge von 3 bis 5 km unterteilt sei, die sich wiederum aus mehreren hintereinandergeschalteten Segmenten zusammensetzen, wie das bereits in den vorangegangenen Kapiteln der Ausgangspunkt der Betrachtungen war. Dazu sei angenommen, daß Zu- und Abfahrten nur jeweils an der Abschnittsgrenze vorhanden seien, was eine Vereinfachung der nachfolgenden Notationen aber keine Einschränkung der Allgemeinheit mit sich bringt. Der i-te Abschnitt umfasse demnach n_i Segmente. Die Stellgröße $u_1^i(k)$ betrifft die Zufahrtsrate an der i-ten Rampe, die Stellgröße $u_2^i(k)$ stellt die Beschränkung der Geschwindigkeit im i-ten Abschnitt dar, d.h. der Geltungsbereich für diese Stellgröße sei jeweils ein Straßenabschnitt, so daß hierdurch auch eine angemessene örtliche Differenzierung der Stellmaßnahmen möglich wird. Diese Konfiguration ist in Bild 6.1 skizziert.

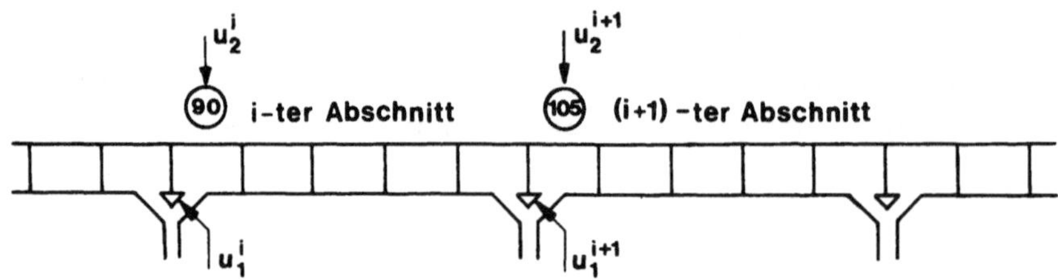

Bild 6.1 Konfiguration einer Straßeneinheit mit mehreren Abschnitten

Man kann nun die Annahme treffen, daß die Stellgrößenwerte u_1 und u_2 innerhalb der genannten Grenzen kontinuierlich wählbar sind, was möglicherweise bei der rechnerischen Ermittlung einer Stellsignalfolge opportun sein mag. Von der Seite der praktischen Verwirklichung her wird man allerdings für die Beschränkung der Geschwindigkeit nur einige wenige Werte zulassen können, da nur so eine Anzeige realisierbar und auch für den Autofahrer befolgbar sein wird. Auch bei den Zufahrtsraten ist eine Stufung in einige diskrete Werte (z.B. in 10 % - Schritten) zweckmäßig, zumal hierdurch die Zahl der zufahrenden Fahrzeuge ohnehin nicht exakt festgelegt wird und sich auch nicht beliebig fein dosieren läßt.

Auch was den zeitlichen Takt der Änderung der Stellwerte angeht, wäre die Annahme unrealistisch, daß die Stellgrößen sich mit der zeitlichen Schrittweite der Modellgleichungen und der Filterung, d.h. etwa alle zehn Sekunden ändern. Eine realistische Betrachtung wird hier eine Änderung in Zeitintervallen von ein bis fünf Minuten ansetzen, um bei den Geschwindigkeitsbeschränkungen die Fahrer nicht zu verwirren und um bei den Auffahrtsrampen eine definiertere Zuordnung zwischen Zufahrtsquote und Dauer der Grünlichtphase zu erreichen.

Das Ziel, dem die genannten Stellaktionen dienen sollen, wurde bereits im vorausgegangenen Abschnitt in einer Reihe von Einzelforderungen aufgezählt und muß nun mathematisch formuliert und damit einer algorithmischen Behandlung zugänglich gemacht werden. Hier deutet sich bereits eine erste Schwierigkeit an: die vorher in einer gewissen Allgemeinheit ausgesprochenen Zielvorstellungen sind in ihrem Wesen unscharf, in ihrer Gesamtheit diffus und stehen meist in keinem direkten funktionalen

Zusammenhang zu den Variablen, die den Verkehrszustand kennzeichnen und in den Modellgleichungen auftreten. Um hier ein wohldefiniertes, numerisch behandelbares Optimierungsproblem vorzulegen, muß man ein mathematisches Gütekriterium mit festem Bezug zu den Zustandsvariablen und den Stellgrößen des Verkehrsflußmodells formulieren, das einen großen Teil der verbalen Ziele sinngemäß repräsentiert.

Eine zweite Schwierigkeit entsteht durch die Forderung, daß das zu formulierende Optimierungsproblem auch mit vertretbarem Aufwand zu lösen sein muß. Je nach den für die Auffindung der Lösung geltenden Bedingungen (zum Beispiel schnelle Lösbarkeit in Echtzeit) muß hier oftmals eine Vereinfachung der mathematischen Formulierung in Kauf genommen werden, die eine deutliche Kluft zwischen der behandelten Aufgabe und der ursprünglichen Zielgebung entstehen läßt und den Wert einer solchermaßen gefundenen "optimalen" Lösung mindert.

Unter solchen Umständen darf es nicht verwundern, daß in der umfangreichen Literatur, die sich mit optimalen Steuer- und Regelstrategien für den Verkehr befaßt, keine Einigkeit über das zu wählende Gütemaß besteht. Die formulierten Optimierungsaufgaben und die dabei verwendeten Gütekriterien lassen sich in einer übergeordneten Betrachtung in drei Klassen einteilen. Die erste Kategorie umfaßt diejenigen Ansätze, bei denen ein <u>lineares</u> Kriterium bei linearen Systemgleichungen als Nebenbedingungen unter linearen Beschränkungen maximiert werden soll.

Die zweite Klasse beinhaltet diejenigen Problemformulierungen, bei denen die an sich nichtlinearen Systemgleichungen um einen gewünschten Arbeitspunkt linearisiert werden und Abweichungen von diesem gewünschten Betriebspunkt im Sinne eines <u>quadratischen</u> Gütemaßes optimal abgebaut werden sollen. Es ist dies die klassische Aufgabe der optimalen <u>Festwertregelung</u>.

Die dritte Gruppe enthält schließlich all jene Ansätze, die die Optimierungsaufgabe unter Beibehaltung aller Nichtlinearitäten der Systembeschreibung für ein allgemein <u>nichtlineares</u> Gütekriterium zu lösen suchen. Diese Problemstellungen sind in ihrer Formulierung der Realität am nächsten, ihre Lösung erfordert aber im Allgemeinen aufwendige und zeitraubende mathematische Methoden.

Die Ansätze der ersten Klasse sind zahlreich [15,81,124,125,126]; ihre Stärke besteht darin, daß eine "optimale" Lösung auch für umfangreiche Straßensysteme relativ schnell mit Algorithmen der Linearen Programmierung bestimmt werden kann. Ihr Nachtei ist die grobe Vereinfachung der Systemgleichungen, bei denen unter Vernachlässigung aller Nichtlinearitäten meistens auch nur die statischen Zusammenhänge berücksichtigt werden. Ein typisches Beispiel hierfür ist die in [125] betrachtete Aufgabenstellung:

Man maximiere die Gütefunktion

$$J_1 = \sum_{i=1}^{N} \bar{r}_i \rightarrow \text{Max} \tag{6.1a}$$

unter Nebenbedingungen der Form

$$\sum_{i=1}^{N} \alpha_{il} \cdot \bar{r}_i \leq \beta_l \ , \quad l = 1,2 \ldots,M \tag{6.1b}$$

und

$$\bar{r}_i \leq R_i \ , \qquad i = 1,2 \ldots,N \ . \tag{6.1c}$$

Die Größen $\bar{r}_i$ sind hierin die stationären Rampenzuflüsse; alle anderen Größen sind positive Konstanten. Gleichung (6.1b) beinhaltet mehrere durch die Straße auferlegte Kapazitätsbeschränkungen, die hier die einzigen Systemeigenschaften des Verkehrsflusses sind, die in die Problemformulierung eingehen. Die N Beziehungen (6.1c) stellen die endliche Aufnahmefähigkeit der einzelnen Rampen dar. Dieser Ansatz ist dadurch gekennzeichnet, daß er weder in der Lage ist, dynamische Übergangsvorgänge optimal zu lenken, noch örtlichen Inhomogenitäten geeignet Rechnung trägt. Das Ergebnis ist eine statische, optimale Steuerstrategie, die nicht in der Lage ist, der aktuellen Verkehrssituation im Sinne einer Regelung Rechnung zu tragen.

Auch die Arbeiten der zweiten Kategorie, bei der für lineare oder linearisierte Systemgleichungen die Eingriffe so bestimmt werden, daß ein quadratischer Güteindex zu einem Minimum geführt wird, sind gekennzeichnet durch starke Vereinfachungen der Problembeschreibung zugunsten einer bequemeren Lösbarkeit [17,104,127]. Der Grundgedanke hierbei besteht darin, einen stationären Sollzustand $c_j^i = \bar{c}$ und $v_j^i = V(\bar{c})$ festzulegen, der die vorhandene Straße im Sinne der eigentlichen Zielvorstellungen möglichst gut ausnutzt, und dann die Zufahrtsquoten der Rampen so zu dosieren, daß das Quadrat der Abweichungen von diesem Zustand über einen Zeitraum $K \cdot T$ gemittelt minimal wird:

$$J_2 = \sum_{k=1}^{K} \left[\sum_{i=1}^{N} \left(\sum_{j=1}^{n_i} \gamma_c [c_j^i(k) - \bar{c}]^2 + \gamma_v [v_j^i(k) - V(\bar{c})]^2 \right) + \right.$$

$$\left. + \gamma_u (u^i(k) - \bar{u}_i)^2 \right] \rightarrow \underset{u^i(k)}{\mathrm{Min}} \quad . \tag{6.2}$$

Die quadratische Gewichtung der Stellgrößen u^i im Gütekriterium hat den Sinn, in der optimalen Signalfolge $u^{i*}_{(k)}$ keine unrealistisch hohen Werte zu bekommen; hierdurch kann auf indirektem Wege durch geeignete Wahl der Gewichtung γ_u erreicht werden, daß die Stellsignale Begrenzungen der Form (6.1c) einhalten.

Für den Fall, daß die zugrundeliegenden Systemgleichungen linear (und möglichst auch noch zeitinvariant) sind, kann eine Lösung dieses quadratischen Optimierungsproblems nach einschlägigen Methoden berechnet werden (siehe z.B. [128]). Aus diesem Grunde wird für diesen Ansatz davon ausgegangen, daß der Systemzustand sich bereits in der Nähe des gewünschten Sollzustands befindet und nur kleine Abweichungen $\Delta c_j^i(k)$ und $\Delta v_j^i(k)$ abzubauen sind, so daß man berechtigt ist, eine um diesen Sollzustand linearisierte Systembeschreibung zugrunde zu legen, wie sie z.B. auch im Kapitel 3 für verschiedene Betrachtungen verwendet wurde. Wenn das betrachtete Zeitintervall beliebig groß wird (d.h. $K \rightarrow \infty$), läßt sich die optimale Stellsignalfolge als ein lineares, konstantes Regelgesetz

$$\Delta \underline{u}(k) = \underline{S} \cdot \Delta \underline{x}(k) \tag{6.3}$$

angeben, bei dem jede Signalstellung sich unmittelbar als Linearkombination der gegenwärtigen Abweichungen $c_j(k) - \bar{c}$ und $v_j(k) - \bar{v}$ der Zustandsvariablen berechnet, die hier zum Vektor $\Delta \underline{x}(k)$ zusammengefaßt wurden.

Es ist insbesondere diese Eigenschaft einer direkten Umsetzung des aktuellen Zustands in die notwendigen Stellsignale, die diesem Ansatz seine Bedeutung verschafft hat. Seine Nachteile sind darin zu sehen, daß einmal das Gütekriterium nicht unmittelbar den eigentlichen Zielsetzungen entnommen wurde und das Qualitätsmaß dabei durch die starre Vorgabe eines festen Sollzustands nicht an das jeweilige Verkehrsaufkommen angepaßt wird. Zum anderen macht die Benutzung einer linearisierten Systembeschreibung diese Lösung für große Abweichungen vom Sollzustand fragwürdig.

Der dritten Klasse von Ansätzen sind schließlich all jene Untersuchungen zuzuordnen, die zunächst alle Fragen hinsichtlich der numerischen Lösung der Aufgabenstellung hintanstellen und mit der mathematischen Formulierung des Gütemaßes wie mit der Beschreibung des Systemverhaltens möglichst nahe bei den realen Gegebenheiten bleiben.

Ein häufig angesetzes Gütemaß für die erbrachte Verkehrsleistung ist die über den Weg und die Zeit aufsummierte Verkehrsstärke [17]:

$$J_3 = \sum_{k=1}^{K} T\left[\sum_{i=1}^{N}\sum_{j=1}^{n_i} \Delta_j \cdot q_j^i(k)\right] = \sum_{k=1}^{K} T\left[\sum_{i=1}^{N}\sum_{j=1}^{n_i} \Delta_j \cdot c_j^i(k) \cdot v_j^i(k)\right] \qquad (6.4)$$

$$\longrightarrow \underset{u_1^i,u_2^i}{\mathrm{Max}} \quad ,$$

d.h. man sucht über den Weg und die Zeit den Durchsatz an Fahrzeugen möglichst groß zu machen.

Wenn an allen Rampen hinreichend viele Fahrzeuge anstehen, wird sich nach diesem Kriterium ein stationärer Zustand mit maximalem Fluß einstellen, der im Fundamentaldiagramm den Kulminationspunkt bildet. Aus der Stabilitätsanalyse im Kapitel 3 wissen wir aber, daß dieser Punkt für den ungeregelten Verkehr die Grenze bildet zwischen dem stabilen und dem instabilen Ast der statischen $q(\overline{c})$ - Kurve. Mit der Einführung einer Regelschleife ändern sich zwar die Stabilitätseigenschaften eines Systems; im vorliegenden Fall des Verkehrsflusses ist aber der Zugriff auf den Verkehrszustand durch die Stellgrößen relativ schwach (vgl. die Ausführungen in Abschnitt 3.4, insbesondere Bild 3.8) und wird weiter verringert durch die oben genannte Nebenbedingung eines langsamen Änderungstaktes dieser Größen. Es muß demzufolge damit gerechnet werden, daß ein Überschreiten des Kulminationspunktes durch geringe Störungen auch im geregelten Fall einen stark schwankenden und daher ineffektiveren Verkehrsfluß nach sich zieht.

Die Maximierung des Fahrzeugdurchsatzes mag aus der Sicht der Öffentlichkeit zweckmäßig sein. Dem einzelnen Fahrer allerdings liegt vielmehr daran, sein Ziel schnell und bequem zu erreichen, was etwa dem gleichkommt, daß die fahrbare Geschwindigkeit längs der ganzen Strecke hoch ist:

$$J_4 = \sum_{k=1}^{K}\left[\sum_{i=1}^{N}\sum_{j=1}^{n_i} v_{j(k)}^i\right] \longrightarrow \underset{u_1^i,u_2^i}{\mathrm{Max}} \qquad (6.5)$$

Es ist offensichtlich, daß dieses Maß desto größer ist, je weniger Fahrzeuge am Verkehr beteiligt sind und je gleichmäßiger der Verkehrsstrom ist. Ohne zusätzliche Begrenzungen würde dies auf eine Schließung der Zufahrtsrampen hinauslaufen, was sicher nicht der Sinn einer guten Nutzung der Straße ist.

Es soll nun versucht werden, beiden Gesichtspunkten Rechnung zu tragen und einen Kompromiß zwischen den beiden Gütefunktionalen (6.4) und (6.5) zu schließen, indem das Produkt aus Verkehrsstärke und mittlerer Geschwindigkeit als Qualitätsmaß eingeführt wird, d.h. es wird eine hohe Verkehrsstärke bei hoher Geschwindigkeit oder - anders ausgedrückt - ein hoher Nutzungsgrad bei geringer Reisezeit und großem Fahrkomfort angestrebt:

$$J_5 = \sum_{k=1}^{K} T \left[\sum_{i=1}^{N} \sum_{j=1}^{n_i} \Delta_j \cdot v_j^i(k) \cdot v_j^i(k) \cdot c_j^i(k) \right] \longrightarrow \underset{u_1^i, u_2^i}{\text{Max}} \qquad (6.6)$$

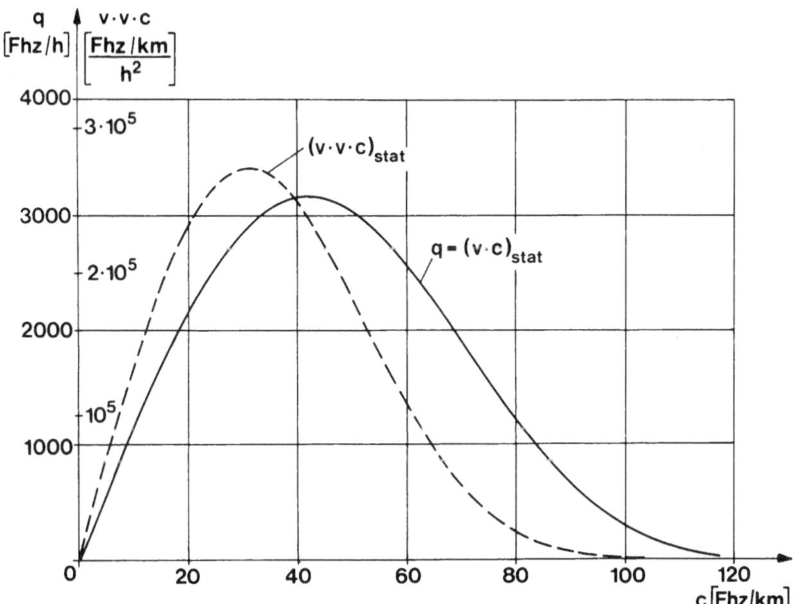

Bild 6.2 Zur Wahl des Gütekriteriums J_5 : statische Charakteristik $v \cdot v \cdot c$ und Fundamentaldiagramm $q(c)$

Diese Wahl des Gütekriteriums hat gegenüber dem Kriterium (6.4) den Vorzug, daß es unter stationären, gleichförmigen Bedingungen sein Maximum bei einem Dichtewert erreicht, der deutlich unterhalb des kritischen Wertes an der Stabilitätsgrenze liegt, wodurch ein gewisser Sicherheitsabstand zu diesem kritischen Betriebspunkt eingehalten wird und auch mäßige Störungen im Verkehrsablauf gut verkraftet werden können (siehe hierzu Bild 6.2).

Eine einfache Betrachtung der Einheiten in dem innerhalb der Summationen stehenden Ausdruck $T \cdot c \cdot v \cdot v$ zeigt nun, daß dieser Term Fahrzeug-Kilometer pro Zeiteinheit angibt, die über den Weg und die Zeit aufsummiert werden. Die Gesamtheit der auf der Straße in der Zeiteinheit zurückgelegten Fahrzeug-Kilometer läßt sich auch als Leistung im üblichen physikalischen Sinn interpretieren [123], so daß mit diesem Kriterium der Nutzungsgrad der Straße tatsächlich höher ist als bei den vorausgegangenen Kriterien, insofern als mehr Fahrzeuge insgesamt mehr Kilometer zurücklegen, wenn dieses Kriterium maximiert wird.

Bei hohem Verkehrsaufkommen könnte dieses Gütefunktional allerdings dazu führen, daß die Kapazität einer Straße durch einige Auffahrtsrampen an deren Beginn voll ausgelastet wird, so daß die folgenden Rampen in Fahrtrichtung nahezu geschlossen bleiben. Um dies zu vermeiden und um eine gerechtere Verteilung des Zutritts zu erreichen, ziehen wir noch einen Term von der Gütefunktion (6.6) ab, der die Zulassungsquote einer jeden Zufahrt im Nenner enthält und somit die Güte mindert, wenn eine oder mehrere Zufahrten überdurchschnittlich stark gedrosselt werden. Der Gewichtsfaktor δ_i im Zähler vermag dabei den verschiedenen Rampen unterschiedliches Gewicht und damit eine unterschiedliche Priorität zu verleihen.

$$J_6 = \sum_{k=1}^{K} T \left[\sum_{i=1}^{N} \left(\sum_{j=1}^{n_i} \Delta_j \cdot (v_j^i \cdot v_j^i \cdot c_j^i)_{(k)} - \frac{\delta_i}{0{,}05 + u_1^i(k)} \right) \right] \xrightarrow[u_1^i,\, u_2^i]{} \mathrm{Max} \qquad (6.7)$$

Mit dieser Ergänzung ist noch ein wichtiger Punkt der Optimierungsaufgabe angesprochen worden: es muß bei jeder in dieser Weise präzise gestellten Aufgabe, die damit einem mathematisch formalen Lösungskalkül unterworfen wird, überprüft werden, ob die Lösung auch im ursprünglichen Sinn der Problemstellung sinnvoll und nicht mit unerwünschten Nebenwirkungen verbunden ist. So kann zum Beispiel ein zu kurz gewähltes Zeitintervall $K \cdot T$ zur Folge haben, daß die Verkehrsleistung zwar kurzfristig stark erhöht wird, der Verkehr aber nach dem Optimierungsintervall zusammenbricht. Ebenso sollte auch das Ortsintervall, d.h. die Gesamtheit der Segmente nicht zu klein gewählt werden, um zu verhindern, daß die optimierten Bedingungen auf einem kurzen Teilstück der Straße zu Lasten seiner Umgebung gehen.

Wir wollen uns hier im Hinblick auf eine größere Realitätsnähe und Sinnfälligkeit der gestellten Aufgabe mit Regelkonzepten befassen, die der dritten der oben unterschiedenen Klassen zuzuordnen sind und sich an dem zuletzt aufgestellten Gütefunktional (6.7) ausrichten. Hierzu sei noch einmal die Optimierungsaufgabe präzise formuliert:

Gegeben sei der gegenwärtige Zustand des Verkehrs auf einer Schnellstraße mit N Abschnitten zu jeweils n_i Segmenten in Form der Anfangswerte der Dichten und der mittleren Geschwindigkeiten $\{c_j^i(0), v_j^i(0), i = 1,\dots,N; j = 1,\dots,n_i\}$. Ferner mögen für die in das erste Segment einströmende Verkehrsstärke $q_0^1(k)$ sowie für die über die Abfahrtsrampen austretenden Verkehrsstärken $s^i(k)$, $i = 1,\dots,N$ Schätz- oder Richtwerte für den Optimierungszeitraum vorliegen.

Gesucht ist dann diejenige Folge von Stellsignalen $u_1^i(k)$, $u_2^i(k)$, $i = 1,\dots,N$, die das Gütefunktional J_6 nach (6.7) für den Zeitraum $k = 1,\dots,K$ zu einem Maximum führt.

Die Klasse der zulässigen Stellsignalfolgen wird dabei durch folgende, oben begründete Nebenbedingungen eingeschränkt:

(NB1) die Werte haben eine obere und eine untere Schranke:

$$\begin{aligned} 0 &\le u_1^i(k) \le 1 \\ 0{,}6 &\le u_2^i(k) \le 1 \; ; \end{aligned} \tag{6.8}$$

(NB2) die Stellsignale haben jeweils über K_u Zeitschritte einen konstanten Wert, d.h.

$$\left.\begin{aligned} u_1^i(k) &= \text{const} \\ u_2^i(k) &= \text{const} \end{aligned}\right\} \quad \text{für} \quad l \cdot K_u \le k < (l+1) \cdot K_u \; ; \tag{6.9}$$

(NB3) die Werte der Stellsignale können nur in diskreten Stufen verändert werden:

$$u_1^i(k) = p \cdot 0{,}1 \; ; \quad p = 0,\ 1,\ \dots,10 \tag{6.10}$$

$$u_2^i(k) = \{\ 1{,}0;\ 0{,}87;\ 0{,}73;\ 0{,}60\ \}. \tag{6.11}$$

Es ist also die Regelaufgabe, bei jedem am Eingang der Gesamtstrecke anliegenden Fahrzeugfluß $q_0^1(k)$ über eine geeignete Wahl der Stellgrößenfolge die Leistung der Straße im Sinne des Gütemaßes J_6 möglichst groß zu machen, eine Aufgabe, die man in der Regelungstechnik auch als eine Extremwertregelung bezeichnet.

Im Zuge des Aufsuchens einer Lösung kann es das eingesetzte mathematische Kalkül erfordern, daß man zunächst die Nebenbedingung (NB3) und/ oder die Nebenbedingung (NB2) unberücksichtigt läßt und sie erst auf die optimale Stellfolge anwendet, wodurch man dann eine nur mehr suboptimale Lösung des Problems erhält.

Wir werden im nächsten Abschnitt zwei Wege aufzeigen, wie man grundsätzlich zu einer Lösung der gestellten Aufgabe gelangen kann, und dann einen Regelalgorithmus vorstellen, der sich an die theoretisch ermittelbare optimale Lösung anlehnt, aber im numerischen Aufwand und in der Datenverarbeitung so einfach ist, daß er sich besonders gut für eine praktische Verwirklichung eignet.

6.3 Optimale Verkehrsflußregelung

Die soeben formulierte Aufgabenstellung weicht insofern von den klassischen Optimierungsproblemen ab, als

- die Systemdynamik durch nichtlineare Differenzengleichungen beschrieben wird,
- weder ein lineares noch ein quadratisches, sondern ein allgemein nichtlineares Gütefunktional vorliegt und
- die Stellgrößen sowohl in ihren Werten als auch in ihrer zeitlichen Abfolge Beschränkungen unterliegen.

Wie bereits im vorangegangenen Abschnitt erläutert wurde, kann daher nicht erwartet werden, daß sich die optimale Signalfolge durch ein einschlägiges Verfahren als geschlossene Lösung in Abhängigkeit von der Zeit oder - was noch wünschenswerter wäre - in Abhängigkeit vom aktuellen Verkehrszustand ermitteln läßt. Es wird daher im Folgenden gezeigt, wie man die vorliegende Aufgabe als Parameteroptimierungsproblem deuten und durch einen Suchalgorithmus lösen kann.

6.3.1 Bestimmung der optimalen Stellsignalfolge durch Nichtlineare Programmierung

Zunächst lassen wir die Nebenbedingung (NB3) fallen, da sie das nachfolgende Vorgehen stark erschwert, und versuchen, eine Lösung der ansonsten unveränderten Aufgabe zu bestimmen.

Für ein vorgegebenes Zeitintervall der Länge $K \cdot T$ stehen eine feste Zahl von Stellsignalwerten $u_1^i(k)$ und $u_2^i(k)$ zur Disposition, die in zeitlicher Abfolge auf den Prozeß des Verkehrsflusses aufzuschalten sind. Die Suche nach den optimalen Werten $u_1^i(k)$, $u_2^i(k)$ stellt sich so als ein Parameteroptimierungsproblem dar, wenn man die gesuchten Stellaktionen als unbekannte Parameter deutet, von denen die Gütefunktion abhängt. Allerdings hängt die Gütefunktion im vorliegenden Fall nicht explizit von den als Parameter deklarierten Stellsignalen ab, sondern ergibt sich über den zeitlichen Ablauf des Verkehrsprozesses, der durch die Modellgleichungen repräsentiert ist. Für einen festen "Parametersatz" $\{u_1^i(k),\ u_2^i(k)\}$ ergibt sich demnach der zugehörige Wert des Gütemaßes nicht durch eine direkte funktionale Zuweisung, sondern durch eine Rechenprozedur, nämlich durch die Systemsimulation über den Zeitraum $K \cdot T$ durch iteratives Abarbeiten der Systemgleichungen. Folglich stehen auch die partiellen Ableitungen des Gütefunktionals nach den Werten der Stellgrößen nicht explizit zur Verfügung, was bei der Wahl des Optimierungsalgorithmus zu berücksichtigen sein wird.

Eine weitere Folgerung aus der indirekten Zuordnung zwischen den Stellgrößen und der Gütefunktion ist die, daß über die Konvexität der Gütefunktion über dem Raum der wählbaren "Parameter" keine Aussage möglich ist, d.h. wir müssen damit rechnen, daß es neben einem Hauptmaximum möglicherweise eine Reihe von Nebenmaxima gibt.

Fassen wir zusammen: es ist ein Algorithmus zu suchen für eine Parameteroptimierungsaufgabe, der die folgenden Eigenschaften besitzt:

- er ist in der Lage Aufgaben zu bearbeiten, bei denen der Zusammenhang zwischen Parametern und Gütefunktion allgemein nichtlinear ist,
- die Parameter dürfen Beschränkungen unterliegen (Erfüllung der Nebenbedingung (NB1)),
- er benötigt keine explizite Darstellung der Ableitungen des Gütefunktionals nach den Parametern,
- der Algorithmus hat eine höhere Wahrscheinlichkeit, das globale Optimum oder zumindest eines der besseren Nebenoptima zu finden.

Der erste Punkt besagt, daß man einen Algorithmus aus der Klasse der Nichtlinearen Programmierung zu wählen hat [129]. Im Hinblick auf die beiden letzten Punkte sind Gradientenverfahren für die vorliegende Aufgabe ungeeignet. Ein Algorithmus, der allen genannten Forderungen entgegenkommt, ist der Komplex-Algorithmus von Box [74], der bereits bei der Modellvalidierung zum Auffinden der geeignetsten Werte für die Modellparameter verwendet wurde (siehe Abschnitt 4.2.4).

Ausgehend von einem Komplex verschiedener alternativer Parametersätze wird hierbei jeweils der Parametersatz mit dem schlechtesten Wert des Gütemaßes durch einen neuen Wert mit einem besseren Gütewert ersetzt. Dieses robuste Vorgehen erhöht die Wahrscheinlichkeit, daß der Algorithmus nicht in einem Nebenmaximum weitab vom eigentlichen globalen Maximum "hängen bleibt", was bei Gradientenmethoden eine Gefahr ist.

Ein Flußdiagramm, nach dem die Bestimmung der optimalen Stellsignalfolge durch einen Suchalgorithmus abläuft, ist in Bild 6.3 dargestellt. Es ist hieraus zu erkennen, daß für jeden neuen Parametersatz, von denen im Laufe der Suche nach dem Optimum viele durch den Algorithmus gewählt werden, die zu erwartende Verkehrsentwicklung voraussimuliert werden muß, was bei einer längeren Straßeneinheit sehr rechenzeitintensiv wird. Für die Ermittlung der Stellgrößen für einen Straßenzug von 20 km Länge mit fünf Auffahrtsrampen ergeben sich beispielsweise bei einem Zeitintervall von $K \cdot T = 20$ min und einer zeitlichen Stellgrößenschrittweite von $K_u \cdot T = 4$ min bereits 50 zu wählende Stellsignalwerte. Auch eine leistungsfähige Großrechenanlage (wie die hier verwendete Cyber 175 der Firma Control Data) braucht zur Lösung der Optimierungsaufgabe etwa 10 Minuten, eine Zeit, die für den Echtzeiteinsatz bereits zu lang ist, da sich inzwischen die Ausgangslage in Form des Anfangszustands $\{c_j^i(0), v_j^i(0)\}$ bereits grundlegend geändert haben kann und die optimalen Stellsignale erst mit einer Verspätung von 10 Minuten zur Anwendung kommen.

Jedenfalls kann dieses Vorgehen dazu dienen, durch Fallstudien zu untersuchen, welche grundsätzlichen Verbesserungsmöglichkeiten in einer geschickten Wahl der Stelleingriffe liegen können.

Eine Möglichkeit, dieses Verfahren auch in Echtzeit durchzuführen, besteht darin, daß man die Systemsimulation, die die meiste Rechenzeit verbraucht, auf zeitlich parallel arbeitende einzelne Prozessoren verteilt, die zum Beispiel jeweils die Simulation des Verkehrs auf einem Abschnitt der gesamten Straße übernehmen [110].

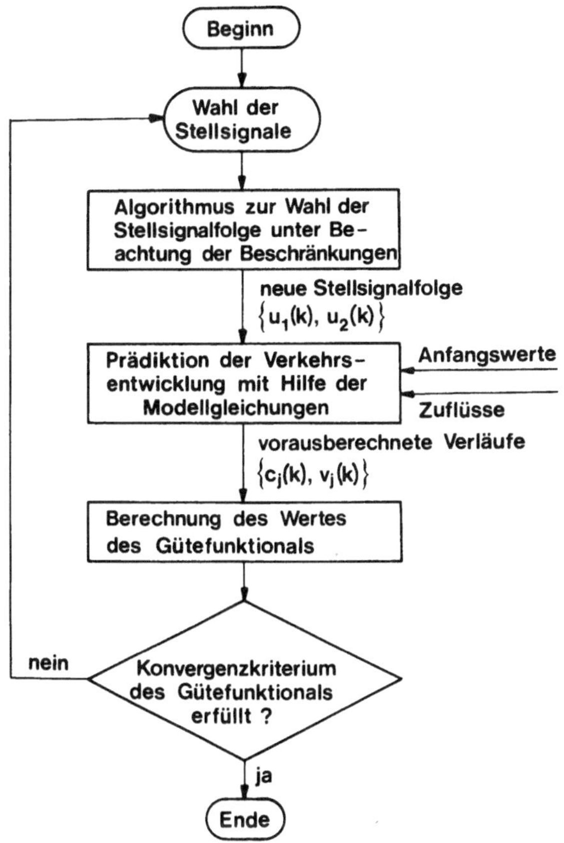

Bild 6.3 Flußdiagramm zur Bestimmung der optimalen Stellsignalfolge durch Parameteroptimierung

Es wurde zu Beginn dieses Abschnitts die Nebenbedingung (NB3) der Optimierungsaufgabe fallengelassen, die nur diskrete Stellwerte zuließ. Man kann diese in der Wirklichkeit immer vorhandene Bedingung erfüllen, indem man die Diskretisierung der Werte nachträglich für die optimale Signalfolge einführt und so zu einer nur mehr suboptimalen Lösung kommt, die auch nur mit einer geringen Verschlechterung des Gütemaßes verbunden ist, wie sich gezeigt hat. Eine andere Möglichkeit bestünde darin, diese Nebenbedingung mit in das Parametersuchverfahren einzubeziehen, wobei dann Algorithmen der sogenannten Ganzzahligen Programmierung einzusetzen wären.

Wir werden aber im übernächsten Abschnitt noch ein wesentlich einfacheres Verfahren zur Ermittelung von nahezu optimalen Stellsignalen kennen lernen, so daß wir das hier angedeutete Vorgehen nicht weiter erörtern. Simulationsergebnisse, die die Wirksamkeit der so gewählten Signalgebung demonstrieren, sind im Abschnitt 6.4 zu finden.

6.3.2 Bestimmung der optimalen Stellsignalfolge durch Dynamische Zerlegung

Wie bei dem eben geschilderten Verfahren zur Bestimmung optimaler Stellsignale offenbar wurde, besteht neben der Nichtlinearität des Problems eine Hauptschwierigkeit darin, daß es sich bei einem längeren Straßenzug um ein System hoher Ordnung handelt.

Diese Feststellung berechtigt zu der Frage, ob sich der Optimierungsvorgang als solcher nicht in einzelne Teilprobleme zerlegen läßt. Dieser Gedanke wird noch unterstützt durch die in der Systemstruktur begründete Tatsache, daß jeder Stelleingriff zunächst einmal am stärksten die unmittelbare Umgebung betrifft und sich erst in zweiter Linie auch auf entferntere Straßenabschnitte auswirkt.

Eine solche Möglichkeit, das Optimierungsproblem in Teilprobleme zu zerlegen und diese wiederum so aufeinander abzustimmen, daß ihre Lösung auch die Gesamtlösung der ursprünglichen Aufgabe darstellt, ist tatsächlich durch theoretische Methoden der Optimierung dynamischer Systeme gegeben, die unter dem Begriff "Dynamische Zerlegung" (Dynamic Decomposition Principle) in den einschlägigen Büchern oder Aufsätzen zu finden sind [130,131,132]. Diese Methoden gehen auf die initialisierende Arbeit von Dantzig und Wolfe zurück, die sie erstmals für Probleme der Linearen Programmierung entwickelten [133]. In einer Vielzahl von Folgearbeiten wurde diese Theorie weiterentwickelt, so daß sie heute für eine sehr allgemeine Klasse von Aufgabenstellungen einschließlich nichtlinearer und dynamischer Probleme gut fundiert und anwendbar ist. Hier soll diese Methode auf das vorliegende Problem der Bestimmung optimaler Stellsignalfolgen zugeschnitten und als eine prinzipielle Möglichkeit des Vorgehens vorgestellt werden, auch wenn sie - wie sich zeigen wird - einige schwerwiegende Nachteile aufweist, die ihre Anwendbarkeit aus gegenwärtiger Sicht stark einschränkt.

Wir vergegenwärtigen uns noch einmal die Systemkonfiguration eines längeren Straßenzuges nach Bild 6.1, der sich aus N in Reihe liegenden Abschnitten zusammensetzt. Bei der Suche nach einer sinnvollen Zerlegung in Teilsysteme bieten sich diese Abschnitte in natürlicher Weise an. Ebenso werden wir versuchen, das Optimierungsproblem in Teilprobleme zu zerlegen, die je einem Abschnitt zugeordnet sind. Während sich das Gütefunktional (6.6) oder (6.7) ohne weiteres in eine Summe der zu jedem

Abschnitt gehörenden Teilfunktionen zerlegen läßt, indem man die Summation über die Indizes i und k vertauscht, lassen sich die Systemgleichungen, die für jede Lösung gelten müssen, nicht in völlig unabhängige Teilsysteme aufspalten. Vielmehr ist der Verkehrsablauf in den einzelnen Abschnitten miteinander verkoppelt (siehe hierzu auch Bild 2.5), was zunächst einmal in der Kontinuität des Verkehrsflusses an den Abschnittsübergängen zum Ausdruck kommt:

$$q_n^{i-1}(k) = q_o^i(k) \tag{6.12}$$

Weitere, allerdings weniger wichtige Kopplungen bringen der Verschiebungsterm und der Dichtegefälleterm in der Geschwindigkeitsdifferenzengleichung für das erste und das letzte Segment eines Abschnitts mit sich, da hier jeweils eine Zustandsvariable vom vorausgehenden oder nachfolgenden Segment wirksam wird. Diese Kopplungen seien hier wegen ihrer untergeordneten Rolle der Einfachheit halber vernachlässigt. Auch wollen wir für die Abschnittsgrenzen eine Vereinfachung des Ausdrucks für die Verkehrsstärke treffen, indem wir schreiben:

$$q_n^{i-1}(k) = c_n^{i-1}(k) \cdot v_n^{i-1}(k) \tag{6.13}$$

Mit dieser Vereinfachung sind die Kopplungen nur mehr einseitig in Fahrtrichtung wirksam. (Diese Vernachlässigungen sollen die nachfolgenden Schritte transparenter machen. Aus den Erörterungen in Kapitel 4 ist allerdings klar, daß damit der Verkehr bei hohen Dichten und rücklaufenden Stauwellen nicht mehr korrekt beschrieben wird. Für die Behandlung auch dieser Zustände ist das folgende Vorgehen sinngemäß zu ergänzen durch eine rückwärts wirksame Kopplung entweder im Dichtegefälleterm oder in der korrekten Mittelung für $q_n^i(k)$).

Es wird jetzt formal

$$q_o^i(k) = z^i(k) \tag{6.14}$$

gesetzt. Die verbliebene Kopplungsbedingung (6.12), auf die wir uns hier beschränkt haben, wird nun, wie in der klassischen Variationsrechnung üblich, mit Lagrangeschen Faktoren $\kappa^i(k)$ multipliziert und zu dem Gütefunktional (6.6) addiert

$$\mathfrak{J} = \sum_{i=1}^{N} \sum_{k=1}^{K} T \left[\sum_{j=1}^{n_i} \Delta_j (v_j^i \cdot v_j^i \cdot c_j^i)_{(k)} \right] + \kappa^i(k) \cdot (c_n^{i-1} v_n^{i-1} - z^i)_{(k)} \tag{6.15}$$

Faßt man alle Terme zusammen, die die Zustandsvariablen des i-ten Abschnitts einschließlich der Variablen z^i enthalten, dann läßt sich dieses Gütefunktional in N Summanden aufspalten:

$$\tilde{\mathfrak{J}} = \sum_{i=1}^{N} \tilde{\mathfrak{J}}_i \tag{6.16}$$

mit

$$\tilde{\mathfrak{J}}_i = T \cdot \sum_{k=1}^{K} \sum_{j=1}^{n_i} \Delta_j \cdot (v_j^i \quad v_j^i \quad c_j^i)_{(k)} + (\kappa^{i+1} \cdot c_n^i \cdot v_n^i)_{(k)} - \kappa^i \cdot z^i(k) \tag{6.17}$$

Stellt man sich die Lagrangeschen Faktoren $\kappa^i(k)$ und $\kappa^{i+1}(k)$ einmal als fest vorgegeben vor, dann sind die Teilgütefunktionale (6.17) von den Stelleingriffen $u_1^i(k)$ und $u_2^i(k)$, formal aber auch von den Variablen $z^i(k)$ abhängig, so daß man für $\tilde{\mathfrak{J}}_i$ ein Maximum bezüglich aller drei Variablenfolgen aufsuchen kann:

$$\tilde{\mathfrak{J}}_i^* = \tilde{\mathfrak{J}}_i(\kappa^i, \kappa^{i+1}, u_1^i{}^*, u_2^i{}^*, z^i{}^*) = \underset{u_1^i, u_2^i, z^i}{\mathrm{Max}} \{\tilde{\mathfrak{J}}_i\} \tag{6.18}$$

Das so gefundene Maximum hängt von den beiden Wertefolgen $\kappa^i(k)$ und $\kappa^{i+1}(k)$ ab und enthält die "optimale" Folge $z^{i*}(k)$, die zunächst im allgemeinen noch nicht die Kopplungsbedingungen (6.12), (6.14) erfüllt. Es besteht somit wie bei jedem Variationsproblem mit Nebenbedingungen die Aufgabe, die zusätzlichen Freiheitsgrade in den Faktoren $\kappa^i(k)$ so zu wählen, daß die dann ermittelten Werte $z^{i*}(k)$ gerade die Bedingung (6.12), (6.14) erfüllen. Diese speziellen Werte für die Lagrangeschen Faktoren $\kappa^i(k)$ seien mit $\kappa^{i*}(k)$ bezeichnet.

Für die Auffindung dieser Wertefolgen $\kappa^{i*}(k)$, die gewissermaßen die Teiloptima so aufeinander abstimmen, daß sie die Kopplungsbedingungen erfüllen und damit auch das Gesamtoptimum verkörpern, ist nun die folgende Eigenschaft von großer Bedeutung [132]:

$$\sum_{i=1}^{N} \tilde{\mathfrak{J}}_i{}^*(\kappa^i, \kappa^{i+1}) \geq \sum_{i=1}^{N} \tilde{\mathfrak{J}}_i{}^*(\kappa^{i*}, \kappa^{i+1*}) = J^* \; . \tag{6.19}$$

Diese Beziehung besagt, daß diejenige Wertefolge der $\kappa^i(k)$ (die auch als die <u>Koordinierungsvariablen</u> bezeichnet werden), die zur Erfüllung der Kopplungsbedingungen durch die zugehörige Folge $z^{i*}(k)$ führt, zugleich die Summe der Teiloptima minimiert, die dann auch das Gesamtoptimum mit der gesuchten Lösung für die Stellsignalfolgen ist:

$$u_1^{i\,opt}(k),\ u_2^{i\,opt}(k) = u_1^{i*}(k)\ ,\ u_2^{i*}(k)\Big|_{\kappa^i(k)=\kappa^{i*}} \tag{6.20}$$

Diese Eigenschaft begründet den folgenden zweistufigen Optimierungsprozeß zum Aufsuchen der optimalen Stellsignalfolgen:

1. Stufe: Wahl der zum Vektor $\underline{\kappa}(k)$ zusammengefaßten Folgen der Koordinierungsvariablen, so daß schließlich die Summe der Teiloptima J_i^* minimal wird;

2. Stufe: für jede Neuwahl von $\underline{\kappa}(k)$ werden die Teilgütefunktionen bezüglich $u_1^i(k)$, $u_2^i(k)$ und $z^i(k)$ maximiert.

Das Flußdiagramm für diese Optimierungsstrategie ist in Bild 6.4 dargestellt.

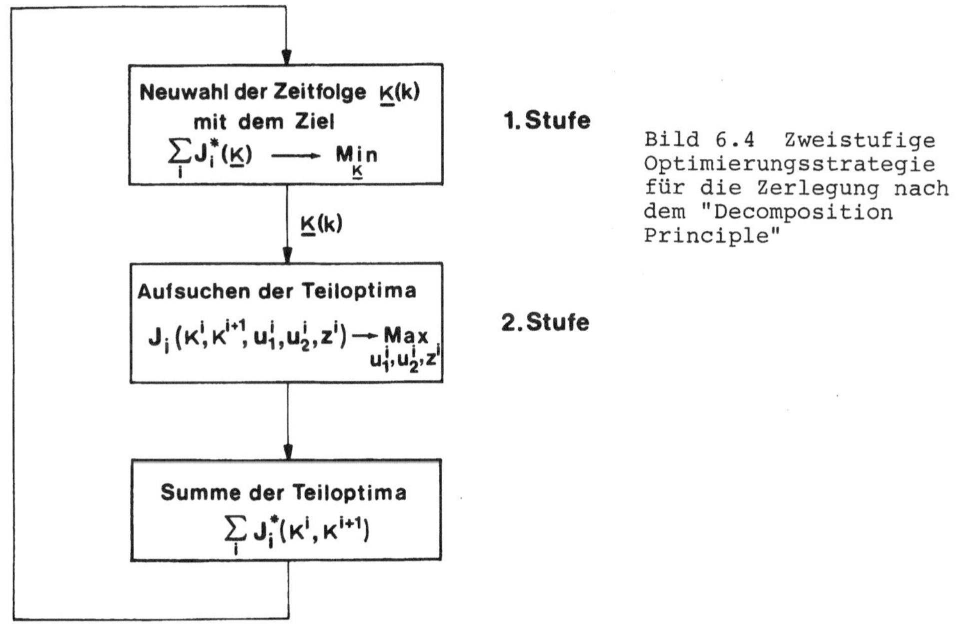

Bild 6.4 Zweistufige Optimierungsstrategie für die Zerlegung nach dem "Decomposition Principle"

Der Vorteil dieser Zerlegung liegt im allgemeinen darin, daß jedes Teilproblem der zweiten Stufe, aber auch das Aufsuchen der "optimalen" Koordinierungsvariablen $\kappa^{i*}(k)$ der ersten Stufe bezüglich der Zahl der zu wählenden Variablen von wesentlich niedrigerer Ordnung ist als das Gesamtproblem, wenn man es als Ganzes angeht. Da der Rechenaufwand im allgemeinen nicht linear, sondern etwa quadratisch mit der Anzahl der gesuchten Variablen steigt, ist es also durchaus möglich, daß die Aufteilung in mehrere Teilprobleme der bequemere Lösungsweg ist, auch wenn dabei künstlich neue Freiheitsgrade wie hier in den Variablen $z^i(k)$ und $\kappa^i(k)$ geschaffen werden. Auch wäre es denkbar, die Bestimmung der Teiloptima auf einem Mehrprozessorsystem zeitparallel durchzuführen, wie es zuvor für die Systemsimulation vorgeschlagen wurde, wobei allerdings der beträchtliche organisatorische und der mit der Softwareerstellung verbundene Aufwand nicht unterschätzt werden darf, insbesondere beim Einsatz von Mikrorechnern, die nur über einen sehr elementaren Befehlssatz verfügen.

Wie bereits oben angedeutet wurde, ist das soeben vorgestellte Verfahren speziell für die optimale Regelung des Verkehrsflusses mit erheblichen Nachteilen verbunden, die aus gegenwärtiger Sicht die Anwendung als unzweckmäßig erscheinen lassen. Die Nebenbedingung (NB2) der Optimierungsaufgabe forderte, daß die Stellvektoren nur alle K_u Zeitschritte (z.B. alle vier Minuten) verändert werden. Bei einer Straßeneinheit mit zehn Abschnitten würden bei einem Optimierungsintervall von 20 Minuten demnach 100 Stellsignalwerte durch den Optimierungsprozeß zu bestimmen sein.

Die Systemdynamik unterliegt dagegen einem schnelleren Takt, denn die Differenzengleichungen werden alle T Sekunden (z.B. $T = 10$ s) bearbeitet, und dies ist auch die Schrittweite der Größen $z^i(k)$ und $\kappa^i(k)$. Allein durch die Hilfsvariablen $z^i(k)$, die ja in den Teilproblemen optimal zu wählen sind, müssen bei jedem einzelnen Optimierungsvorgang der Stufe 2 für das oben genannte Zahlenbeispiel 60 Werte zuzüglich der 10 Stellsignalwerte $u_1^{i*}(k)$ und $u_2^{i*}(k)$ ermittelt werden, und dies für jeden neuen Satz der $\kappa^i(k)$ -Werte, der in der ersten Stufe durchlaufen wird!

Nun haben wir die Kopplungen zwischen den Teilsystemen bewußt stark vereinfacht; sollte es für eine präzisere Behandlung des Problems erforderlich sein, noch einen weiteren Kopplungsterm zu berücksichtigen, würde sich die Zahl der Hilfsvariablen $z^i(k)$ verdoppeln und ebenso die Zahl der Koordinierungsvariablen $\kappa^i(k)$. Es ist also speziell die aus praktischen Erwägungen formulierte Bedingung (NB2) der stückweise konstanten Stellsignale, die dieses Verfahren - so bestechend und elegant es vom theoretischen Ansatz auch sein mag - als nicht praktikabel zurückstellt.

Es kommt hinzu, daß die Teilprobleme ebenso wie das Gesamtproblem von nichtlinearer Natur sind, sich also durch kein direktes Verfahren, sondern nur durch zeitraubende Suchalgorithmen bearbeiten lassen. Eine Simulationsstudie hat demnach auch ergeben, daß der Weg des Dekompositions-Prinzips zwar gangbar ist, aber ein Vielfaches von der Zeit erfordert, die die direkte Behandlung des nicht zerlegten Gesamtproblems durch einen Algorithmus der Nichtlinearen Programmierung benötigt, wie es im vorangegangenen Abschnitt vorgeschlagen wurde.

6.3.3 Ein suboptimales Regelgesetz mit Zustandsrückführung

Beide bis jetzt angeführten Wege zur Lösung der gestellten Optimierungsaufgabe sind gekennzeichnet durch einen hohen numerischen Aufwand und damit einhergehend durch eine geringe Transparenz des Zustandekommens der optimalen Stellsignalfolge. Wenn sich auch das erste Verfahren der iterativen Systemprädiktion in Kombination mit einem Suchverfahren im Rahmen eines Mehrrechnersystems grundsätzlich für einen Echtzeitbetrieb verwirklichen läßt, so ist diese Lösung aus praktischer Sicht doch zu aufwendig, zu wenig transparent und daher insgesamt unbefriedigend.

Es wäre nun wünschenswert, wenn es gelänge, eine überschaubare, direkte Zuordnung zwischen der vorliegenden Verkehrssituation und den notwendigen Regeleingriffen herzustellen. Angesichts der im Abschnitt 6.2 diskutierten Schwierigkeit, die Zielvorstellungen der Praxis in ein mathematisches Gütekriterium zu kleiden, wäre einem solchen einfachen Regelgesetz auch dann der Vorzug zu geben, wenn das damit erreichte Gesamtverhalten des Verkehrsflusses nicht mehr streng optimal im Sinne des zugrunde gelegten mathematischen Gütemaßes ist, sondern nur noch suboptimal, aber doch wirkungsvoll im Sinne der Aufgabenstellung.

Hierfür wäre grundsätzlich das folgende Vorgehen denkbar. Man unterteilt die Gesamtheit der möglichen Verkehrszustände auf der zu regelnden Straße in einzelne Klassen, die jeweils ähnliche Zustände umfassen. Für jede dieser Klassen bestimmt man einen Satz der aufzuschaltenden Stelleingriffe, der für alle in der Klasse enthaltenen Zustände eine sinnvolle (wenn auch nicht optimale) Einflußnahme im Sinne des Regelziels darstellt. Die Zahl der unterschiedenen Klassen muß entsprechend groß sein, damit eine ausreichende Differenzierung der Verkehrssituationen gewährleistet ist. Zu jedem Zeitpunkt, bei dem ein Stellsignalwechsel erfolgen kann, wird für die aktuelle Verkehrslage wie bei einem <u>Mustererkennungsvorgang</u> die zugehörige Kombination der Stellsignalwerte ermittelt, aus dem Speicher des Verkehrsrechners abgerufen und sodann auf die Signaleinheiten geschaltet.

Man kann sich vorstellen, daß dieses Verfahren, bei dem die Stellsignalkombinationen wie in einem Katalog aufzusuchen sind, relativ schnell und einfach ablaufen kann, wenn die Merkmale und Kriterien für die Klassifizierung der Verkehrszustände einigermaßen geschickt gewählt sind. Ein Nachteil einer solchen tabellarischen Zuweisung besteht darin, daß keine Gesetzmäßigkeit der Stellsignalbildung erkennbar ist. Bei einer Änderung der Straßentopologie (z.B. bei einer Verlängerung der in die Regelung einbezogenen Straßeneinheit oder bei der nachträglichen Einführung weiterer Rampen) ist der Gesamtkatalog von Stellsignalkombinationen erneut zu ermitteln. Außerdem könnte sich ein solches Vorgehen als zu grob und undifferenziert erweisen.

Aus diesen Gründen wird hier ein anderer Weg beschritten, der nach einer möglichst einfachen Rechenvorschrift sucht, über die die einzelnen Stellsignale aus den aktuellen Zustandsgrößen abgeleitet werden können [134]. Dieser Weg einer direkten Abbildung des Verkehrszustands auf die Stellsignale wird als Regelgesetz bezeichnet und hat - wie wir sehen werden - den Vorteil, daß der Einfluß der einzelnen Zustandsvariablen auf die jeweilige Signalgebung verfolgbar und damit auch leicht durch Software-Maßnahmen änderbar ist, wenn dies aus irgendeinem Grunde als ratsam erscheint.

Um diesen funktionellen Zusammenhang zwischen den Variablen des Verkehrsflusses und den erforderlichen Signalstellungen in seiner Struktur und Gesetzmäßigkeit zu erkennen, wurden für eine große Zahl verschiedener Verkehrszustände die optimalen Stellsignalfolgen nach dem oben beschriebenen Verfahren der Parameteroptimierung ermittelt. Die Verkehrszustände wurden dabei so gewählt, daß sie in systematischer Weise über einen großen Wertebereich typische Situationen abdecken und dabei die gesuchten Zusammenhänge qualitativ wie quantitativ deutlich herausstellen. So wurden unter anderem die Signalwerte bei örtlich gleichförmigen Verkehrsdichten, der Einfluß einzelner Dichteknoten (hohe Dichte in nur einem Segment) bei unterschiedlicher Umgebungsdichte, die Auswirkung von Dichtewellen verschiedener Höhen (Verdichtung wie auch Verdünnung in Fahrtrichtung), sowie die Tragweite von Bereichen mit stauendem Verkehr systematisch untersucht.

Aus den Ergebnissen ließen sich die folgenden Eigenschaften und Regeln ablesen:

(I) Bei gleichförmigen, stationären Verhältnissen besteht ein eindeutiger nichtlinearer Zusammenhang zwischen der Dichte c und den Stellsignalen u_1^i, u_2^i ; dies ist in Bild 6.5 dargestellt. Diese Zusammenhänge lassen sich analytisch in guter Näherung durch die beiden Beziehungen erfassen:

$$U_1(c) = 0{,}5 \cdot \left[1 - \frac{(c-43) \cdot (1+0{,}8 \cdot |c-43|)}{20 + |c-43| \cdot (1+0{,}8 \cdot |c-43|)} \right] \qquad (6.21)$$

$$U_2(c) = 1 - 0{,}007 \cdot [(c-30) \cdot \sigma(c-30) - (c-75) \cdot \sigma(c-75)] \qquad (6.22)$$

hierin ist $\sigma(\cdot)$ die Einheitssprungfunktion.
(Verkehrsdichte c in Fhz/km).

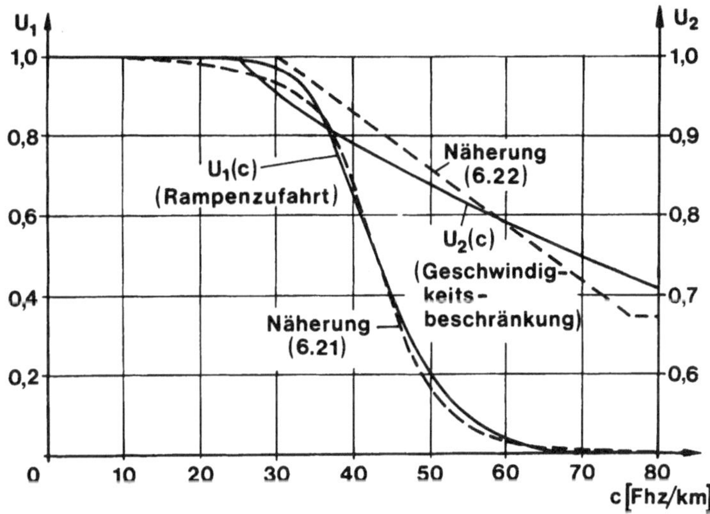

Bild 6.5 Stellsignale u_1 und u_2 bei örtlich gleichförmigen Verhältnissen in Abhängigkeit von der Dichte c

(II) Örtliche dynamische Übergangsvorgänge haben keinen erkennbaren Einfluß auf die Signalwerte, was durch deren verhältnismäßig lange Schaltintervalle bedingt ist.

(III) Wenn innerhalb eines Abschnitts die einzelnen Segmente unterschiedliche Verkehrsdichten aufweisen, dann haben die höheren Dichtewerte einen größeren Einfluß auf die Stellgrößen.

(IV) Ein örtlicher Dichteabfall in Fahrtrichtung schlägt sich je nach Höhe des Dichteniveaus in den 5 km bis 8 km vorausliegenden Stellsignalen nieder. In Fahrtrichtung weiter entfernt liegende Signaleinheiten bleiben davon unberührt.

(V) Im umgekehrten Fall eines Dichteanstiegs in Fahrtrichtung werden die Signalstellungen nach rückwärts, d.h. entgegen der Fahrtrichtung betroffen, und zwar reicht der Einfluß desto weiter zurück, je dichter der Verkehr in Fahrtrichtung ist und je größer der Niveau-Unterschied auf beiden Seiten der Dichtestufe ist. Wenn die Dichte in Fahrtrichtung einen Wert von 75 Fahrzeugen/km übersteigt, d.h. wenn sich ein Stau anbahnt, werden alle zurückliegenden Rampen vorübergehend geschlossen und die Geschwindigkeit wird bis zur Stelle der Verdichtung einheitlich auf 75 km/h begrenzt.

(VI) Die Ergebnisse sind in einer gewissen Umgebung der optimalen Stellsignalwerte unempfindlich gegenüber kleinen Abweichungen in den Zustandsgrößen und ungenauen Signalwerten, d.h. die Güte des Systemverhaltens wird durch Ungenauigkeiten in gewissen Grenzen nur unwesentlich herabgesetzt.

Aus diesen Feststellungen lassen sich die folgenden Schlüsse ziehen. Die Eigenschaft (II) beinhaltet, daß es genügt, nur die Dichtewerte in den einzelnen Segmenten für die Bildung der Stellsignale heranzuziehen. Dynamische Abweichungen der Geschwindigkeitswerte $v_j^i(k)$ von den stationären Werten $V(c_j^i)$ fallen nicht ins Gewicht, da die Schaltzeiten der Signale groß sind im Verhältnis zu der Zeitkonstanten τ, die die dynamischen Vorgänge bestimmt.

Die Eigenschaften (I), (IV) und (V) lassen eine nichtlineare, örtlich begrenzte Struktur der Regelgesetze für die Stellaktionen erkennen. Obwohl es sich um ein verkoppeltes System sehr hoher Ordnung handelt, hängen die einzelnen Stellgrößenwerte infolge der mäßigen Fortbewegungsgeschwindigkeit des Verkehrsflusses nur von der Verkehrslage in einer begrenzten Nachbarschaft jeder Signaleinheit ab, wobei die Reichweite der Verhältnisse in den anliegenden Abschnitten noch von deren Verkehrszustand abhängt, wie es im Bild 6.6 schematisch dargestellt ist. Nur im Ausnahmefall eines Staus wird eine weiterreichende Koordinierung aller stromaufwärts liegenden Signalgebungen erforderlich, was durch eine einfache binäre Alarminformation ausgelöst werden kann.

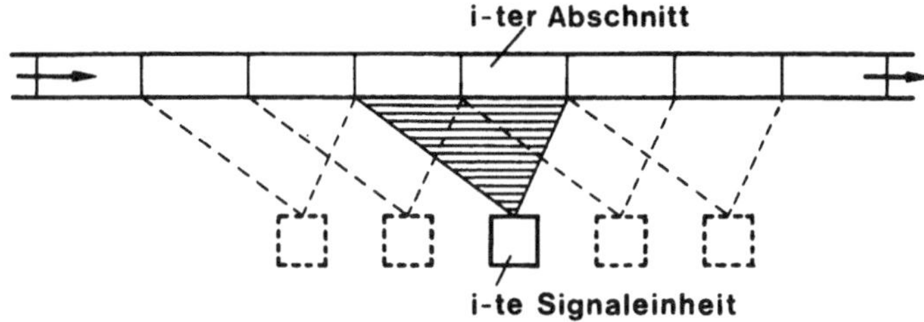

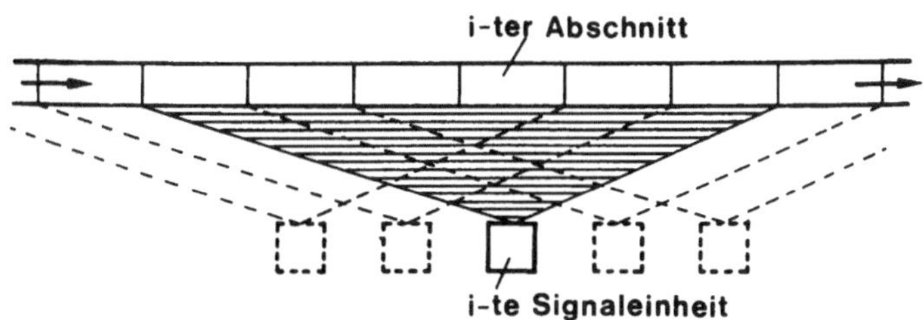

Bild 6.6 Reichweite der Abhängigkeit der Stellsignale vom Verkehrszustand in der Umgebung bei verschiedenen Dichteniveaus

Die Eigenschaft (III) legt es nahe, für die Bestimmung der Stellsignale die Dichtewerte aus den einzelnen Segmenten eines Abschnitts zu einem gewichteten Mittelwert zu verdichten, wobei den höheren Dichtewerten ein größeres Gewicht zufällt. Die Feststellung (VI) schließlich deutet an, daß eine suboptimale Lösung, wie sie hier in Form eines einfachen Regelgesetzes angestrebt wird, im Hinblick auf das zugrunde gelegte Gütemaß (6.7) der optimalen Lösung nur wenig nachsteht, wodurch dieses Vorgehen gerechtfertigt wird.

Aus den hier festgestellten Gesetzmäßigkeiten und den quantitativen Ergebnissen der systematischen Fallstudien wurden die folgenden Gleichungen abgeleitet, die das <u>Regelgesetz</u> in Form einer nichtlinearen Zustandsrückführung darstellen:

<u>1. Schritt</u>: im Hinblick auf die Eigenschaft (III) wird zum Zeitpunkt des Signalwechsels für jeden Abschnitt (Index i) eine <u>mittlere Dichte</u> $\bar{c}^i$ aus einem gewichteten Mittelwert der einzelnen Dichten

in den Segmenten gebildet:

$$\overline{c}^i = \sum_{j=1}^{n_i} \gamma_j \cdot c_j^i(k) \quad \text{mit} \quad \sum_{j=1}^{n_i} \gamma_j = 1 \qquad (6.23)$$

Hierin sind die Gewichtsfaktoren γ_j so zu wählen, daß die höheren Dichtewerte stärker in den Mittelwert eingehen. Im Anwendungsfall wären für die Dichtewerte $c_j^i(k)$ deren Schätzwerte $\hat{c}_j^i(k)$ einzusetzen, die von einem Filter bereitgestellt werden, wie es im Kapitel 5 besprochen ist.

<u>2. Schritt</u>: entsprechend den Eigenschaften (IV) und (V) wird nun die Beeinflussung der lokalen Stellsignale durch die Verhältnisse in den Nachbarabschnitten dadurch berücksichtigt, daß aus den gemittelten Dichtewerten in der Umgebung einer Signaleinheit (Index i) ein <u>effektiver Dichtewert</u> c_{eff}^i berechnet wird gemäß

$$c_{eff}^i = \frac{3\,\overline{c}^{i-2} + 4\,\overline{c}^{i-1} + 2\,\overline{c}^i + \phi_1(\overline{c}^{i+1}) \cdot \overline{c}^{i+1} + \phi_2(\overline{c}^{i+2}) \cdot \overline{c}^{i+2}}{9 + \phi_1(\overline{c}^{i+1}) + \phi_2(\overline{c}^{i+2})}$$

und

$$c_{eff}^i = 75 \text{ Fhz/km, wenn } \overline{c}^p \geq 75 \text{ Fhz/km für ein } p > i \qquad (6.24)$$

Die Funktionen $\phi_1(\cdot)$ und $\phi_2(\cdot)$ sind hierin in folgender Weise erklärt:

$$\phi_1(\overline{c}^{i+1}) = \begin{cases} 1 & \text{für } \overline{c}^{i+1} < 45 \text{ Fhz/km} \\ 3 & \text{für } \overline{c}^{i+1} \geq 45 \text{ Fhz/km} \end{cases} \qquad \phi_2(\overline{c}^{i+2}) = \begin{cases} 0 & \text{für } \overline{c}^{i+2} < 55 \text{ Fhz/km} \\ 2{,}5 & \text{für } \overline{c}^{i+2} \geq 55 \text{ Fhz/km} \end{cases}$$

Die Koeffizienten in dieser Beziehung wurden so gewählt, daß die beobachteten örtlichen Wechselwirkungen möglichst gut wiedergegeben werden. Sie lassen sich ihrerseits aber auch durch einen Parameteroptimierungsvorgang wählen, wenn die Struktur des Regelgesetzes in dieser Weise einmal festgelegt ist. Die Sprungfunktionen bewirken hierin, daß die stromabwärts liegenden Abschnitte einen stärkeren Einfluß auf die effektive Dichte nehmen, wenn ihre Verkehrsdichte gewisse Schwellwerte überschreitet.

<u>3. Schritt</u>: die effektiven Dichtewerte, die den gesamten Einfluß der Zustandsgrößen aus der Umgebung einer Signaleinheit zu einem

Wert komprimiert beinhalten, werden nun in die Beziehungen (6.21) und (6.22) eingesetzt, um die Werte der aktuellen Stellgrößen zu bestimmen

$$\tilde{u}_1^i(k) = U_1(c_{eff}^i) \qquad (6.25)$$

$$\tilde{u}_2^i(k) = U_2(c_{eff}^i) \qquad (6.26)$$

4. Schritt: die so erhaltenen kontinuierlichen Werte $\tilde{u}_1^i(k)$ und $\tilde{u}_2^i(k)$ werden schließlich noch diskretisiert, um der Nebenbedingung (NB3) zu genügen. Dabei ist die Zulassungsquote an den Rampen nur in 10 % - Schritten veränderbar (6.10), während für die Geschwindigkeitsbeschränkungen die vier Stufen "freie Fahrt", 105 km/h, 90 km/h und 75 km/h vorgesehen sind (6.11) (siehe hierzu auch Fußnote auf S.30):

$$u_1^i(k) = 0{,}1 \cdot \mathrm{int}\,\{ 10 \cdot (\tilde{u}_1^i(k) + 0{,}02) \} \qquad (6.27)$$

$$u_2^i(k) = 0{,}6 + 0{,}133 \cdot \mathrm{int}\,\{ 7{,}5(\tilde{u}_2^i(k) - 0{,}6) \} \qquad (6.28)$$

Die Funktion $\mathrm{int}\{\cdot\}$ symbolisiert die dem Argument nächst niedrigere ganze Zahl.

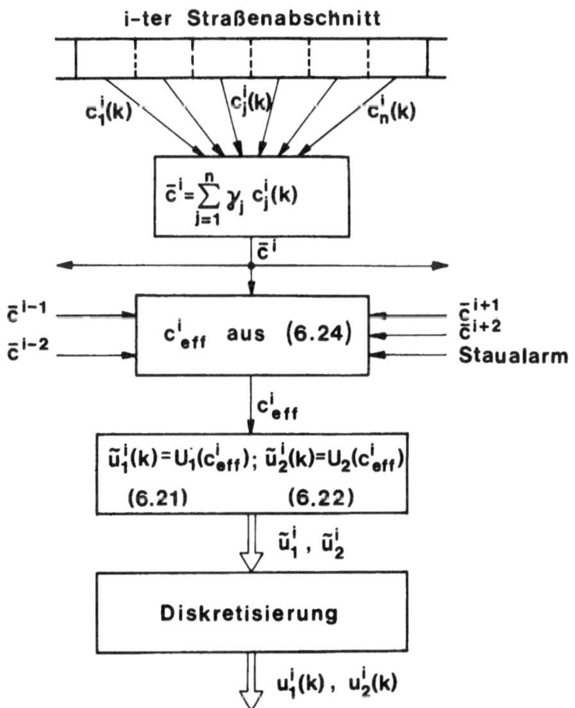

Bild 6.7 Flußdiagramm für die Berechnung der Stellgrößen aus den Verkehrsdichten

Die Schritte 3 und 4 werden bei einer Ausführung durch einen Prozeßrechner zweckmäßiger Weise dadurch zusammengefaßt, daß durch entsprechende Abfragen auf die effektiven Dichtewerte die zugehörigen diskreten Signalwerte (zehn plus vier), die im Rechner gespeichert sind, direkt zugewiesen werden.

Der Rechenablauf zur Ermittlung der Stellgrößen aus den Werten der Verkehrsdichte $c_j^i(k)$ ist im Bild 6.7 schematisch dargestellt.

6.4 Simulationsergebnisse

Betrachtet man den Aufwand, der sowohl in der gerätetechnischen Realisierung als auch in den algorithmischen Operationen geeigneter Recheneinheiten aufzubringen ist, um eines der vorgeschlagenen Konzepte zur Anwendung zu bringen (siehe hierzu auch den folgenden Abschnitt 6.5), so drängt sich einem die Frage auf, ob dieser Aufwand auch in einem annehmbaren Verhältnis zu dem damit erzielbaren Nutzen steht.

Diese Frage ist nur schwer vollständig zu beantworten, solange ein solches Regelkonzept nicht in der Wirklichkeit erprobt ist, was wiederum bedeutet, daß die damit verbundenen Investitionen vor deren möglicher Rechtfertigung zu tätigen wären. Es soll hier aber versucht werden, eine Antwort unter Vorbehalt zu geben, soweit dies eben ohne Erprobung im realen Verkehr möglich ist, indem die Wirksamkeit der vorgeschlagenen Maßnahmen an realitätsnahen Simulationsstudien untersucht wird. Hierzu steht das Verkehrsflußmodell zur Verfügung, das im Kapitel 2 entwickelt wurde, und dessen Verläßlichkeit und Fähigkeit zur Nachbildung realen Verkehrsgeschehens im Kapitel 4 belegt wurde. Auch wenn sich aus solchen Simulationsstudien keine endgültige Beantwortung der aufgeworfenen Frage geben läßt, so sind sie doch als glaubwürdige Hinweise dafür zu werten, wie sich der wirkliche Verkehrsablauf wahrscheinlich gestalten würde.

Von der Vielzahl der untersuchten Fälle sollen hier nur zwei repräsentative Situationen vorgestellt und ausgewertet werden:

(I) die Stauentstehung bei Überlastung; können die vorgeschlagenen Regelgesetze eine Stauentwicklung verhindern?

(II) die Stauauflösung; wie bewährt sich ein Regelkonzept bei einem einmal eingetretenen Stau?

Anhand des vorher eingeführten Gütemaßes J_6 nach (6.7) sollen für beide Verkehrssituationen der ungeregelte Fall, der optimal geregelte Fall (Abschnitt 6.3.1) und der suboptimal geregelte Fall (Abschnitt 6.3.3) bemessen und miteinander verglichen werden.

Den Simulationen lag ein insgesamt 12 km langer Straßenzug zugrunde, der aus $N = 4$ gleichartigen Abschnitten zu je $n_i \doteq 6$ Segmenten und je einer Zu- und einer Abfahrt an den Abschnittsgrenzen gemäß Bild 6.8 bestand.

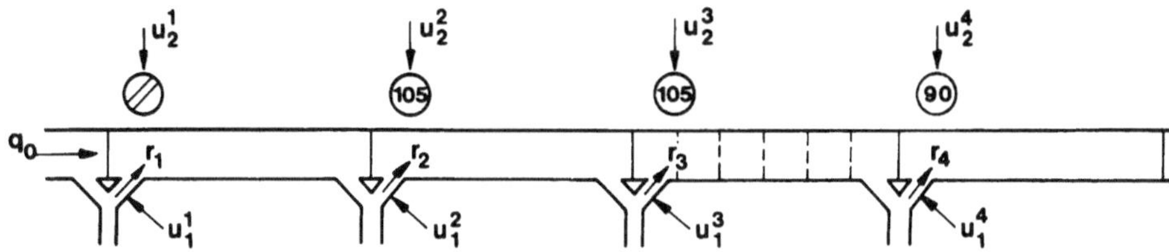

Bild 6.8 Straßenkonfiguration der Simulation

Für die Zufahrten wurde angenommen, daß sie im ungeregelten Fall einheitlich eine Verkehrsstärke von $r^i_{max} = 480$ Fhz/h aufnehmen, solange die Verkehrsdichte im vorliegenden Segment unter 80 Fhz/km blieb. Für Verkehrsstärken von 80 Fhz/km bis 150 Fhz/km reduzierte sich dieser Wert auf $r^i = 360$ Fhz/h und darüber waren keine Zufahrten mehr möglich. Für die Abfahrten s^i wurde jeweils ein Wert von 7 % der Verkehrsstärke auf der Straße angesetzt. Der Fahrzeugzustrom $q_0^1(k)$ zum ersten Abschnitt wurde für die ersten zehn Minuten zu 3200 Fhz/h angesetzt und reduzierte sich in den nachfolgenden zehn Minuten auf 2500 Fhz/h. Im Gütekriterium wurde der Gewichtsfaktor δ_i zu 200 gewählt; die Verkehrsdichten wurden in Fhz/100 m und die mittleren Geschwindigkeiten in m/sec eingesetzt.

Das Ergebnis der Simulation der Stauentstehung ist in der Tabelle 6.2 wiedergegeben, wobei als vierter Fall noch die Resultate hinzugefügt wurden, die man erhält, wenn man die optimale, kontinuierliche Signalfolge wie beim suboptimalen Regelgesetz einer Diskretisierung der Werte unterwirft. Man entnimmt der Tabelle, daß das suboptimale Regelgesetz, das die Stellgrößen direkt aus den aktuellen Dichtewerten berechnet, der optimalen Lösung an Qualität kaum nachsteht. Ferner ist zu erkennen, daß in jedem der Fälle mit Regelung schon in diesen ersten 20 Minuten, während deren ohne Signalgebung ein Stau entsteht, die Zahl der Fahrzeuge durch die Rampe 1 größer ist als im ungeregelten Fall.

Tabelle 6.2 Werte des Güteindex und Summenzuflüsse beim ersten Lastfall (Stauentstehung)

	Güteindex	Summenzuflüsse in [Fhz]			
	$J_6 \cdot 10^{-3}$	$\sum_{k=1}^{K} r^1(k)$	$\sum_{k=1}^{K} r^2(k)$	$\sum_{k=1}^{K} r^3(k)$	$\sum_{k=1}^{K} r^4(k)$
keine Stelleingriffe	3720	88	132	132	132
optimale Stelleingriffe (kontinuierlich)	6730	154	72	62	62
optimale Stelleingriffe (diskretisiert)	6715	149	73	61	65
suboptimale Stelleingriffe (Zustandsrückfg.)	6710	111	108	76	62

Die örtlich-zeitliche Verkehrsentwicklung wurde anhand der mittleren Geschwindigkeit $v_j^i(k)$ im Bild 6.9, für den suboptimalen Fall mit Zustandsrückführung im Bild 6.10 in perspektivischer Darstellung wiedergegeben. Es ist deutlich zu erkennen, daß die Einführung einer Regelung die Stauentwicklung verhindert und einen gleichmäßigen Verkehrsfluß herbeiführt.

In der Tabelle 6.3 sind die Stellsignalwerte für das suboptimale Regelgesetz aufgelistet. Man erkennt daraus, daß die Rampen zunächst weitgehend geschlossen werden, um gegen eine Überlastung vorzubeugen, und sich vom Anfang des Straßenzuges her beginnend schrittweise öffnen, sobald die Dichte geringer wird.

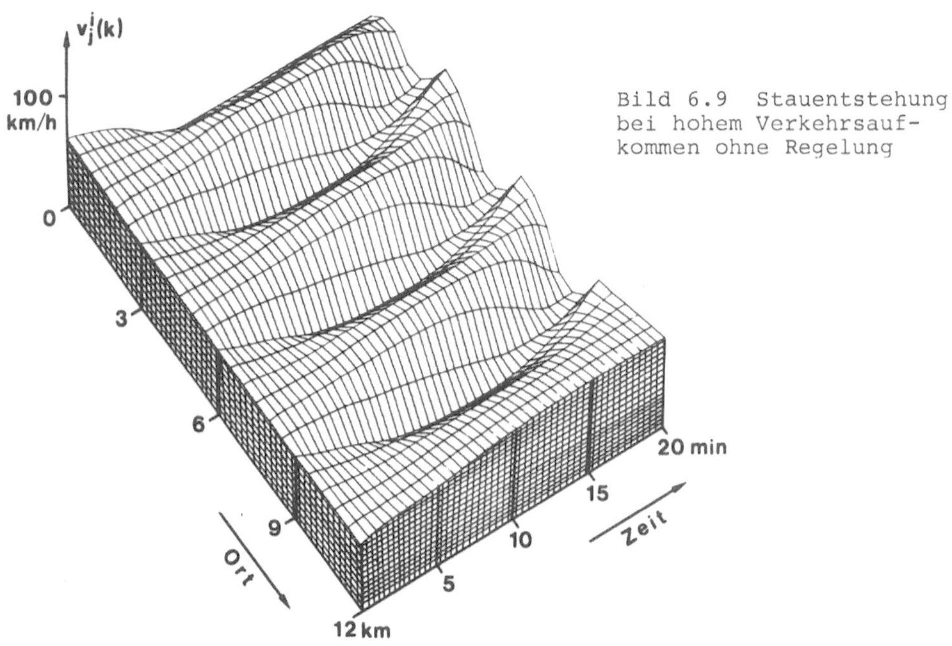

Bild 6.9 Stauentstehung bei hohem Verkehrsaufkommen ohne Regelung

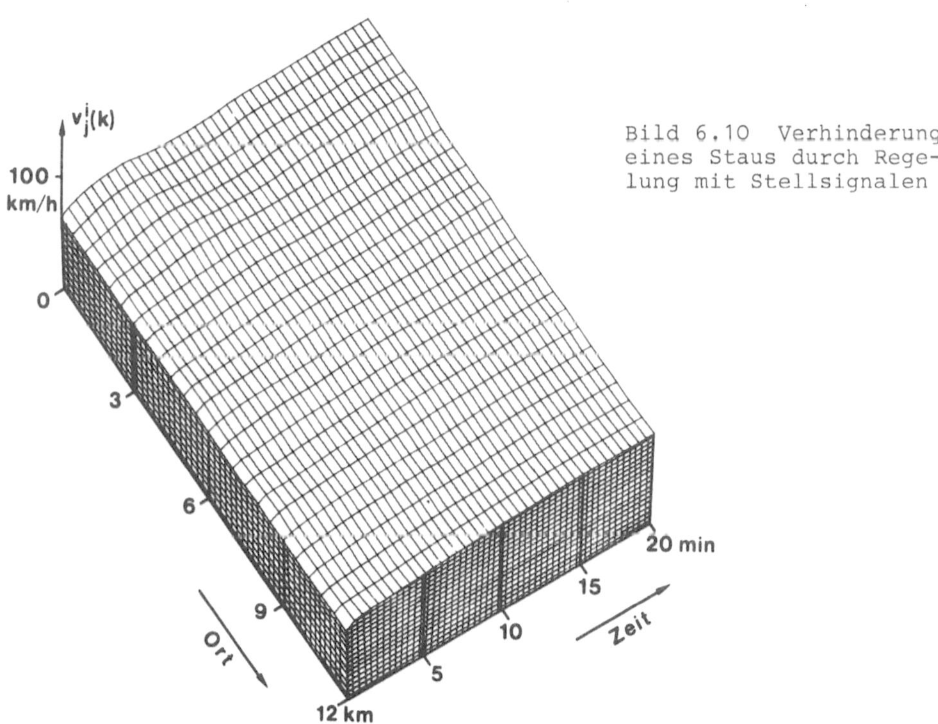

Bild 6.10 Verhinderung eines Staus durch Regelung mit Stellsignalen

Tabelle 6.3 Wertefolge der Stellsignale bei suboptimaler Regelung (Verhinderung der Stauentstehung)

Zeit	1.Abschnitt		2.Abschnitt		3.Abschnitt		4.Abschnitt	
	u_1^1	u_2^1	u_1^2	u_2^2	u_1^3	u_2^3	u_1^4	u_2^4
0 - 4 min	0,1	0,87	0,1	0,87	0,1	0,87	0,1	0,87
4 - 8 min	0,5	0,87	0,5	0,87	0,3	0,87	0,2	0,87
8 - 12 min	0,6	0,87	0,5	0,87	0,4	0,87	0,4	0,87
12 - 16 min	0,8	0,87	0,8	0,87	0,5	0,87	0,4	0,87
16 - 20 min	0,9	1,0	0,9	0,87	0,7	0,87	0,5	0,87

Die Simulation der Stauauflösung hat die in der Tabelle 6.4 zusammengestellten Zahlenwerte ergeben. Hierbei wurde von einer bereits weit fortgeschrittenen Verdichtung des Verkehrs zum Anfangszeitpunkt und einem über das ganze Zeitintervall gleichbleibenden Zustrom von $q_0^1 = 2850$ Fhz/h ausgegangen.

Tabelle 6.4 Werte des Güteindex und der Summenzuflüsse beim zweiten Lastfall (Stauauflösung)

	Güteindex	Summenzuflüsse in [Fhz]			
	$J_6 \cdot 10^{-3}$	$\sum_{k=1}^{K} r^1(k)$	$\sum_{k=1}^{K} r^2(k)$	$\sum_{k=1}^{K} r^3(k)$	$\sum_{k=1}^{K} r^4(k)$
keine Stelleingriffe	2950	160	105	108	136
optimale Stelleingriffe (kontinuierlich)	5480	116	16	9	35
optimale Stelleingriffe (diskretisiert)	5360	104	14	7	32
suboptimale Stelleingriffe (Zustandsrückfg.)	4910	50	47	43	36

Auch hier bestätigt sich, daß das suboptimale Regelgesetz gegenüber der optimalen Stellsignalgebung nur mit einer geringen Einbuße an Güte verbunden ist. Die Summenzuflüsse bleiben zwar in den Fällen mit einer Einflußnahme allesamt hinter denen des ungeregelten Falles zurück, da nahezu der größte Teil der simulierten Zeitspanne von 20 Minuten zur Erholung der Verkehrslage benötigt wird. Dafür steht aber anschließend ein intakter Verkehrsweg zur Verfügung, so daß längerfristig auch hier die Summenzuflüsse über den Werten des ungeregelten Ablaufs liegen dürften, bei dem die Stauzone nicht abgebaut, sondern noch räumlich ausgeweitet wird.

In den Bildern 6.11 und 6.12 ist die örtlich-zeitliche Entwicklung des Verkehrs wiederum anhand der mittleren Geschwindigkeit $v_j^i(k)$ perspektivisch dargestellt. Es zeigt sich, daß auch ein einmal eingetretener Stau durch die Regelungsmaßnahmen zügig beseitigt wird, sofern der eingeprägte Zufluß $q_0^1(k)$ dies zuläßt.

Schließlich sind auch für diesen Fall die vom suboptimalen Regelgesetz ausgegebenen Signalwerte in der Tabelle 6.5 aufgelistet. Bis über die 8. Minute nach Beginn der Regelung hinaus bewirkt die hohe Verkehrsdichte in einigen Segmenten eine totale Schließung der Zufahrten und eine drastische Geschwindigkeitsbeschränkung auf 75 km/h über die Gesamtlänge des betrachteten Straßenzuges.

Tabelle 6.5 Wertefolge der Stellsignale bei suboptimaler Regelung (Stauauflösung)

Zeit	1.Abschnitt		2.Abschnitt		3.Abschnitt		4.Abschnitt	
	u_1^1	u_2^1	u_1^2	u_2^2	u_1^3	u_2^3	u_1^4	u_2^4
0 - 4 min	0,0	0,6	0,0	0,6	0,0	0,6	0,0	0,6
4 - 8 min	0,0	0,6	0,0	0,6	0,0	0,6	0,0	0,6
8 - 12 min	0,0	0,6	0,0	0,6	0,0	0,6	0,0	0,73
12 - 16 min	0,6	0,87	0,5	0,87	0,5	0,87	0,4	0,87
16 - 20 min	0,8	0,87	0,8	0,87	0,7	0,87	0,6	0,87

Durch diese Maßnahme hat der Verkehr Zeit, sich zu erholen und zu einem stabilen Fluß zu gelangen, so daß nach dieser Phase die Zufahrten wieder mäßig geöffnet und die Geschwindigkeitsbeschränkungen gelockert werden (vgl. auch die zugehörige Verkehrsentwicklung in Bild 6.12).

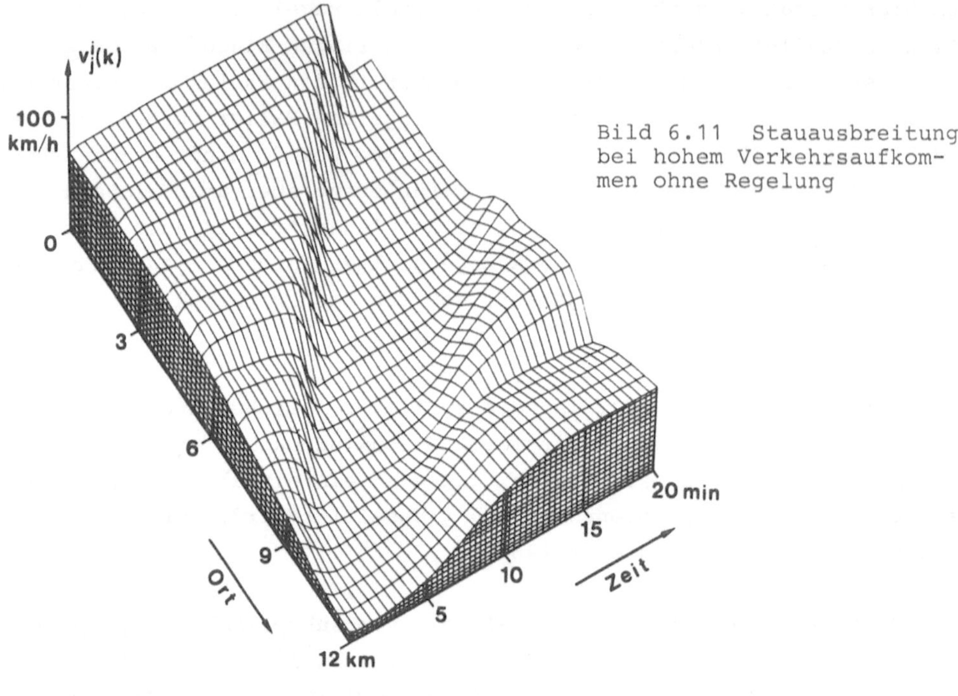

Bild 6.11 Stauausbreitung bei hohem Verkehrsaufkommen ohne Regelung

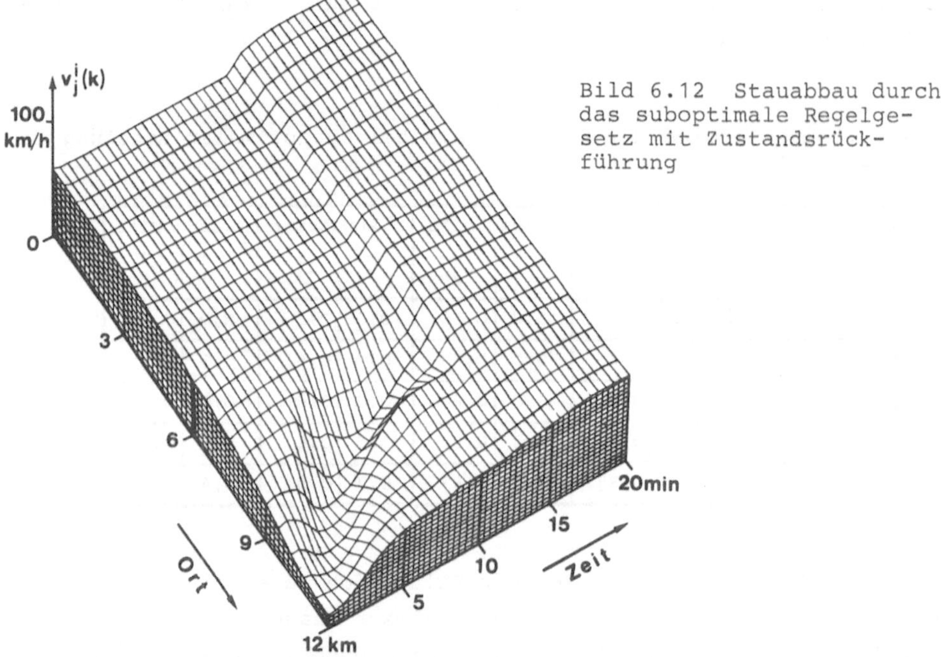

Bild 6.12 Stauabbau durch das suboptimale Regelgesetz mit Zustandsrückführung

Unter der bereits oben gemachten Prämisse, daß es sich hierbei nur um Simulationsergebnisse handelt, die zwar an der Wirklichkeit orientiert wurden, aber diese doch nicht vollständig ersetzen können, läßt sich mit der gebotenen Vorsicht dennoch feststellen, daß beide Modellsituationen in eindrucksvoller Weise demonstrieren, wie ein Regelkonzept den Verkehrsablauf in entscheidender Weise verbessern kann. Der einer zustandsabhängigen Regelung unterliegende Verkehr zeichnet sich durch eine höhere Verkehrsleistung, eine insgesamt höhere und gleichmäßigere Reisegeschwindigkeit und durch eine bessere zeitliche Verteilung von Lastspitzen aus und bringt damit in fast allen am Anfang des Kapitels aufgezählten Zielen eine beachtliche Verbesserung des Verkehrsablaufs auf Schnellstraßen.

6.5 Grundzüge einer gerätetechnischen Realisierung

Das hier aus systemtheoretischen Überlegungen und praxisnahen Simulationen heraus entworfene Konzept zur automatischen Verkehrsüberwachung (Kapitel 5) und zur Verkehrsflußregelung längs eines Schnellstraßenzuges soll abschließend noch ergänzt werden durch einige Betrachtungen zu seiner möglichen Realisierung.

Von der Problemstellung her werden zunächst zwei ortsbezogene Randbedingungen festgelegt, an denen sich jede vorgesehene Instrumentierung ausrichten muß. Da sind auf der einen Seite entlang der Straße die Sensoreinheiten (SE) mit den Detektoren, die vor Ort die Rohdaten aufnehmen, und die Signalgeber (SG) in Form von Lichtsignalanlagen an den Zufahrten sowie Wechselverkehrszeichen zur Geschwindigkeitsbeschränkung auf den einzelnen Straßenabschnitten. Auf der anderen Seite soll in einer zentralen Warte der gesamte Verkehrszustand sowie die ausgegebenen Stellsignale sichtbar gemacht und dokumentiert werden, von wo aus auch die richtige Funktion der beteiligten Komponenten überprüft und - falls erforderlich - modifiziert werden kann.

Neben einer Stromversorgung sowohl für die Sensoreinheiten als auch für die Signalgeber muß für alle Schleifendetektoren bereits an Ort und Stelle eine Auswerteelektronik installiert sein, wie das im Abschnitt 5.2.2 anhand der Funktionsweise der Detektoren erläutert wurde. In der Warte wiederum sind vielfältige Aufgaben wie der Datenempfang, die Datenauswahl zur Dokumentation, die Kennzeichnung und Weitergabe von kritischen Situationen, die Funktionskontrolle der einzelnen Einheiten und andere mehr wahrzunehmen. Dies wird zweckmäßigerweise von einem mit der entsprechenden Peripherie ausgerüsteten Prozeßrechner übernommen. Offen ist dabei noch die Frage, welche gerätetechnische Konfiguration die Lücke zwischen den Geräten an der Straße und dem zentralen Rechner ausfüllt.

Diese Geräteeinheiten haben hierbei insbesondere die Aufgabe der Zustandsschätzung durch einen Filteralgorithmus zu übernehmen, wie sie im Kapitel 5 behandelt wurde, und die Entscheidung über die Regeleingriffe gemäß der jeweils vorliegenden Information über den Verkehrszustand zu treffen. Unter den möglichen Regelstrategien sei hier nur das suboptimale Regelgesetz mit örtlicher Zustandsrückführung aus Abschnitt 6.3.3 ins Auge gefaßt, da es einer gerätetechnischen Realisierung am weitesten entgegenkommt, in seiner Gesetzmäßigkeit sehr transparent ist und auch zu einem fast optimalen Verhalten führt, wie Simulationen gezeigt haben.

Die Meßdatenaufbereitung und die Zustandsschätzung haben nun auf natürliche Weise eine örtlich dezentrale Struktur, da in die Schätzung des Zustands auf einem Straßenabschnitt nur jeweils die Meßdaten von den Sensoreinheiten an beiden Abschnittsenden einfließen. Auch das suboptimale Regelgesetz zeigt eine dezentrale Struktur auf, wobei allerdings die Sphäre der Einflußnahme auf die Signalgebung an einem Ort mehrere Abschnitte umfaßt und in ihrer örtlichen Ausdehnung auch noch von dem Verkehrszustand in der weiteren Umgebung der Signalgeber abhängt (vgl. Bild 6.6).

Es wäre nun prinzipiell denkbar, beide Aufgaben, Zustandsschätzung und Bestimmung der erforderlichen Regeleingriffe, in Gesamtheit dem Zentralrechner zu übergeben, wobei dieser allerdings bereits bei mittleren Längen des zu automatisierenden Straßenzuges an seine Leistungsgrenze stoßen dürfte angesichts der organisatorischen Aufgaben, die mit der Menge der einlaufenden und auszugebenden Daten verbunden sind. Eine sinnvolle Alternative hierzu besteht darin, der dezentralen Struktur der Aufgaben entsprechend die Zustandsschätzung und die Ausführung des Regelalgorithmus für jeden Straßenabschnitt einem eigenen Kleinstrechner zu übergeben.

Ein solches Gerät (μR = Mikrorechner oder Mikroprozessor) hat dann die folgenden Aufgaben wahrzunehmen:

(I) Sammlung und Aufbereitung der von der zugeordneten Sensoreinheit (SE) gelieferten Rohdaten; dies hat alle T Sekunden zu geschehen (z.B. $T = 10$ s);

(II) Weitergabe der gemessenen Verkehrsdaten $w^i(k)$, $q^i(k)$ und ggfs. $r^i(k)$ und $s^i(k)$ an den stromaufwärts liegenden Nachbarprozessor (alle T Sekunden) und Empfang der entsprechenden Daten vom stromabwärts liegenden Prozessor;

(III) Schätzung des Zustands im Innern des zugeordneten Abschnitts für den gegenwärtigen Zeitpunkt (alle T Sekunden);

(IV) Berechnung des gewichteten Mittelwerts $\bar{c}^i$ nach jeweils $K_u \cdot T$ Zeiteinheiten aus den Schätzwerten der Dichten $\hat{c}_j^i$ im Abschnittsinnern (z.B. $K_u \cdot T = 4$ min);

(V) Weitergabe des gewichteten Mittelwerts an die beiden stromaufwärts liegenden und an die beiden stromabwärts liegenden Nachbarprozessoren sowie an die zentrale Warte als Repräsentativwert für den Verkehrszustand; gegebenenfalls Ausgabe eines Staualarms (alle $K_u \cdot T$ Zeiteinheiten);

(VI) Berechnung der effektiven Dichten c^i_{eff} und der daraus abgeleiteten Stellsignale u_1^i und u_2^i ;

(VII) Ausgabe der Stellsignale an die Signalgeber (SG) und an die zentrale Warte zur Überwachung der Reglerfunktionen.

Hierbei hat also die Meßdatenaufbereitung und Zustandsschätzung (Punkte I bis III) in einem auf die Systemdynamik ausgerichteten schnelleren Takt zu erfolgen, während die Bestimmung der Stellsignale (Punkte IV bis VII) in einem langsameren unterlagerten Takt stattfindet. Dies ist auch dem zugehörigen Flußdiagramm im Bild 6.13 zu entnehmen, das eine häufiger durchlaufene innere Schleife und eine seltener durchlaufene äußere Schleife enthält. Im Bild 6.14 ist das zugehörige Zeitablaufdiagramm wiedergegeben.

Da sowohl vor Ort längs der Straße als auch an einer zentralen Stelle in der Warte gerätetechnische Einheiten installiert sein müssen, bieten sich zwei natürliche Alternativen an: entweder man ordnet eine Kette von Kleinstrechnern entlang der Straße an, nämlich da, wo die Meßdaten anfallen und die Regeleingriffe in Signalstellungen umgesetzt werden, oder man überträgt alle Daten zur Warte, wo sie dann auf einen

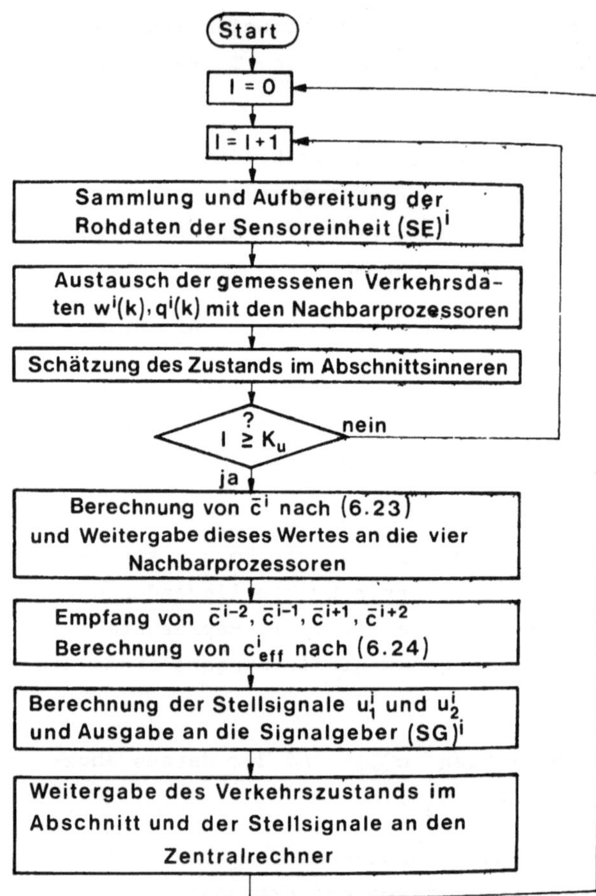

Bild 6.13 Flußdiagramm des Aufgabenablaufs bei einem einzelnen Kleinstrechner

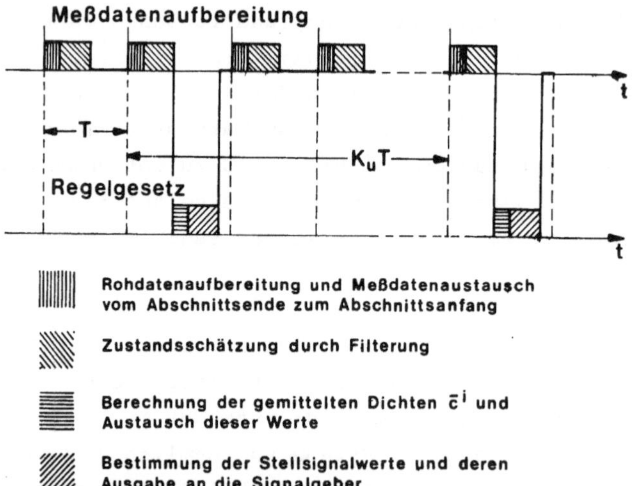

Bild 6.14 Zeitablaufdiagramm für die einzelnen Aufgaben in einem Kleinstrechner

Verbund von Kleinstrechnern zur zeitparallelen, dezentralen Bearbeitung verteilt werden. Beide Konfigurationen sind in den Bildern 6.15 und 6.16 schematisch dargestellt.

Die erste Lösung hätte den Vorteil, daß die Kleinstrechner auch einen Teil der Vorverarbeitung von Rohdaten (das sind die Zeitpunkte t_1 bis t_4, die einem Fahrzeugdoppelimpuls gemäß Bild 5.3 entnommen werden) zu den Meßwerten q und w mit zusätzlichen Aufgaben wie Plausibilitätskontrollen übernehmen können. Die im Takt von T Sekunden durchzuführende Zustandsschätzung mit dem erforderlichen Meßdatenaustausch, um jedem Einzelrechner die Meßwerte von beiden Abschnittsenden zur Verfügung zu stellen, brauchte so nur längs der Straße zu erfolgen. Die Versorgung des Zentralrechners mit Informationen über die Verkehrslage entlang der Straße und über die aktuellen Signalstellungen könnte dabei in größeren Zeitabständen, zum Beispiel alle zwei oder vier Minuten, stattfinden, was die Datenraten auf diesem Wege stark reduziert.

Die zweite Lösung kompensiert die über große Entfernungen zu übertragenden höheren Datenraten mit günstigeren Voraussetzungen für die Zuverlässigkeit und die Wartung der Geräte, da das Gros der Datenverarbeitung in der klimatisch sicheren Umgebung eines Innenraums und durch zentrale Anordnung wartungsfreundlich erfolgt.

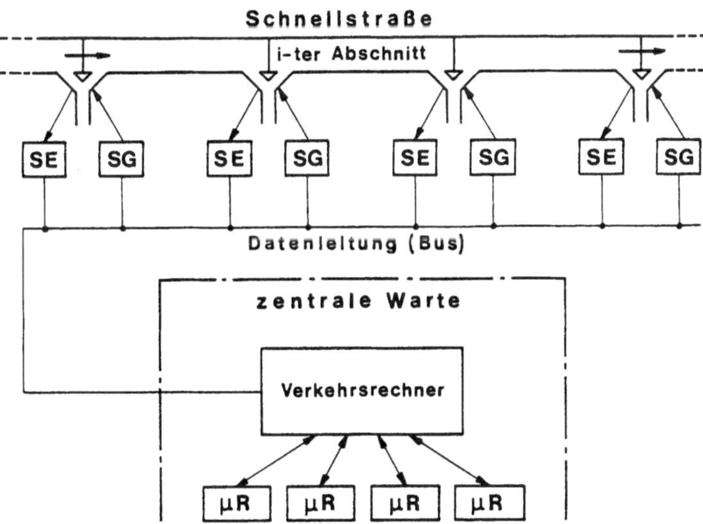

Bild 6.15 Konfiguration zur Überwachung und Regelung des Verkehrs auf einer Schnellstraße mit einem Mikrorechnerverbund in einer zentralen Warte

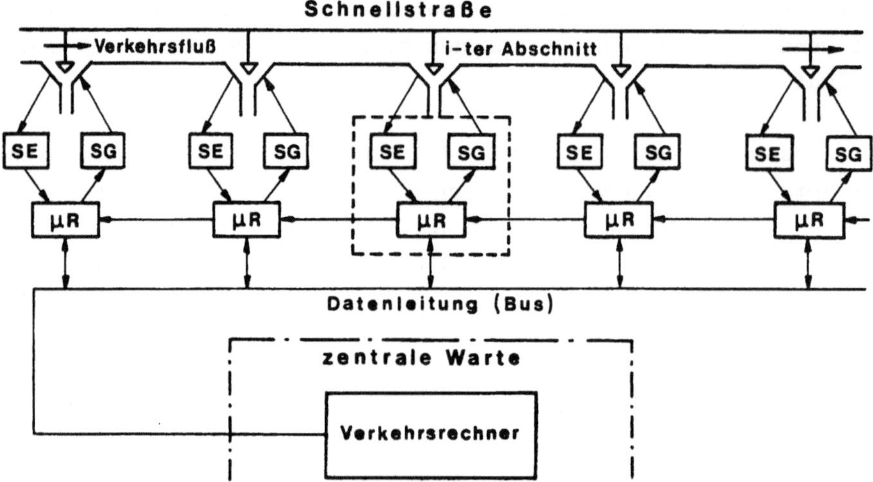

Bild 6.16 Konfiguration zur Überwachung und Regelung des Verkehrs auf einer Schnellstraße mit einem Mikrorechnerverbund entlang der Straße

Um beide Möglichkeiten etwas besser beurteilen zu können, sollen die in Frage kommenden Modalitäten der digitalen Datenübertragung etwas näher beleuchtet werden. Die einfachste Möglichkeit einer Sternverbindung, bei der jede Geräteeinheit an der Straße mit einer eigenen Leitung an die Zentrale angeschlossen ist, hat aus wirtschaftlichen und auch technischen Gründen nur eine geringe Aussicht auf eine Realisierung, da sie einen hohen Verkabelungsaufwand erfordert, wobei die einzelnen Leitungen mit einer relativ niedrigen Datenrate schlecht ausgenützt wären. Außerdem würden einer Änderung der Gerätekonfiguration, wie dem Anschließen zusätzlicher Einheiten, unnötige Erschwernisse durch die zusätzliche Verkabelung im Wege stehen.

Weniger aufwendig und dabei flexibler ist die Verbindung der einzelnen Geräteeinheiten mit dem Zentralrechner über eine gemeinsame Datenleitung, auch Datenbus genannt. Hierbei hat jedes Gerät eine eigene Adresse, über die sowohl der Sender als auch der Empfänger für jede Nachricht gekennzeichnet werden kann. Der bedeutsamen Einsparung an verlegten Leitungen und der größeren Flexibilität in der Topologie des Geräteverbunds stehen allerdings Zusatzmaßnahmen in jedem Gerät zur Ankopplung an den Bus (Buskoppler) sowie zur Kodierung und Dekodierung der übertragenen Nachrichten gegenüber, wofür aber kostengünstige Standardbausteine zur Verfügung stehen dürften. Angesichts der großen Entfernungen wird man sich bei einer solchen gemeinsamen Datenleitung für eine bit-serielle Übertragung entscheiden, um mit einer einfachen Zweidrahtleitung für die Datenübertragung auszukommen, wie es beispielsweise auch in [135] für eine ähnliche Aufgabe vorgesehen war.

Jede Nachricht, die in diesem Geräteverbund ein Sender einem Empfänger übermitteln will (z.B. ein Meßwertepaar q_J, w_J , das von einer Sensoreinheit an die Zentrale gegeben wird, oder ein Stellgrößenpaar u_1^i, u_2^i, das von der Zentrale an einen Signalgeber ausgegeben wird), muß nun eine gewisse "Verpackung" haben, wenn sie über einen derartigen seriellen Datenbus ausgetauscht wird. Wählt man beispielsweise eine Übertragung nach der HDLC-Prozedur (High level Data Link Control), die von der ISO entworfen und im Normenvorschlag DIN 66221 übernommen wurde, so besteht eine Nachricht über ein Wertepaar aus folgenden zu einem Rahmen zusammengefaßten Halbworten oder bytes:

F A C D D D D FCS F

mit

F	:	Flagbyte; je ein Flagbyte kennzeichnet Anfang und Ende des Nachrichtenrahmens.
A	:	Adreßbyte
C	:	Kontrollbyte; dieses byte kennzeichnet den Status des Senders oder auch die Funktion der ausgesandten Nachricht (Datenübermittlung, Befehle, Alarme u.a.m.).
D	:	Datenhalbwort; i.a. bilden zwei Datenhalbworte einen Zahlenwert.
FCS	:	Sicherungsbyte zur Fehlererkennung auf der Empfängerseite (Frame Check Sequence).

(Einen ähnlichen Nachrichtenaufbau sieht auch der PDV-Bus vor, der allerdings im Hinblick auf die zugrunde gelegte Datenrate und auf die Vielseitigkeit der Übertragungsaufgaben mehr auf anspruchsvollere Probleme zugeschnitten ist).

Sieht man - was zweckmäßig sein kann - eine Quittierung einer erhaltenen Nachricht durch eine Rückantwort aus vier Halbworten der Form

F A C F

vor, dann sind z.B. zur Übertragung eines Wertepaares q_J, w_J 13 bytes bzw. 104 bits auf der Datenleitung zu übertragen. Im Fall, daß alle Rechnereinheiten in der zentralen Warte untergebracht sind gemäß Bild

6.15, wären bei einem Autobahnteilstück von 50 km Länge mit mehreren Zu- und Abfahrten und etwa 15 Meßquerschnitten auf jeder der beiden Richtungsfahrbahnen insgesamt etwa 4000 Baud (bit/s) zu übertragen, wenn man davon ausgeht, daß im Hinblick auf die zeitliche Schrittweite des Filteralgorithmus von z.B. $T = 10$ Sekunden der reine Meßdatenaustausch in einer Sekunde ablaufen soll. Diese Datenrate erfordert bereits eine hochwertigere Datenleitung und liegt weit über der Kapazität der von der Bundespost betriebenen Datenleitungen von 1200 Baud. Auch eine Vereinfachung des oben angegebenen Nachrichtenrahmens und der Rückantwort würde hier bestenfalls auf eine Reduktion der Datenrate von 30 % hinauslaufen.

Im Falle der örtlich verteilten Anordnung von Kleinstrechnern entlang der Straße nach Bild 6.16 wäre jeder Rechner mit einer direkten Leitung mit seinen beiden Nachbarrechnern verbunden, wobei die Datenraten auf jeder Teilleitung sehr niedrig sind. Allerdings wäre hierbei die Verbindung zum Zentralrechner zusätzlich zu erstellen. Da der Informationsfluß zur zentralen Warte aber in diesem Falle wie oben erwähnt in einem langsameren Takt erfolgen könnte, wäre hierbei die Datenrate wesentlich geringer. Wenn bei dem oben angeführten Beispiel einer 50 km langen Autobahn alle 4 Minuten für jeden der 15 Meßquerschnitte und jede Fahrtrichtung der gemittelte Dichtewert $\bar{c}^i$ und die beiden Stellsignale u_1^i, u_2^i zum Zentralrechner übertragen werden sollen, wozu einige Sekunden zur Verfügung stehen könnten, dann käme man auf Datenraten unterhalb von 200 Baud, die bequem auf konventionellen Fernsprechleitungen unterzubringen wären. Die Kommunikation der Kleinstrechner untereinander kann dabei auf verschiedene Weise entweder vom Zentralrechner aus synchronisiert oder auch asynchron erfolgen.

Die hier vorgestellten Entwürfe einer Realisierung erheben nicht den Anspruch, die einzige oder auch die günstigste Form einer gerätetechnischen Verwirklichung darzustellen. Eine Konkretisierung der hiermit umrissenen Vorstellungen müßte zusammen mit einer detaillierten Konzipierung und Erprobung aller Einzelheiten erfolgen, was den Rahmen der vorliegenden Schrift überschreitet. In einer solchen Ausarbeitung verbirgt sich sicher noch sehr viel Entwicklungsarbeit, und es ist denkbar, daß erst über die Detailprobleme die Entscheidung über die endgültige Struktur einer automatischen Verkehrsflußregelung getroffen werden kann.
Viel hängt dabei auch von der Entwicklung in der Technologie der hochintegrierten Halbleiterbausteine, von deren funktionellen Möglichkeiten, ihrer Wirtschaftlichkeit und ihrer Zuverlässigkeit ab.

7. Zusammenfassung und Ausblick

In der vorliegenden Schrift wurde der Versuch unternommen zu zeigen, wie Methoden der Systemtheorie und der Regelungstechnik dazu dienen können, das Verständnis der Gesetzmäßigkeiten des Verkehrsablaufs zu vertiefen und Möglichkeiten darzulegen, wie der Verkehr von morgen effektiver und sicherer gemacht werden kann. Es war dabei das Anliegen des Verfassers, am konkreten Beispiel des Verkehrsflusses auf Schnellstraßen aufzuzeigen, welch großes Potential in den Erkenntnissen und in den Methoden der Regelungstheorie in den beiden vergangenen Jahrzehnten geschaffen wurde und wie sich dieses für ein akutes Problem unserer Umwelt nutzbar machen läßt.

Hierzu wurde zunächst im Kapitel 2 versucht, das Verkehrsgeschehen auf Schnellstraßen in eine zuverlässige mathematische Beschreibung, ein mathematisches Modell, zu kleiden, um es einer theoretischen Analyse zugänglich zu machen und um Simulationen und Prädiktionen des Verkehrs durchführen zu können. Wenn sich die Aussagen auch immer da, wo sie konkret wurden, auf den Verkehrsablauf auf Schnellstraßen als dem zunächst überschaubarsten Teil des Straßenverkehrs beschränkten, so wurde doch immer wieder versucht, die Verbindungen zu komplexeren Formen des Straßenverkehrs herzustellen und in allen systematischen und methodischen Fragen doch so allgemein zu bleiben, daß eine Übertragung der benutzten Vorgehensweisen auf verwandte Probleme möglich ist.

Im Kapitel 3 wurde gezeigt, wie mit Hilfe von Verfahren der Regelungstheorie Aussagen zur Stabilität, zur Beobachtbarkeit und zur Beeinflußbarkeit des Verkehrsflusses gemacht werden können. Diese Fragestellungen sind in der Literatur bisher noch nicht in dieser systematischen Form untersucht und beantwortet worden. Der theoretische Hintergrund wurde hierbei bewußt etwas breit gehalten, um die angewendeten Verfahren und die abgeleiteten Aussagen einem breiteren, ingenieur-wissenschaftlichen Leserkreis zugänglich und verständlich zu machen. Insbesondere lag dem Autor daran, die Relevanz dieser Aussagen für die später angegangenen praktischen Probleme hervorzuheben.

Im Anschluß daran wurde das Modell der Wirklichkeit angepaßt und seine Nachbildungsfähigkeit ausgiebig untersucht. Diesem Vorgang der Modellvalidierung wurde im Kapitel 4 eine breite Behandlung eingeräumt, da hierdurch die Verbindung zwischen Theorie und Praxis hergestellt wurde. Alle Aussagen, die vorher und nachher auf der Grundlage des Modells erhalten wurden, können sich nur in dem Maße auf die Wirklichkeit des Verkehrs auf den Straßen beziehen, als die Zuverlässigkeit und Repräsentanz des Modells als eines Nachbildungsinstruments anhand der Realität grundsätzlich nachgewiesen und auch quantitativ bemessen wurde. Die hier nachgewiesene gute Nachbildungsfähigkeit des Verkehrsflußmodells ist zugleich eine Rechtfertigung für die in den anschließenden Kapiteln behandelten Aufgaben der Verkehrsüberwachung und der Verkehrsflußführung, die sich beide konzeptionell auf das Modell und seine Gültigkeit abstützen.

Mit der Kenntnis der Systemdynamik des Verkehrsflusses und mit der Verfügbarkeit eines aussagekräftigen Modells konnte im Kapitel 5 das Problem der Überwachung des Verkehrszustandes auf Schnellstraßen und Autobahnen angegangen werden. Nach einer Einführung in die Möglichkeiten der Meßdatenaufnahme wurde dann eine Antwort auf die Frage gesucht, inwieweit sich prinzipiell Hardware-Komponenten in der Form von Detektoren einsparen lassen, wenn man die Software der Geräte zur Datenerfassung und Datenaufbereitung mit einer größeren "Intelligenz" versieht. Insbesondere wurden die Anwendbarkeit und deren Grenzen für das Kalmansche Rekursivfilter - hier in seiner für nichtlineare Systeme erweiterten Form - ausgelotet.

Das eigentliche Ziel einer regelungstechnischen Betrachtung muß es aber letztlich sein, die Kenntnisse über die Funktion und den aktuellen Zustand eines Prozesses aktiv zu verwerten und nach Maßgabe dieses Wissens auf das System so einzuwirken, daß es sich in gewünschter Weise verhält. Für den Verkehrsablauf auf Schnellstraßen und Autobahnen heißt das, daß eine Regelung mit dem Ziel verbunden ist, den Verkehrsfluß gleichmäßig und damit sicherer zu machen sowie die Leistungsfähigkeit und die Verfügbarkeit von Verkehrswegen zu vergrößern.

Diesen Fragestellungen haben wir uns im Kapitel 6 zugewendet, wobei hier ein neuer Weg zur Lösung dieser Aufgabe beschritten wurde. Dazu wurde zunächst das theoretisch Erreichbare als ein Maß eingeführt, an dem dann ein praktikablerer Vorschlag einer nichtlinearen Zustandsrückführung gemessen wurde, der auch einer gerätetechnischen Realisierung entgegenkommt. Die Ergebnisse, die sich aus realitätsnahen Simulationen einer automatischen Verkehrsflußregelung ergaben, stellen die Wirksamkeit des vorgeschlagenen Konzeptes heraus und zeigen an, daß hier Aufwand und Nutzen in einem sinnvollen Verhältnis stehen können, was zu einigem Optimismus hinsichtlich einer praktischen Verwertung veranlaßt. Schließlich wurde auch der Versuch unternommen, ein gerätetechnisches Konzept zu entwickeln, in dem sich die vorgestellten Verfahren zur Überwachung und Regelung des Verkehrs auf Schnellstraßen verwirklichen lassen.

Der Verfasser ist davon überzeugt, daß auch für die Verkehrswege eine "Automatisierung" kommen wird, wie sie bereits auf vielen Gebieten unserer Umwelt, vornehmlich aber im Bereich der Technik zu verzeichnen ist. Bestärkt wird er hierin durch die in dieser Richtung unternommenen ersten Anstrengungen in Ländern wie Japan und den Vereinigten Staaten von Amerika, die aufgrund der dortigen Siedlungsstrukturen und zum Teil auch aufgrund einer früheren Entwicklung der Motorisierung eher und in härterer Konsequenz mit den Nachteilen eines ungezügelten Verkehrs konfrontiert wurden. Aber auch in unserem Land wie in anderen europäischen Staaten ist die Bereitschaft spürbar und bereits in konkreten Ansätzen sichtbar, neue Wege bei der Handhabung des Straßenverkehrs zu beschreiten.

Inwieweit in einem zukünftigen System die hier vorgetragenen Gedanken und Vorschläge zum Zuge kommen und realisiert werden, läßt sich scnwer voraussagen. Wie auch immer diese Entwicklung verläuft, darf diese Schrift doch den Anspruch erheben, Denkanstöße in dieser Richtung zu geben und als eine Möglichkeit zur Verbesserung des Verkehrs mit unseren heutigen technologischen Mitteln bei der Entscheidungsfindung für das eine oder das andere künftige System konstruktiv mitzuwirken.

Literaturverzeichnis

1 Cannon, R.H.: Transportation, Automation, and Societal Structure. Proc. IEEE 61 (1973) 518-525.

2 Orski, K.: The Impact of the Automobile on the Environment. OECD Observer (1972).

3 Der Bundesminister für Verkehr: Verkehr in Zahlen. Bonn - Bad Godesberg 1976.

4 Behrendt, J.; Kloss, H.: Stauuntersuchungen als Beitrag zur Verkehrsplanung und -lenkung. Str. Autobahn 7 (1970) 269-274.

5 United Nations Economic Comission for Europe: Statistics of Road Traffic Accidents in Europe 1973. Vereinte Nationen, New York 1974.

6 Hollatz, J.W.; Tamms, F. (Hsg.): Die kommunalen Verkehrsprobleme in der Bundesrepublik Deutschland. Essen: Vulkan-Verlag Classen 1965.

7 Strobel, H.: Transportation, Automation and the Quality of Urban Living. Res. Rep. RR-75-34, Int. Inst. for Appl. Syst. Analysis, IIASA, Schloß Laxenburg, Österreich 1975.

8 Fenton, R.E.: Automatic Vehicle Guidance and Control - A State of the Art Survey. IEEE Trans. Veh. Technol. VT-19 (1970) 153-161.

9 Bolle, G.: System ALI: Verkehrslenkung durch Computer-Prognose. Bild Wiss. (1976) 76-82.

10 Groth, G.; Pilsack, O.: An Electronic System for Individual and Active Route Guidance on Motorways. Proc. of the 2nd IFAC/IFIP/IFORS World Symp. on Traffic Control and Transportation Systems, Monte Carlo, Sept. 1974, 273-284.

11 Toyota Motor Sales Co.: Research and Development of a Multifunctional Automobile Communication System. Toyota, Advanced Group for Transportation, Okt. 1973.

12 Gazis, D.C.; Foote, R.S.: Surveillance and Control of Tunnel Traffic by an on-line Digital Computer. Transp. Sci. 3 (1969) 255-275.

13 Knoll, E.; Zackor, H.; Spies, G.: Wechselwegweiser in Hessen. Der Hessische Minister für Wirtschaft und Technik, Wiesbaden 1976.

14 Cremer, M.: Modellbildung und Meßwertaufbereitung für den Verkehrsablauf auf Schnellstraßen. Straßenverkehrstechnik 20 (1976) 86-92.

15 May, A.D.: Improving Network Operations with Freeway Ramp Control. 43rd Annual Meeting of the Highway Research Bord, Washington D.C., Jan. 1964.

16 Pavel, G.: Möglichkeiten der Steuerung des Verkehrsablaufs auf Autobahnen. Int. Verkehrswesen 24 (1972) 165-170.

17 Thompson, W.; Payne, H.J.; Isaksen, L.: Design of a Traffic Responsive Control System for a Los Angeles Freeway. Proc. Int. Conf. on Cybernetics and Society, IEEE Syst. Man Cybern. Society, Washington, D.C., Okt. 1972, 461-468.

18 Henry, J.J.; Laurens, B.; Libertalis, B.: Study of Traffic Flow Control on the Paris A6-B6-C6 Freeway Complex. Automatica 8 (1972) 609-620.

19 Kometani, E.; Hasegawa, T.; Inada, G.: On the Operation of the Traffic Control System on the Hanshin Expressway. Proc. of the 2nd IFAC/IFIP/IFORS World Symp. on Traffic Control and Transportation Systems, Monte Carlo, Sept. 1974, 237-248.

20 Cremer, M.: A New Scheme for Traffic Flow Estimation and Control with a Two Component Model. Proc. of the 3rd IFAC/IFIP/IFORS-Symp. on Control in Transportation Systems, Columbus, Ohio, Aug. 1976, 29-37.

21 Gazis, D.C.; Herman, R.; Rothery, R.W.: Nonlinear Follow the Leader Models of Traffic Flow. Oper. Res. 9 (1961) 545-567.

22 Gazis, D.C.; Edie, L.C.: Traffic Flow Theory. Proc. IEEE 56 (1968) 458-471.

23 Leutzbach, W.: Einführung in die Theorie des Verkehrsflusses. Berlin,Heidelberg,New York: Springer 1972.

24 Hoefs, D.H.: Untersuchung des Fahrverhaltens in Fahrzeugkolonnen. Straßenbau und Straßenverkehrstechnik (1972) H.140.

25 Wiedemann, R.: Simulation des Straßenverkehrsflusses. Schriftenreihe des Instituts für Verkehrswesen der Universität Karlsruhe (1974) H.8.

26 Seddon, P.A.: A Program for Simulating the Dispersion of Platoons of Road Traffic. Simulation 18 (1972) 81-90.

27 Shannon, C.E.: Communication in the Presence of Noise. Proc. IRE 37 (1949).

28 Solodow, A.W.: Theorie der Informationsübertragung in automatischen Systemen. Berlin: Akademie-Verlag 1972.

29 Beckmann, H.; Jacobs, F.; Lenz, K.-H.; Wiedemann, R.; Zackor, H.: Das Fundamentaldiagramm. Schriftenreihe der Forschungsgesellschaft für das Straßenwesen. Bonn - Bad Godesberg: Kirschbaum Verlag 1973.

30 May, A.D.; Keller, H.: Non-integer Car-Following Models. Highw. Res. Rec. 199 (1967) 19-32.

31 Payne, H.J.: Models of Freeway Traffic and Control. Simulation Council Proc. 1 (1971) 51-61.

32 Lighthill, M.J.; Witham, G.A.: On Kinematic Waves II. A Theory of Traffic Flow on Long Crowded Roads. Proc. R. Soc. A 229 (1955) 317-345.

33 Richards, P.I.: Shock Waves on the Highway. Oper. Res. 4 (1956) 42-51.

34 Isaksen, L.; Payne, H.J.: Freeway Traffic Surveillance and Control. Proc. IEEE 61 (1973) 526-536.

35 Lenz, K.-H.: Verbesserung des Verkehrsflusses auf Autobahnen durch kurzzeitige Zufahrtsbeschränkungen. Tagungsberichte der Straßenbautagung Berlin, Bonn - Bad Godesberg: Kirschbaum Verlag 1971.

36 Zackor, H.: Beurteilung verkehrsabhängiger Geschwindigkeitsbeschränkungen auf Autobahnen. Straßenbau und Verkehrstechnik (1972) H.128.

37 Wardrop, J.G.: Some Theoretical Aspects of Road Traffic Research. Proc. Inst. Civ. Eng. (London) 1 (1952) 325-362.

38 Schultz, D.G.; Melsa, J.L.: State Functions and Linear Control Systems. New York: Mc Graw Hill 1967.

39 Landgraf, C.; Schneider, G.: Elemente der Regelungstechnik. Berlin,Heidelberg,New York: Springer 1970.

40 Blume, J.: Statistische Methoden für Ingenieure und Naturwissenschaftler. Düsseldorf: VDI-Verlag 1970.

41 Pampel, F.: Ein Beitrag zur Berechnung der Leistungsfähigkeit von Straßen. Forschungsarbeiten aus dem Straßenwesen, Bielefeld: Kirschbaum Verlag 1955.

42 Adams, W.F.: Road Traffic Considered as a Random Series. J. Inst. Civ. Eng. (London) 4 (1936/37) 121-130.

43 Haight, F.A.: Mathematical Theories of Traffic Flow. New York: Academic Press 1963, S. 38 u. ff.

44 Keller, H.; Hampe, H.; Müller, W.: Koordinierung der regional zu erhebenden verkehrstechnischen Kenngrößen - Gegenüberstellung und Bewertung der Ergebnisse. Forschungsbericht F.A. 7450/8 i.A. der BAST Köln, Lehrstuhl für Verkehrs- und Stadtplanung, TU München 1977.

45 Lenz, K.-H.; Eichberg, J.: Automatische Erfassung von Kraftfahrzeuggeschwindigkeiten über lange Zeiträume. Straßenverkehrstechnik 18 (1974) 38-42.

46 Ljapunov, A.M.: Problème général de la stabilité du mouvement. Ann. Fac. Sci. 9 (Toulouse 1907) 203-474.

47 Aiserman, M.A.; Gantmacher, F.R.: Die absolute Stabilität von Regelsystemen. München,Wien: Oldenbourg 1965.

48 Kalman, R.E.: On the General Theory of Control Systems. Proc. of the 1st Int. IFAC World Congress, Moskau 1960.

49 Popov, V.M.: Stabilitätskriterien für nichtlineare Systeme der selbstätigen Regelung basierend auf der Anwendung der Laplace-Transformation (in rumänisch). Studii si Cercertari de Energetica 9 (1959) 119-135.

50 Hahn, W.: Stability of Motion. Berlin,Heidelberg,New York: Springer 1967.

51 Brockett, R.W.: The Status of Stability Theory for Deterministic Systems. IEEE Trans. Autom. Control AC-11 (1966) 596-606.

52 Willems, J.L.: Stabilität dynamischer Systeme. München,Wien: Oldenbourg 1973.

53 Hsu, J.C.; Meyer, A.U.: Modern Control Principles and Applications. Part II. New York,London: Mc Graw Hill 1968.

54 Kalman, R.E.; Bertram, J.E.: Control System Analysis and Design via the Second Method of Ljapunov. Part I and II. Trans. ASME, J. Basic Eng. D 82 (1962) 371-393.

55 La Salle, J.; Lefschetz, S.: Stability by Ljapunovs Direct Method. New York,London: Academic Press 1961.

56 Föllinger, O.: Nichtlineare Regelungen. Band III. München,Wien: Oldenbourg 1969.

57 Gröbner, W.: Matrizenrechnung. BI-Hochschultaschenbuch, Mannheim: Bibliograph. Inst. 1966, S. 59.

58 Freeman, H.: Discrete-Time Systems. New York: J. Wiley & Sons 1965, Kap. 7,9.

59 Gantmacher, F.R.: Matrizenrechnung. Band I, 2. Aufl. Berlin: VEB Deutscher Verlag der Wissenschaften 1965, Kap. VII.

60 Schultz, D.G.: The Generation of Ljapunov-Functions. In C.T. Leondes (Hrsg.): Advances in Control Systems, Bd. 2. New York: Academic Press 1965, S. 1-64.

61 Kalman, R.E.: Mathematical Description of Linear Dynamical Systems. SIAM J. Control (1963) 152-192.

62 Kalman, R.E.; Ho Y.C.; Narendra, K.S.: Controllability of Linear Dynamical Systems. In: Contributions to Differential Equations 1. New York: Interscience Publishers 1963, S. 189-213.

63 Johnson, C.D.: Optimization of a Certain Quality of Complete Controllability and Observability for Linear Dynamical Systems. Trans. ASME, J. Basic Eng. 91 D (1969) 228-238.

64 Müller, P.C.; Weber, H.I.: Analysis and Optimization of Certain Qualities of Controllability and Observability for Linear Dynamical Systems. Automatica 8 (1972) 237-246.

65 Penrose, R.: A Generalized Inverse for Matrices. Proc. Cambridge Philos. Soc. 51 (1955) 406-413.

66 Nahi, N.E.; Trivedi, A.N.: Recursive Estimation of Traffic Variables: Section Density and Average Speed. Transp. Sci. 7 (1973) 537-541.

67 Eykhoff, P.: System Identification. London: J. Wiley & Sons 1974.

68 Aström, K.J.; Eykhoff, P.: System Identification, a Survey. Automatica 7 (1971) 123-162.

69 Eykhoff, P.: Process Parameter and State Estimation. Automatica 4 (1968) 205-232.

70 Cuenod, M.; Sage, A.P.: Comparison of Some Methods Used for Process Identification. Automatica 4 (1968) 235-269.

71 Unbehauen, H.; Göhring, B.; Bauer, B.: Parameterschätzverfahren zur Systemidentifikation. München, Wien: Oldenbourg 1974.

72 Jacoby, S.L.S.; Kowalik, J.S.; Pizzo, J.T.: Iterative Methods for Nonlinear Optimization Problems. Englewood-Cliffs, New Jersey: Prentice Hall 1972, S. 193 u.ff.

73 Brent, R.P.: Algorithms for Minimization without Derivatives. Englewood-Cliffs, New Jersey: Prentice Hall 1973, S. 116 u.ff.

74 Box, M.J.: A New Method of Constrained Optimization and a Comparison with Other Methods. Comput. J. 8 (1965) 42-52.

75 Leutzbach, W.; Koffler, T.: Untersuchung über zweckmäßige Zeit- und Wegabschnitte zur Erfassung des Verkehrsablaufs. Unveröffentlichter Bericht zum Forschungsauftrag 1.012 G74 H für den Bundesminister für Verkehr, Karlsruhe 1975.

76 Koffler, T.: Vorausschätzung des Verkehrsablaufs über den Weg. Dissertation an der Universität Karlsruhe, Nov. 1976.

77 Köhler, U.: Geschwindigkeitsverhalten auf Autobahnen. Straßenverkehrstechnik 20 (1976) 79-83.

78 Cremer, M.; Keller, H.: The Impact of Dynamic Effects of Traffic Flow on the Steady-State Speed-Density Characteristic. Proc. of the 7th Int. Symposium on Transportation and Traffic Theory, Kyoto, Aug. 1977.

79 Grewal,M.S.; Payne, H.J.: Identification of Parameters in a Freeway Traffic Model . IEEE Trans. Syst. Man Cybern. SMC-6 (1976) 176-185.

80 Szeto, M.; Gazis, D.C.: Application of Kalman-Filtering to the Surveillance and Control of Traffic Systems. IBM Res. Report, Jan. 1972.

81 Tabak, D.: A Linear Programming Model of Highway Traffic Control. Proc. of the 6th Annual Princeton Conf. on Inf. Sciences and Systems, Princeton, New Jersey, März 1972.

82 Jazwinsky, A.H.: Stochastic Processes and Filtering Theory. New York: Academic Press 1970.

83 Sorenson, H.W.: Comparison of Kalman, Bayesian and Maximum Likelihood Estimation Techniques. Theory and Application of Kalman Filtering, AGARDograph 139 (1970) Kap. 6.

84 Lee, R.C.K.: Optimal Estimation, Identification and Control. Cambridge, Mass.: The MIT-Press 1964, Kap. 3.

85 Luenberger, D.G.: Observing the State of a Linear System. IEEE Trans. Mil. Electron. MIL 8 (1964) 74-80.

86 Nahi, N.E.: Freeway Traffic Data Processing. Proc. IEEE 61 (1973) 537-541.

87 Döhler, M.: Straßenverkehrs-Untersuchungen mittels photogrammetrischer Verfahren und elektronischer Datenverarbeitung. Dissertation an der TH Karlsruhe, Feb. 1966.

88 Schlums, J.; Hofsäsz, W.: Automatische Verkehrszählanlagen. Straßenbau und Verkehrstechnik (1967) H. 61.

89 Pavel, G.: Detektoren für den Straßenverkehr. Straßenverkehrstechnik 9 (1965) H. 7/8.

90 Reitberger, P.; Schmidt, G.: Ein Abstands- und Geschwindigkeitsmeßgerät nach dem Ultraschall-Sekundärradar-Prinzip. Feinwerktechnik + Meßtechnik 82 (1974) 198-201.

91 Ebert, H.-P.: Leistungsfähigkeit zukunftsorientierter Verkehrsdatensysteme. Straßenverkehrstechnik 15 (1971) H. 4.

92 Payne, H.J.: Systems Problems in Freeway Traffic Control and Surveillance. Joint ASCE-ASME Transp. Eng. Meeting, Seattle, Wash. Juli 1971.

93 Gazis, D.C.; Knapp, C.H.: On-line Estimation of Traffic Densities from Time-Series of Flow and Speed Data. Transp. Sci. 5 (1971) 283-301.

94 Siemens AG: Schleifendetektor für den Straßenverkehr. Druckschrift SUW 22 282 der Siemens AG, 1974.

95 Wiener, N.: Extrapolation, Interpolation and Smoothing of Stationary Time Series with Engineering Applications. New York: J. Wiley & Sons 1949.

96 Kolmogoroff, A.: Interpolation und Extrapolation von stationären Zufallsfolgen. Bull. Acad. Sci. USSR, Ser. Math. 5 (1941) 3-14.

97 Doob, J.L.: Stochastic Processes. New York: J. Wiley & Sons 1964.

98 Mura, S.: Zentrale Erfassung lokaler Verkehrsdaten zur Beurteilung des Verkehrszustandes auf Autobahnstrecken. Dissertation an der RWTH Aachen, 1974.

99 Darlington, S.: Linear Least Squares Smoothing and Prediction, with Application. Bell Syst. Tech. J. 31 (1958) 1221-1294.

100 Kalman, R.E.: A New Approach to Linear Filtering and Prediction Problems. Trans. ASME, J. Basic Eng. D 82 (1960) 35-45.

101 Kalman, R.E.: New Methods in Wiener Filtering Theory. Proc. Symp. Eng. Appl. of Random Function Theory and Probability. New York: J. Wiley & Sons 1963.

102 Krebs, V.: Lineare und nichtlineare Filterung. Regelungstechnik 22 (1974) 329-338 u. 382-387.

103 Kushner, H.J.: Approximations to Optimal Nonlinear Filters. IEEE Trans. Autom. Control AC-12 (1967) 546-556.

104 Knapp, C.H.: Traffic Estimation and Control at Bottlenecks. Proc. of the IEEE Systems, Man and Cybern. Conf., Washington D.C., Okt. 1972, 469-472.

105 Johnson, C.D.: Accomodation of External Disturbances in Linear Regulator and Servomechanism Problems. IEEE Trans. Autom. Control AC-16 (1971) 635-644.

106 Schneeweiss, W.G.: Zufallsprozesse in dynamischen Systemen. Berlin,Heidelberg,New York: Springer 1974, S. 221 u.ff.

107 Brammer, K.: Gaußsche Ausgleichsrechnung und Kalman-Filterung. Regelungstechnik und Prozeßdatenverarbeitung 19 (1971) 215-217.

108 Holroyd, J.; Robertson, D.I.: Strategies for Area Traffic Control Systems: Present and Future. Transp. Road Research Laboratory, Crowthorne, Berkshire: Rep. LR 569, 1973.

109 Japanese Ministry of International Trade and Industry: Comprehensive Automobile Control System. Preliminary Report, Tokio: Sept. 1971.

110 Cremer, M.: Ein regelungstechnisches Konzept zur Verbesserung des Verkehrsablaufs auf Schnellstraßen. Straßenverkehrstechnik 22 (1978) 147-153.

111 Yuan, L.S.; Kreer, J.B.: Adjustment of Freeway Ramp Metering Rates to Balance Entrance Ramp Queues. Transp. Res. 5 (1971) 127-133.

112 Boehnke, P.; Groth, G.: Verkehrsbeeinflussung mit Wechselverkehrszeichen auf der Bundesautobahn A 3 . BBC-Nachrichten (1977) 173-177.

113 Papageorgiou, M.; Schmidt, G.: Steuerungs- und Regelungsaufgaben bei der Beeinflussung des Verkehrsablaufs auf Schnellstraßen. Regelungstechnik 26 (1978) 282-291.

114 Behrendt, J. u.a.: Verkehrsbeeinflussungssysteme in Frankreich. Forschungsarbeiten aus dem Straßenwesen H.89, Bonn-Bad Godesberg: Kirschbaum Verlag 1973.

115 Liger, M.: Road Traffic Control in the South East of France. Proc. of the 3rd IFAC/IFIP/IFORS-Symp. on Control in Transportation Systems, Columbus, Ohio, Aug. 1976.

116 Drew, D.R.; Brewer, K.A.; Buhr, H.J.; Whitson, R.M.: Multilevel Approach to the Design of a Freeway Control System. Highw. Res. Board Rep. Nr. 279 (1969) 40-55.

117 Allsop, R.E.: Selection of Offsets to Minimize Delay to Traffic in a Network Controlled by Fixed-Time Signals. - Transp. Sci. 2 (1968) 1-13.

118 Little, J.D.: The Synchronization of Traffic Signals by Mixed Integer Linear Programming. Oper. Res. 14 (1966) 568-594.

119 Gervais, E.F.: Optimization of Freeway Traffic by Ramp Control. Highw. Res. Rec. (1964), Nr. 59.

120 Shaw, L.: On Optimal Ramp Control of Traffic Jam Queues. Proc. of the IEEE Conf. on Decision and Control, Miami Beach, Florida, Dez. 1971.

121 Wilkie, D.F.: A Moving Cell Control Scheme for Automated Transportation Systems. Transp. Sci. 4 (1970) 347-364.

122 Melzer, S.M.; Kuo, B.C.: The Optimal Regulation of a String of Moving Vehicles through Difference Equations. Prepr. of the Joint Automatic Control Conf., Atlanta, Georgia, Juni 1970, 175-180.

123 Drew, D.R.: Traffic Flow Theory and Control. New York, London: Mc Graw Hill 1968, S. 355 u.ff.

124 Tabak, D.: Application of Modern Control and Optimization Techniques to Transportation Systems. In: Leondes (Hrsg.): Control and Dynamic Systems 10, New York: Academic Press 1973.

125 Wattleworth, J.A.: Peak Period Analysis and Control of a Freeway System. Highw. Res. Rec. (1967), Nr. 157, S. 1-21.

126 Chen, C.I.; Cruz, J.B.; Paquet, J.G.: Expressway Entrance Ramp Control for Flow Maximation. Proc. of the Princeton Conf. on Information Sciences and Systems, Princeton, New Jersey, März 1972.

127 Payne, H.J.: Freeway Traffic Control and Surveillance Model. Transp. Eng. J. TE 4 (1973) 767-783.

128 Athans, M.; Falb, P.L.: Optimal Control. New York, London: Mc Graw Hill 1966.

129 Himmelblau, D.: Applied Nonlinear Programming. New York, London: Mc Graw Hill 1972.

130 Wismer, D.A. (Hrsg.): Optimization Methods for Large Scale Systems - with Applications. New York, London: Mc Graw Hill 1971.

131 Lasdon, L.S.: Optimization Theory for Large Systems. New York: Mc Millan Book Comp. 1970.

132 Pearson, J.D.: Dynamic Decomposition Techniques. In: Wismer (Hrsg.) Optimization Methods for Large Scale Systems - with Applications, [130].

133 Dantzig, G.B.; Wolfe, P.: The Decomposition Algorithm for Linear Programming. Oper. Res. 8 (1960) 101-111.

134 Cremer, M.: A State Feedback Approach to Freeway Traffic Control. Proc. of the 7th IFAC World Congress, Helsinki, Finnland, Juni 1978, Pergamon Press LTD.

135 Kumm, W.: Nachrichtensysteme zur Verbesserung des individuellen Schnellstraßenverkehrs. Habilitationsschrift an der Fakultät für Bauwesen der RWTH Aachen, 1974.

Sachverzeichnis

Lecture Notes in Control and Information Sciences

Edited by A. V. Balakrishnan and M. Thoma

Vol. 1: Distributed Parameter Systems: Modelling and Identification
IFIP Working Conference, Rome, Italy, June 21–24, 1976
Edited by A. Ruberti

Vol. 2: New Trends in Systems Analysis
International Symposium, Versailles, December 13–17, 1976
Edited by A. Bensoussan and J. L. Lions

Vol. 3: Differential Games and Applications
Proceedings of a Workshop, Enschede 1977
Edited by P. Hagedorn, H. W. Knobloch and G. J. Olsder

Vol. 4: M. A. Crane, A. J. Lemoine: An Introduction to the Regenerative Method for Simulation Analysis

Vol. 5: D. J. Clements, B. D. O. Anderson:
Singular Optimal Control: The Linear-Quadratic Problem

Vol. 6: Optimization Techniques, Part 1
8th IFIP Conference, Würzburg, September 5–9, 1977
Edited by J. Stoer

Vol. 7: Optimization Techniques, Part 2
8th IFIP Conference, Würzburg, September 5–9, 1977

Vol. 8: R. F. Curtain, A. J. Pritchard: Infinite Dimensional Linear Systems Theory

Vol. 9: Y. M. El-Fattah, C. Foulard: Learning Systems:
Decision, Simulation, and Control

Vol. 10: J. M. Maciejowski: The Modelling of Systems with Small Observation Sets

Vol. 11: Y. Sawaragi, T. Soeda, S. Omatu: Modeling, Estimation, and Their Applications for Distributed Parameter Systems

Vol. 12: I. Postlethwaite, A. G. J. MacFarlane: A Complex Variable Approach to the Analysis of Linear Multivariable Feedback Systems

Lecture Notes in Control and Information Scien

Edited by A. V. Balakrishnan and M. Thoma